슈퍼리치 황금의 문을 여는
부의 마스터키

UNLOCK IT

슈퍼리치 황금의 문을 여는
부의 마스터키

1판 5쇄 : 인쇄 2022년 01월 10일
1판 5쇄 : 발행 2022년 01월 15일

지은이 : 댄 록
옮긴이 : 서민주
펴낸이 : 서동영
펴낸곳 : 서영출판사

출판등록 : 2010년 11월 26일 제 (25100-2010-000011호)
주소 : 서울특별시 마포구 월드컵로31길 62, 1층
전화 : 02-338-0117 팩스 : 02-338-7160
이메일 : sdy5608@hanmail.net

디자인 : 이원경

ⓒ2021 댄 록 seo young printed in seoul korea
ISBN 978-89-97180-92-9 13320

슈퍼리치 황금의 문을 여는
부의 마스터키

UNLOCK IT

2021·서영

나의 아내, 제니 리, 나의 베스트 프렌드이자 인생의 동반자. 내가 바랄 수 있는 것 이상이 되어준 그대. 성공한 모든 남자의 뒤에는, 그보다 현명한 아내가 있습니다. 나의 인생에서, 그러한 현명한 아내로서 자리해준 것에 깊은 감사를 드립니다.

나의 어머니, 어떤 일이 있더라도 나를 사랑하고 지지해주신 분.

나의 아버지, 내가 이 책을 너무 보여드리고 싶었던 분.

나의 팀원들, 우리 조직을 위해 삶을 헌신해주시고, 우리의 비전을 현실화하고 우리의 미션을 실행할 수 있도록 도와준 사람들.

피터 루, 이 책의 편집을 도맡아 수많은 밤을 지새워주신 분.

찰리 푸스코, 이 책을 쓸 수 있도록 밀어주신 분

전 세계에서 와준 나의 학생들과 멘티들.

그대들을 가르칠 수 있어 영광입니다.

그리고 당신에게, 더 나은 버전의 당신이 되기 위한 분투에 감사하며.

추천사

댄은 독특한 삶의 경험과 피나는 노력으로 성공적인 그의 사업체를 일구었다. 당신이 마케터이건, 스타트업 창업자이건, 기업가이건, 백만장자이건, 소파에 앉아 TV만 보는 사람이건 가릴 것 없이 이 책은 당신을 부자로 만들 진정한 잠재력을 열어줄 것이다. 당신이 올해 단 한 권의 책만 읽을 생각이라면, 그 책이 바로 이 책이어야 한다.

- 루디 마워 | ROI Mashines의 창립자이자 CEO
수백만 불 수익의 비즈니스 오너로 두 번 선정되었으며, 페이스북 광고의 전문가

불확실성이 가득한 세상에서 댄록의 신간 '부의 마스터키'는, 성공의 구체적이고 단계적 방법을 제시한다. 거지에서 억만장자가 된 자신의 성공신화를 적나라하게 밝혔다. 어떤 상황에서도 엄청난 속도로 성공을 거두고 싶은 당신에게 진정으로 필요한 것이 무엇인지를 보여준다. 실제적

으로, 부자가 되는 길을 준비하는 사람이라면, 이 책은 당신이 이제 어떻게 나아가야 하는지 그 매뉴얼이 되어줄 것이다.

- **조나단** | JCROC 크론스테드 회장

내가 이 책을 좋아하는 이유는, 부에 대해 실질적이고 입증된 조언을 제시하기 때문이다. 이 책은 우리가 각자의 오래된 사고방식에서 벗어나서 '다음 단계의 부'로 나아가는 검증된 길을 찾고 있는 사람들에게 진정한 부자의 길을 안내한다.

- **앤 요트** | 플랜 사이트사, 공동창립자

성공한 기업가로서 가장 어려운 일 중 하나는, 모든 일이 잘 진행되고 있을 때 무엇을 최적화해야 하는지 결정하는 것이다. 나는 댄의 전략을 이용해 내 사업에서 무엇을 키워야 할지를 깨달을 수 있었다. 이 책은, 아직도 부족하다고 느껴지고 더 많은 것을 이루고 싶어하길 갈망하는 사람들을 위한 책이다.

- **토벤 플래쳐** | TPA Media 창립자이자 CEO

나는 경력 10년의 작가이자 기업가이며, 아마존 컨설턴트이다. 댄의 이야기와 그의 정신은 나를 성장시키고 나의 고소득 기술을 더욱 발전시킬 수 있는 계기가 되었다. 다른 사람들의 전자상거래 사업이 확장할 수 있도록 돕는 것은 나의 열정이고, '부의 마스터키'에서 배운 전략들은 나의 고객들과 나의 성공을 '해결하는 데' 큰 도움이 될 것이다.

- **아케미 수 피셔** | love and launch사, 창립자이자 CEO

댄은 다른 사람들이 그들 내부의 잠재력을 볼 수 있도록 도와주고, 본보기가 되어 사람들을 진정한 성장과 변화의 장소로 인도함으로써 인상적인 추종자(팔로워)들을 만들었다.

수백만 명의 사람들이 댄의 비디오와 책, 팟캐스트를 보고, 읽고, 들어왔다. 어느 수준이고 할 것 없이, 기업가들은 그의 과거로부터 배울 수 있었고, 그의 판매전략뿐 아니라 독특한 리더쉽 전략에 이르기까지 많은 혜택을 받을 수 있었다.

- 맷 메드 | 그레이슨 피어스 캐피탈회장 | 에펙다타와 브랜드린스 CEO

댄은 벤쿠버에서 가장 존경받는 기업가 중 한 명으로 전 세계 수천 명의 삶을 변화시켰고, 사람들이 매 순간을 소중히 여길 수 있도록 도와주었다. 댄 록의 이 책 '부의 마스터키'는 댄이 원칙적인 사람임을 보여주었고, 세상에 진정한 영향력을 미치게 해주었다.

- 드웨인 J 클락 | 이지스 리빙 CEO

댄은 자신의 실제 경험을 강력하면서도 간단한 교훈으로 정제했다. 그의 가르침은 전 세계 사람들이 비교할 수 없는 성공을 거둘 수 있게 해준다. '나는 배울 준비가 됐다'라는 쉬운 다짐 하나면, 당신도 성공을 향한 문을 열 수 있을 것이다!

- 마이클 A. 홀 | 컬쳐 인덱스 사, 경영주이자 CEO 경영진 자문

댄 록은 대단히 인상적인 기업가다. 그는 개인적으로도 놀라운 결과를 만들어 냈을 뿐만 아니라, 다른 사람들도 행동하여 그들만의 특별한 결

과를 만들어 낼 수 있기를 진심으로 열망한다. 댄의 가르침은 본인의 경험에서 나온다. 그의 여정에서 배운 교훈과 원칙을 간단한 전략으로 요약하여, 다음 단계의 성공을 달성해내는 과정에서 새로운 도전을 극복하는 데 도움으로 삼을 수 있게 해 주었다.

- 브라이언 스큐다모어 | O2E Brands 창립자 & CEO

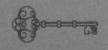

UNLOCK IT

차례

서 문

나는 당신이 왜 이 책을 읽기 시작했는지 모른다.

책 제목이 마음에 들어서거나, 친구로부터 이 책을 추천받아서, 혹은 친지로부터 선물을 받았을 수도 있다. 아니면 성공에의 갈망 때문에 여러 책들을 고르다가 이 책을 발견했을 수도 있다.

아무튼, 당신이 왜 이 책을 읽게 되었는지는 모르지만 한 가지 내가 확실하게 알 수 있는 것은 당신은 이 책을 읽으면 읽을수록 더 많은 것을 알고 싶을 거라는 사실이다.

알다시피, 많은 사람들은 자신의 인생을 바꾸려는 것에 그렇게 적극적이지 않다. 그들은 가끔 자신의 삶이 답답하다는 느낌을 받을지라도 변화를 위해 치러야 할 리스크 때문에 현실에 안주하고 만다.

그들은 스스로에게 인생을 변화시킬 힘이 존재하지 않는다고 생각하거나 그것이 편하기 때문이다.

하지만 이 책을 읽기 시작한 당신은 다르다.

당신은 그들과는 다른 신념이 있다. 변화에 대한 갈망이 있고, 성공할 열망이 있으며, 지금보다 더 나은 내가 될 수 있다는 것을 믿는다. 나에게 운명을 열 수 있는 힘이 있다고 믿는 것이다.

당신은 그동안 다양한 종류의 성공이나 자기계발, 부(富)에 대한 조언, 비즈니스에 관한 책 등을 읽어왔을 수 있다. 그래서 이미 이 분야의 초보자가 아니라 다양한 자기계발 책들을 섭렵하며 그로부터 여러 가지를 배웠고 터득한 사람일지도 모른다. 그렇게 나름 고수(?)일지도 모를 당신에게 여기에서 한 가지 물어보고 싶은 것이 있다.

혹시 당신의 마음속 깊은 곳에, 어쩐지 아직도 뭔가 찾지 못한 퍼즐 한 조각이 있다고 느낀 적은 없는가?

또는, 당신은 이미 많은 퍼즐 조각을 가지고 있는데, 어찌된 일인지 전체를 완성할 수 없는, 완성된 퍼즐을 그릴 수 없는, 그런 느낌을 받은 적은 없는가?

그렇다. 당신은 아직 당신이 찾지 못한 '고리'가 있다. 모든 조각들을 한 선으로 연결해 줄, 딱 그 하나의 고리를 찾아 헤매고 있는 것이다.

'구슬이 서 말이어도 꿰어야 보배'라는 말이 있다. 진주 하나하나는 그 자체로도 충분히 빛나지만, 더욱 빛나는 것은 그것들을 한 줄로 꿰어낸 진주 목걸이다.

당신이 책에서 배웠든, 삶의 경험에서 얻었든, 멘토에게서 조언을 들었든, 삶을 살아오며 많은 진주들을 얻었지만, 아직 진주 목걸이를 만들지 못했다면(그것들을 통찰할 수 있는 안목이나 뚜렷한 중심점을 갖추지 못했다면) 당신의 삶은 단지 조각의 경험으로 얻은 개개로써 빛나는 진주 알만 가지고 있을 수 있다.

당신이 바로 그런 사람이라면, 나의 목표는 당신에게 이 단 하나의 열쇠를 쥐어 주는 것이다. 진주 목걸이를 완성해 줄 열쇠!

나는 이 책이 당신에게 새로운 시각을 열어주고, 더불어 새로운 로드맵을 그려줄 수 있기를 희망한다.

여태까지 당신이 익히고 배워왔던 모든 것들을 더욱 명확하고, 정확하게 인생에 적용할 수 있는 로드맵을 말이다.

당신이 다른 책들을 읽어 본 사람이라면, 아마 내가 여기서 이야기하는 것들을 이전에 한 번쯤은 들어본 적이 있을 것이다.

나는 새로운 아이디어와 개념의 창시자가 되려고 하는 것이 아니다.

나는 사업가이자, 성공을 위하여 진주 알을 꿰어 목걸이를 만드는 사람이다.

다른 사람들의 생각이나 아이디어를 받아들이고, 이를 발전시키고, 융합하고, 나아가 최상의 방법으로 실행하는 사람이다. 그래서 성공하는 사람이다.

**유용한 것은 받아들이고 그렇지 않은 것은 버리며,
당신만의 것을 첨가하라.**

- 브루스 리

대부분의 책들은 당신에게 '이걸 하세요', '저건 하지 마세요', 혹은 '이거 대신 저것을 하세요'라고 말할 것이다. 내가 이 책에서 이야기해 줄 것들은 그런 것과 다르다.

나는 이 책을 통해 당신에게 새로운 시각을 공유하고, 다른 방법으로 생각할 수 있도록 그 시스템을 마련해 줄 것이다.

당신의 생각하는 방법을 바꿔주는 것이 교육자로서 나의 도전이다. 생각하는 방법이 바뀌면, 무언가를 실행하는 방법 또한 바뀌게 된다. 재미있는 점은, 이렇게 실행하는 방법이 바뀌면 그에 따른 결과도 필연적으로 달라진다는 점이다.

자, 당신은 나의 이야기에 공감하거나 혹은 그렇지 않을 수도 있다. 당신이 나와 생각이 다르다 하더라도 좋다. 애초에 내가 이야기하는 모든 것은 나의 경험으로부터 온 것이니, 이것 만이 정답이라고 할 수는 없다.

내가 알려줄 수 있는 것들은 모두 나의 경험에서 나온 것들이다.

한 가지 권고할 사항은, 최대한 가볍게 읽어달라는 것이다. 유용해 보이는 것은 당신의 것으로 만들고 일상에 적용해 보아라. 그래서 일이 잘 풀린다면, 그것으로 잘된 것이다. 계속 그대로 하면 된다.

생각보다 결과가 좋지 않다면? 뭐, 그래도 괜찮다. 그 방법은 버리면 되니까. 어려울 것 하나 없지 않은가? 뭔가를 배울 때는 그렇게 가벼운 마음으로 배워야 한다.

10년간의 침묵 후, 지금, 이 책을 쓰는 이유는 무엇인가?

나는 20대 시절, 10권이 넘는 책을 썼다. 그중에는 전 세계적으로 몇십만 부 이상 팔린 베스트셀러도 있었다. 그 책이 나의 마지막 책이라 생각했고, 그 후 십 년간 나는 다른 책을 쓸 생각을 해 본 적이 없었다. 그렇다면 이 책은 왜 쓰고 있는가? 왜 지금인가?

사람들이 내게 물었던 질문이다.

지난 십 년간, 내가 해 온 것은 다른 사람들이 자신만의 '고소득을 올리는 능력'을 개발할 수 있도록 이끌어주고 힘을 실어주는 방법으로 '세계경제운동(global economic movement)' 조직을 만들어내는 것이었다.

그 안에서 많은 팬들과 내 교육 프로그램의 학생들을 수없이 만나 왔으며, 그만큼 많은 이야기를 들어왔다.

대학교를 졸업한 후 직장을 구하지 못했다는 이야기는 셀 수도 없이 많았다. 대학교에 진학하여 무려 4년이나 더 공부를 했는데도, 면접관들은 '경력이 너무 없네요'라고 그들을 거절했다.

그래서 그들은 다시 학교로 돌아갔다. 더 많은 빚을 져가면서, MBA를 수료하거나 전공을 하나 더 따기도 했으며, 학부 시절보다 더 열심히 공부했다. 그리고 나니 면접관은 이제 '경력이 너무 많네요.'라고 말한다.

때로는 어떤 특정직업을 갖기 위해 기나긴 공부를 했는데, 졸업할 때쯤엔 이 특정직업이 사라지는 경우도 있었다.

나는 내가 해야 할 일을 해왔는데, 어느 순간 수갑이라도 찬 것처럼 손발이 묶여버렸다. 그럼, 이제 뭘 어떻게 해야 하는가?

이렇게 애를 먹는 것은 비단 학생들만이 아니다. 기업가들 또한 여러 어려움들을 털어놓곤 했다.

기업가들은 자신의 제품 인지도를 올리는 것이 너무 어렵다고 했다. 따라서 물건을 파는 것이 너무 힘든데, 관리비용은 계속 상승하고, 물가도 상승하고, 이런 흐름은 끝이 없다고 했다.

기술발전은 시장으로의 진입장벽을 낮추기 시작했고, 덕분에 시장은 그 어느 시대보다 경쟁이 치열하다. 전체적으로, 사업을 하기가 점점 더 어려워지고 있다는 것이다.

심지어 이미 '성공한' 사업가들도 나에게 찾아와 사업 '유지'에 대한 어려움을 토로하곤 했다.

성공했다는 사업가들마저 자신들이 이뤄온 이 성공이라는 것이 계속 유지될 수 있는지, 얼마나 갈 수 있을지, 혹은 다음 단계로 발전시킬 수 있을지에 대해 확신을 갖지 못하고 있었다.

언제라도 새로운 기술이 생겨나면 그들의 사업은 흔적도 없이 사라져 버릴 수도 있다. 실제로 급격한 기술발전과 환경변화 아래 사양산업이라는 이름으로 사라진 업종들이 부지기수이다.

인터넷 세상이 열리면서 그들도 소셜 미디어가 중요하다는 것을 안다. 새로운 사업 기회가 더 생겨날 것이란 것도 안다. 그러나 그들 스스로가 이런 변화에 적응할 수 있을지 불안해한다.

성공한 사업가들이란, 이미 경제적 성공을 이룬 사람들이다. 이제 그들의 목표는 '부자가 되는 것'이 아니라 '부자로 살아가기'이다.

목표가 바뀌었다. 판이 바뀐 것이다.

당신이 이 책에서 얻을 수 있는 것

나는 지난 20년간의 비즈니스와 사업에서, 나를 '가난한 아시안 이민자'에서 '15만불의 빚쟁이'를 거쳐 '글로벌 기구의 리더'로 이끌어준 중요한 '교훈과 원칙'을 발견할 수 있었다.

내가 이 '교훈과 원칙'에 따라 움직일 때면 언제나 성공할 수 있었다. 내가 이 '교훈과 원칙'을 무시하고 일을 진행하면 항상 실패했다.

당신이 당신의 커리어를 발전시키고 싶던, 당신만의 길을 개척하던, 망하지 않는 회사를 세우고 싶은 사람이던, 여기 당신에게 유용한 몇 가지 아이디어들을 소개하려 한다.

책을 읽어가며 당신은 나에 대해 잘 알게 될 것이다. 내가 얼마나 가진 것 없이 시작했는지, 어떻게 무에서 유를 창조할 수 있었는지……. 그 과정에서 내가 찾아낸 '교훈과 원칙'을 당신에게 가감없이 알려 주겠다.

내가 거쳐온 여정에서 나의 '재정적 성공에 대한 철학'을 이끌어준 한 가지 키워드는 '부의 삼각형(wealth triangle)'이다.

챕터 1에서 이 부의 삼각형에 대해 소개하겠다. 대중적인 믿음과 달리 왜 사업을 시작하는 것이 부와 성공을 얻는데 있어 가장 끔찍한 첫 발자국이 될 수 있는지 설명하겠다.

이 부의 삼각형은 세 가지 단계로 이루어져 있다. 대부분의 사람들은 이 세 가지를 잘못된 순서로 진행한다.

올바른 순서는 무엇인가? 나는 당신이 부의 삼각형을 어떤 순서로 따라가야 하는지 소개하고자 한다.

또한, 보편적인 '부의 유형'의 6가지 형태에 대해 챕터 3에서 소개하고자 한다. 이는 당신과 돈이 어떤 관계를 형성하고 있는지, 부자가 되는 길의 어디쯤 당신이 위치하고 있는지 알 수 있도록 도와줄 것이다. 당신이 스스로 어디에 위치하는지를 명확히 파악하고 나면, 부의 삼각형의 첫 번째 발걸음을 내디딜 수 있을 것이다.

'부의 삼각형'을 따르기 위한 첫 번째 단계는 '고소득 기술(high income skills)'을 가지기이다.

이 기술은 세상에 어떤 변화가 오던, 즉 갑작스런 경기침체가 오더라도 당신이 그 영향을 받지 않도록 도와줄 것이다.

대부분의 성공한 CEO들이나 사업가들의 첫 시작은 '회사 설립, 사업 시작'이 아니었다. '고소득 기술'을 갖는 것, 그것이 그들의 첫 번째 시작이었다.

챕터 4에서 이 '고소득 기술'의 힘에 대해 설명하겠다.

이 고소득 기술 중에서도, 대부분의 사람들이 가지지 못한 특별한 스킬들이 있다. 그것은 바로 '최대 생산성을 달성하는 기술'이다.

챕터 5에서는 능력을 발전시키는 방법을 소개할 것이며, 챕터 6에서 당신은 어떻게 최소의 시간으로 최대의 생산성을 이끌어 낼 수 있는지 배울 것이다.

어떻게 시간을 관리하는가에 대한 이야기가 아니다. 당신은 이 챕터에서 이 생산성이라는 것이 어찌하여 극기(克己, self mastery)로 통하는 것인지 깨닫게 될 것이며, 어떻게 간단한 몇 가지 사항을 일상에 적용하는 것만으로 생산성을 높일 수 있는지 배울 수 있다.

개인 생산성을 극대화하는 방법을 이해하고 나면, 어떻게 재정적 생산성을 극대화 시킬 수 있는지 배울 수 있다.

당신의 목표가 회사 내 승진이든, 당신의 사업을 시작하는 것이든, 효과적인 기술로 당신의 직원들에게 힘을 실어주는 것이든, 무엇이든 간에 이 챕터 7에서 새로운 '판매의 세계'를 볼 수 있을 것이다.

내가 개발하고 내가 이름 붙인 〈하이 티켓 클로징(high-ticket closing)〉을 이해하고 나면, 야비하고 사기성 짙은 방법으로 강요하지 않고도 효과적으로 협상을 끌어내고 좋은 거래를 이루어 낼 수 있을 것이다.

챕터 8에서는 이 '부의 삼각형'의 두 번째 단계를 살펴볼 것이다

확장 가능한 사업. 여기서는 사업의 성장과 기하급수적으로 수익을 늘릴 수 있는 방법에 관한 세 개의 기둥에 대해 살펴볼 것이다.

대부분의 비즈니스는 보통 한 개, 혹은 두 개의 기둥으로도 돌아가지만, 세 개의 기둥이 연계되어 돌아가지 않으면 또 다른 기회를 놓칠 수 있기 때문이다.

사업이 오래 지속될 수 있는가를 판단할 때 가장 중요한 요소 중 하나는 바로 이익이다. 챕터 9에서는 더 높은 가격에 제품을 판매하여 이 이익을 증가시킬 수 있는 방법에 대하여 알아본다.

이 방법이 광고, 테스트, 리서치, 사업측정을 할 때 어떻게 당신의 사업을 경쟁우위에 설 수 있게 만드는지 이해할 수 있을 것이다.

마지막으로, 내가 생각할 때 모든 사업에서 가장 등한시되곤 하는 특정 자산에 대해 챕터 10에서 함께 들여다볼 것이다.

나는 이 특정 자산을 '사회적 자본(소셜 캐피털, social capital)'이라 부른다. 오늘날, 이 사회적 자본, 즉 소셜 캐피털은 경제적 자본보다 더욱 중요해

졌다. 이 자본이 바로 21살의 어린 카일리 제너를 역대 최연소 억만장자로 만들어 준 비밀이다.

당신이 키우고 싶은, 혹은 유지하고 싶은 회사나 브랜드의 오너라면, 이 챕터에서 어떻게 당신만의 '소셜 캐피털'을 확장 시킬 수 있는지 그 틀을 만들어 줄 수 있을 것이다.

소셜 캐피털에 대해 부연하자면 과거부터 이어져 온 인맥, 지연, 혈연 등에 더해 SNS, 인스타그램, 페이스북, 오픈 채팅방, 등등 아직도 분화 발전하는 인터넷 관계망을 모두 포함하는 개념이다.

자, 시작할 준비가 되었다면 이제 다음 장으로 넘어가도록 하자.

슈퍼리치 황금의 문을 여는
부의 마스터키

UNLOCK IT

Chapter 1

나는 어떻게 나의 성공과 부, 삶의 의미를 찾았는가?

가난한 아시안 이민자 소년

이 이야기는 전부 하나의 불행한 이야기에서 시작한다. 나는 홍콩에서 태어났다. 부모님께서는 두 분 다 나를 사랑했으나, 서로를 사랑하지는 않았다. 내가 아직 어머니 뱃속에 있을 때, 아버지는 바람을 피웠다.

어머니는 이 사실에 매우 상처받았고 화가 났지만, 나를 결손 가정에서 자라게 하고 싶지 않아 이혼은 하지 않았다.

그러나 내가 14살이 되었을 무렵, 어머니는 더 이상 버틸 힘이 없었고 나를 데리고 아버지를 떠나기로 결정했다. 그렇게 해서 우리는 아는 사람 하나 없이, 돈도 없이, 영어도 한마디 못하면서 낯선 나라 캐나다의 이민자가 되었다.

평생 가정주부로만 살아온 어머니는 갑자기 경제활동에 뛰어들어야 했고, 나 역시 완전히 새로운 환경에 적응해야 했다.

첫 며칠간 내가 느낀 것은 두려움과 걱정뿐이었다. 우리는 밴쿠버에서 가장 치안이 안 좋기로 유명한 서리(Surrey)에 살았다. 우리가 살게 된 침실이 하나뿐인 작은 아파트에서 처음 밖으로 나가기까지 꼬박 삼 일이 걸렸다.

나는 전교에 세 명뿐인 중국계 학생 중 하나였다. 만약 당신이 캐나다에는 인종차별이 존재하지 않는다고 생각한다면, 내 경험은 그와 정반대의 이야기를 온종일이라도 해줄 수 있을 것이다.

학교에서 나는 보이지 않는 아이였다. 영어는 단 한마디도 할 줄 몰랐으며, 따라서 친구도 없었다. 교실 끝 한구석에 앉아 수업시간에 손을 드는 일 따위는 절대 존재하지 않았다. 학교가 끝나면, 나는 곧장 내 사물함으로 가서 가방을 꺼내 들고 아무와도 눈을 마주치지 않기 위해 노력하며 복도를 걸었다.

복도 가운데로 걸을 용기도 없을 만큼 소심했기 때문에 항상 복도 가장자리에 붙어 걸었다. 나는 그런 아이였다.

당신이 몇 학기나 같이 학교를 다닐 동안, 이름조차 모를 그런 아이. 당신이 우리 학급 단체 졸업 사진을 본다면, 잘나가는 아이들이 어울려 있는 모습 옆으로 한 귀퉁이에 혼자 덩그러니 서 있던 아이.

그래서 어디에나 있는 악동들의 타겟이 되었다.

점심시간에 덩치 큰 아이들 셋이 나를 학교 후미진 곳으로 끌고 가 두들겨 팼다. 그 아이들은 나를 쉬운 먹잇감으로 여겼을 거다. 그때 내 몸무게는 고작 48킬로 정도밖에 안 나가던, 마른 나무 꼬챙이 같은 아이였으니까 말이다.

그 아이들은 나를 땅바닥으로 집어 던지고, 내가 쓰러질 때까지 둘러

싸 발로 차거나 주먹으로 때렸다. 이러한 폭력은 몇 번인가 일어났다. 지금도 그때 생긴 상처가 내 턱에 남아있다.

이 시절 어머니께서 생일선물로 전자사전을 사주신 적이 있다. 모자란 영어 공부를 위해 중국어로 찾아볼 수 있는 전자사전. 우리 사정에는 어마어마하게 비쌌던 300불짜리 전자사전을 자신의 아이에게 최고로 좋은 걸 사주시고 싶으셨던 어머니는 푼돈을 모으고 모아 선물해 주셨다.

나는 이 사전을 매일같이 들고 다녔다. 알아들을 수 없는 영어 단어를 찾아보며 학교 수업을 조금씩 따라갈 수 있었다.

나는 매일매일 엄청나게 노력했다. 점점 발전하고 있었다. 아마 조금만 더 지나면 손을 들고 발표하거나, 친구를 만들 수도 있었지 않았을까?

어느 날, 그 세 명의 덩치 큰 아이들이 내가 이 전자사전을 쓰고 있는 걸 봤다. 그리곤 나에게 와서 전자사전을 낚아채며 말했다.

"야, 너 왜 점심시간에 수학 문제를 푸냐? 이 병신아! 그거 이리 내놔."

나는 그 아이들에게 상황을 설명하려고 했다.

"아냐, 이거는 사전이야. 우리 엄마가 사주신 거야. 제발 돌려줘."

그러나 그 아이들은 내 말을 듣지 않았다. 아이들은 서로 그 사전을 던지고 받으며 나를 놀리다가, 내가 다시 빼앗으려 하자 내 머리 위로 사전을 휙 던져버렸다. 우리 교실은 건물 2층에 있었다.

"퍽!"

창문 밖으로 날아간 내 사전이 인도에 떨어져 부딪히는 소리는, 어머니께서 뼈 빠지게 일해 번 300불이 쓰레기통에 처박혔다는 의미다. 엄청나게 화가 났다.

그러나 그것보다 더 중요한 것은 어머니가 이 사실을 알게 되는 것이었다. 어머니께 이 사실을 들키고 싶지 않았다. 어머니의 그 힘든 노동의 대가가 이렇게 사라졌다는 사실을 알게 되면 얼마나 슬퍼하실까. 어머니가 다시 상처받는 것이 죽기보다 싫었다.

그래서 나는 집에서 망가진 전자사전을 들고 잘 작동하는 것처럼 쓰고 있는 시늉을 했다. 그리고 학교에서는 도서관에서 종이로 된 사전을 빌려와 사용했다. 내가 알아야 할 모든 단어를 찾아보고, 제대로 발음할 수 있을 때까지 최소 50번씩 반복해 소리 내어 읽었다.

당신은 잘못 한 게 하나도 없는데, 온 세상이 나를 등진 느낌을 느껴본적이 있는가? 내 심정이 바로 그랬다.

하지만 이 경험은 그동안 겪었던 많고 많은 부당한 사건들의 일부에지나지 않는다.

내 세상을 송두리째 뒤바꾼 오후

어느 날 오후, 거실에 학교 가방을 던지면서 어머니의 방문이 평소와달리 닫혀있는 것을 알아챘다. 어머니는 그 안에서 누군가와 통화를 하고있었다. 통화가 끝나고, 어머니가 방에서 나오셨다.

나는 그 순간의 어머니 표정을 잊을 수가 없다. 눈물이 폭포처럼 어머니의 얼굴을 타고 흐르고 있었다. 어머니는 하루종일 운 것 같은 그런 모습이었다. 이보다 더 절망적일 수 있을까 싶은 표정.

"엄마, 무슨 일이에요?"

"네 아버지께서 전화하셨다. 앞으로는 돈을 보내줄 수 없대."

"네? 그게 무슨 소리에요?"

"그 사람 사업… 사업이 망했단다."

나는 모든 사람들에게, 그들의 인생을 송두리째 바꿀만한 그런 큰 사건이 한 번쯤은 있다고 생각한다. 그들의 모든 것을 흔들어버리는 사건, 그리고 다시는 그 전으로 되돌아갈 수 없는 그런 사건.

나는 그런 순간을 '결정적인 순간'이라고 부른다.

대부분의 사람들은 그들을 변화하게 만드는 것은 감격적이거나 행복했던 순간이라고 생각한다. 사실이 아니다. 행복은 당신을 변화시키지 않는다. 당신을 변화시키는 것은 고통이다.

이런 결정적인 순간은 굉장히 아프다. 사람을 망가뜨려 무너지게 한다. 당신을 갈기갈기 조각내고, 당신의 의지를 시험한다. 하지만 이 순간을 잘 이겨내면 더 나은 사람이 될 수 있다. 새로워진 나를 만들 수 있다.

결정적인 순간은 때때로 기만적이다. 일이 일어나는 순간에는 당신의 인생이 어떻게 변하고 있는지 느낄 수 없기 때문이다. 이런 순간은 콘크리트 바닥에 처박히는 아픔같이 느껴질 수도 있다. 당신의 세계가 무너져 내리면서, 충격에 빠진다. 마치 숨을 제대로 쉴 수 없는 것처럼 당신의 인생을 바꿔버린다.

나는 이제 안다. 이 느낌이 정확히 방 밖으로 나오던 어머니를 본 내가 느낀 심정이었으니까. 이 순간이 내가 어른이 되어야겠다고 느낀 순간이었다.

내가 해온 모든 일들은 돈을 벌기 위해서가 아니었다. 나는 그저 나의 어머니가 우는 모습을 다시는 보고 싶지 않았을 뿐이다. 그 일이 일어났던 순간, 무슨 짓을 해서라도 그런 어머니의 표정을 다시 보고 싶지 않았다.

이것이 내가 사업가로서 여정을 시작하게 된 계기였다.

첫 100불의 수입은 달콤했다

어쨌거나 나는 학생임에도 돈을 벌어야겠다고 생각했다. 처음에 나는 돈 문제를 해결하는 방법은 직업을 갖는 것이라고 생각했다.

"돈을 벌고 싶다면, 직장을 구해라!"

많은 사람들이 그렇게 얘기한다. 그래서 나는 그 말대로 일을 구했다. 슈퍼마켓에서 포장을 하는 일이었다.

최저 급여를 받으며 하루에 열 시간씩 서서 지루하게 반복되는 단순 업무를 하고 또 했다. 하지만 나는 이런 단순 노동을 오래 버티지 못했다. 결국 얼마 되지 않아 그만두게 됐다.

"분명, 돈을 버는 데에 이보다 훨씬 나은 방법이 있을 거야. 그런데 그게 뭐냔 말이지?"

스스로에게 물었다. 그때 처음으로 새로운 생각을 해냈다.

동네에서 조깅을 하다가, 한 칠십쯤 되어 보이는 점잖은 할아버지 한 분이 매우 느린 속도로 마당의 잔디를 깎고 있는 것을 보았다. 그런데 잔디를 깎는 모습이 매우 힘겨워하셨다.

나는 할아버지에게 다가가 내가 도와드리겠다고 했고, 할아버지는 흔쾌히 그 일을 나에게 맡겼다. 일을 마치고 나오려는데 할아버지가 나를 부르더니 20불을 건네주었다.

내 머릿속에서 전구가 반짝했다.

'다른 사람 잔디도 깎아주고, 돈을 벌면 되겠다!'

이게 내 첫 사업의 시작이었다. 잔디 깎기 사업. 나는 잔디 깎는 기계도 살 수 없을 만큼 어렸기에, 이 점잖은 할아버지와 일종의 거래를 했다.

"할아버지, 그 기계 할아버지가 쓰시기엔 좀 무거운 거 같은데요. 제가 매주 한 번씩 공짜로 잔디를 깎아 드릴 테니까, 그 기계를 저에게 빌려주시면 어때요?"

할아버지는 잠시 생각하더니, 대답하셨다.

"그래, 안 될 이유가 없지. 그렇게 자주 쓰는 기계도 아니니까 말이야."

바바밤! 성공! 내가 처음으로 끌어낸 협상이었다.

그러나, 제공할 수 있는 서비스를 장착하는 것은 그저 시작에 불과할 뿐이었다. 다음으로 나는 이 서비스를 판매해야 했다.

그래서 동네에 있는 모든 집을 돌아다니며, 나의 잔디깎기 서비스가 필요한지 묻기 시작했다. 그리고…… 모든 집에서 거절당했다.

기분이 매우 안 좋아졌다. 어쨌든 일주일에 한 번씩 공짜로 할아버지 집 잔디를 깎아야 하지 않는가! 돈은 한 푼도 못 벌면서 공짜로 일만 하게 생겼다.

이때, 두 번째 '기발한' 아이디어가 떠올랐다. 인쇄 사업을 하고 있는 이모가 떠오른 것이다. 이모는 광고지를 인쇄하는 사람이었는데, 이 광고지를 뿌릴 사람이 없어 난감하던 차였다.

"이모, 내가 공짜로 이모 광고지 뿌려드릴게요. 대신, 광고지 뒤쪽에 내 '잔디깎기사업'도 같이 광고해주실래요?"

이모는 잠시 생각해보더니 이렇게 대답했다.

"그래, 어쨌든 나도 광고지 배포할 사람이 필요하긴 하니까."

짜짠! 또 하나의 협상을 이루어냈다!

이모가 광고지 뒤에 내 잔디깎이사업 광고를 실어주겠노라 했을 때, 나는 앞으로 수천 불을 벌 수 있을 거라고 생각했다. 그리고 그 돈으로 무얼 할지 상상의 나래를 펼쳤다.

나는 심지어 이 잘나가는 사업 성공과 학교생활을 어떻게 조율해 나갈 것인가에 대한 심각한 고민에 빠지기도 했다. 이러한 새로운 영감과 확고한 투지를 갖고, 나는 오천 장의 광고지를 돌렸다. 그리고는 집에 돌아와 전화기가 쉴 새 없이 울리기만을 기다렸다.

한 시간이 지났다. 아무 전화도 오지 않았다. 하루가 지났다. 전화는 오지 않았다. 삼 일이 지났다. 여전히 전화기는 조용했다. 혹시 내가 전화번호를 잘못 넣었나? 확인해봤지만 아니었다. 내 번호가 제대로 쓰여 있었다.

그럼 왜 아무도 전화를 하지 않을까? 분명 다들 깎아야 할 잔디가 있는데, 대체 왜 아무도 전화를 주지 않을까?

나의 첫 '마케팅 캠페인'은 이렇게 커다란 '0' 하나만 남겼다.

나는, 나의 첫 '고객'이었던 점잖은 할아버지 일을 다시 생각해보았다. 그땐 내가 뭘 다르게 했었을까?

이 순간이 현재도 내 사업에 큰 영향을 주고 있는 나의 첫 번째 교훈을 얻은 때이다.

나는 그 할아버지의 잔디를 '먼저' 깎아주고, '그러고 나서' 돈을 받았다. 서비스가 먼저였던 것이다. 고객에게 먼저 다가가 먼저 잔디를 깎아주는 것! 돈을 받고 물건을 주는 것이 아니라 물건을 주고 돈을 받는 이 단순한 행동이 고객 확보에 최고의 무기라는 것을 깨달았다.

이 '깨달음'을 얻은 뒤, 부촌에 가서 잔디가 허리까지 올라온 그런 집을 찾아갔다.

이곳이 나의 기회였다. 나는 잔디깎이 기계를 가져와 그 잔디들을 깎아두고, 그 집 현관 앞에서 집주인이 돌아오기를 기다렸다.

집주인이 돌아왔을 때, 잔디가 너무 깔끔하게 정리된 탓에 그녀는 자신의 집을 알아보지 못하고 자신의 집을 지나쳐 한참을 운전해가다 되돌아와야 했다.

"이게 어떻게 된 거예요?"

그녀가 물었다.

"아, 사모님. 저는 그냥 용돈벌이 조금 하는 학생인데요, 사모님 댁 잔디가 너무 많이 자라있길래 제가 좀 깎아봤어요."

나의 깜짝 선물에 그녀는 꽤 기뻐했다.

"어머, 고마워라. 우리 남편이 일이 너무 바빠서 마당 관리를 할 시간이 없었는데. 도와줘서 고마워요. 여기 100불 받아요."

짜잔! 이렇게 나는 처음으로 100불짜리 거래를 성사시켰다.

어느 사업을 하던 거래 시작의 첫 성공은 가장 달콤한 순간이다.

경고 한 마디 : 내가 한 짓은 완전 불법이었다. 원래 남의 집에 함부로 들어가서 잔디를 깎으면 안 된다. 여러분들은 내가 한 짓을 절대 따라 하지 않기를 추천한다. 그냥 뭘 잘 모르는 어린애가 용돈 좀 벌어보자고 한 짓이었다. 뭐든 시작을 해야 하기는 했지 않았겠는가?

3년 안에 15만 불의 빚더미에 앉는, 매우 확실하게 보장할 수 있는 방법

17살에 이 잔디깎이 사업을 시작한 후, 나는 곧 이 방법이 장기적인 관점에서 나를 부자로 만들어 줄 수 없는 방법이라는 것을 깨달았다. 그저 소소한 용돈벌이 외에 발전 가능성이 너무 약했던 것이다.

그래서 다른 사업 기회를 잡아야 했다. 아마, 당신도 내 생각에 공감할 수 있을 것이다.

나는 어떤 '사업 아이디어'를 '평가'할 때면, 항상 모든 아이디어가 미래에 '대박 상품'이 될 것이라고 생각했다.

이후 3년간, 나는 할 수 있는 것은 다 해보았다.

자판기 사업부터 컴퓨터 수리, 배달 서비스부터 네트워크 마케팅에 이르기까지…… 조금이라도 돈을 벌 수 있는 가능성이 보이는 일이라면 그냥 뛰어들었다. 그리고 이 방법은 아무리 좋게 포장해도 매우, 매우, 매우 우우! 멍청한 짓이었다.

나는 제대로 된 사업에서 처음으로 성공을 하기까지 13개 정도의 사업에서 실패했다. 마지막 실패는 그중에서도 가장 뼈아픈 경험이었다.

당시, 나는 이전 12번의 사업 시도의 실패로 쌓아 올린 빚이 이미 약 12만 불 정도가 되었었다. 신용카드들은 한도가 초과된지 오래였고, 삼촌 이모 할 것 없이 모든 친척들에게서 돈을 빌렸으며, 심지어는 어머니한테까지도 돈을 빌린 상태였다.

이런 상황에서도 나는 끈질겼다. 이 일이 꼭 될 거라고 믿었다.

당시, 나는 네트워크 마케팅 회사에서 일하고 있었는데, 이미 가족은 물론 친구들까지 모든 인간관계가 절단 난 상황이었다. 만나기만 하면 내가 지금 하는 일이 얼마나 좋은지에 관한 이야기만 해댄 덕분이었다.

그런 친구를 둔 적 있는가? 커피 한잔하자고 불러내서는, 미심쩍은 '비즈니스 기회'에 대해 당신을 설득하려고 드는 친구.

그렇게 만날 때마다 내가 하고 있는 네트워크 마케팅이 얼마나 좋은 기회인지에 대해서만 이야기를 해댄 결과, 가족들과 친구들은 점점 나를 피하기 시작했다.

목표로 삼은 친구들과 가족들이 사라지고 나자 나는 다른 곳에서 내 팀의 일원이 될 사람들을 충당해야 했다. 그래서 또 다른 '천재적인 아이디어'를 생각해냈다.

내 명함을 사무실이 있는 빌딩들에 배치해 두고, 누군가가 연락을 해주길, 커피 한잔하며 이야기를 시작할 수 있기를 기대했다.

놀랍게도, 한 사람에게서 연락이 왔다. 커피 한 잔을 함께 하며 나는 그 사람에게 나의 사업에 대해 프레젠테이션을 했다.

나는 그에게 이 사업이 얼마나 좋은지, 얼마나 쉽게 돈을 벌 수 있는 것인지에 대해 설명했다.

"그러니까, 당신의 팀에 들어갈 사람을 세 명만 구하면 돼요. 그리고 나면 그 사람들이 또 그들의 팀으로 각자 세 명씩 구하는 거구요. 그렇게 이어지다 보면, 순식간에 당신은 아무 일도 하지 않아도 된다니까요."

"댄, 여기서 잠깐 스톱할게요."

"네? 지금 제일 좋은 부분을 막 말씀드릴 참인데요."

"아니요, 당신의 프레젠테이션은 좋았어요. 그런데, 내가 당신에게 알려주고 싶은 더 좋은 게 있거든요. 보아하니 당신 되게 똑똑한 사람 같은 데, 내가 지금 하고 있는 사업에 딱 당신 같은 사람이 필요하거든요."

그는 그의 사업에 대해 설명하기 시작했다. 그가 어떻게 웹 사이트를 구축하고 이것을 팔아 막대한 수익을 남기는지에 대해. 만약 내가 이 사업을 시작하는데 약간의 자금을 도와줄 수 있다면, 그는 나와 파트너가 되어 수익을 나누고 싶다는 말이었다.

앞서 내가 아주 약간의, 일말의 돈을 벌 수 있을 가능성이 보이기만 하면 사업에 뛰어들었다는 말을 기억하는가? 뭐, 나는 내가 한 말은 지키는 사람이다. 나는 그의 '파트너'가 되어 그의 사업에 뛰어들기로 했다. 처음에는 천 불을 투자했다. 그 후 2천 불, 그리고 나서 또 5천 불.

우리는 언제나 그의 사무실에서 만났으며, 그때마다 그는 '거의 다 됐다'라고 말하며 아주 약간, 개발을 끝낼 수 있게 아주 약간의 자금이 더 필요하다고 했다.

참 순진했던 시절이었다. 나는 그 사람의 말을 믿었다. 계속해서 돈을 건넸다.

1만 불, 1만 5천 불, 2만 불……. 그리고 2만 5천 불 더.

나는 이 사업에 깊게 빠져들고 있었다. 나는 이 사업을 성공시키기로 단단히 마음먹고 있었다.

자, 이 시점에서, 당신은 나에게 한 가지 물어보고 싶을 것이다.

"그 돈은 다 어디서 났죠?"

아주 좋은 질문이다. 그 돈은 나에게 마지막의 마지막까지 남아줬던 사람, 바로 어머니의 돈이었다.

이미 나의 신용카드는 한도 초과였고, 나에게 돈을 빌려줄 만한 모든 사람들에게 돈을 빌려왔다. 그래서 이 새로운 나의 사업 파트너를 만났을 때, 내가 끌어들일 수 있었던 사람은 내 어머니뿐이었다.

나는 나의 이 사업 파트너가 마지막으로 5천 불이 더 필요하다고 했던 그 날을 기억한다.

그는 이게 정말 마지막이라고 했고, 이제 우리는 곧 부자가 될 수 있다고 했다. 물론, 나는 그를 믿었다.

내 인생에서 가장 부끄러웠던 순간

이 마지막 5천 불을 인출하기 위해서 나는 어머니를 태우고 은행으로 갔다. 어머니의 계좌 한도도 이미 거의 다 찬 상태였다.

돈을 찾기 위해 줄을 서서 순서를 기다리는 동안 어머니는 나의 팔을 잡고 울며 말씀하셨다.

"댄, 제발 이거 하지 말자. 제발, 제발 하지 말자."

나는 정신 나간 도박꾼처럼 어머니께 대답했다.

"엄마, 날 좀 믿어보라니까요? 이거 진짜 돼요. 내가 할 수 있어요."

내가 마지막 5천 불을 인출하는 와중에도 어머니는 계속 내 팔을 잡아 끌며 울었다.

그 날 오후, 나는 이 5천불을 그대로 그에게 가져다주며 이게 정말 마지막인지 물었다. 그는 그렇다고 했다. 이제 우리가 할 것은 모든 준비가 끝나기만을 기다리면 된다고 했다.

나는 이것이 내 인생에 한 획을 그을거라고 희망하며 집으로 돌아왔다.

하루가 지났다. …… 그에게서 아무 연락도 오지 않았다. 이틀이 지났다. …… 아무 연락도 오지 않았다. 사흘이 지났다. …… 연락이 없었다.

그의 핸드폰으로 전화를 걸었다. 응답이 없다. 그의 사무실로 전화를 걸었다. 더 이상 사용할 수 없는 번호라고 했다.

대체 무슨 일이 생긴 거지?

그의 오피스로 달려갔지만, 아무것도 남아 있지 않았다. 나는 그와 연관된, 내가 생각할 수 있는 모든 번호로 전화를 걸었다. 비서, 옆 사무실, 심지어 건물 관리인에게까지.

아무도 그 사람에 대해 알고 있는 게 없었다. 그들도 나만큼이나 아는 것이 없었다. 그는 아무 흔적도 남기지 않고 사라졌다. 사기를 당한 것이었다.

이를 깨달은 순간, 나는 너무나도 화가 났고, 증오에 불탔으며, 그리고 또 부끄러웠다. 나는 내 스스로에게 너무도 화가 났다.

"어떻게 이런 일이 벌어지게 둘 수 있었지? 왜 그렇게 멍청했지? 어떻게 어머니의 돈을 이렇게 날릴 수가 있어? 나는 왜 이렇게 바보 같은 선택만 하고 사는 거지?"

어머니께 뭘 어떻게 말씀드려야 할지 고민하면서 집으로 돌아오는 길에, 다리 하나를 건너게 되었다. 다리 위에서 아래를 내려다보았다. 여기서 뛰어내리면, 충분히 죽을 수 있을만한 높이였다.

"그냥 여기서 끝내는 게 나을지도. 나 때문에 어머니가 그 돈을 안 날렸으면 훨씬 나았을텐데."

나는 거기에 계속 서 있었다.

"내가 그냥 안 태어났으면, 어머니껜 더 좋았겠지."

다행히도, 나는 아직 살아있다. 마음속 작은 한구석으로, 어머니를 이 세상에 혼자 덩그러니 남겨두고 떠날 수 없다는 사실을 나는 알고 있었기 때문이다. 나는 당당하게 어머니를 책임지는 사람이 되어야 한다고 생각했다.

"이거 별로야. 다시 해"

나 스스로를 좀 추스르고 난 후, 더 많은 세미나에 참석하고 내가 가진 스킬을 가다듬기 위해 워크샵에 다니기 시작했다. 그리고 한 세미나에서 나의 첫 멘토가 된 '알란 자큐'를 만났다.

당신이 이 알란이라는 사람을 모를 수도 있으니 설명하자면, 그는 부동산 투자 네트워크 회사의 창립자이며 그 당시 가장 많은 부동산 관련 네트워크를 가지고 있는 사람이었다.

그는 로버트 키요사키('부자아빠 가난한 아빠'의 저자)가 유명해지기 전, 그를 처음 캐나다로 데려온 사람이었다.

일 년 정도, 나는 알란을 위해 거의 무보수로 일을 했다. 첫 몇 달은 매일매일 우편물을 봉하는 일을 도왔다. 조금 지나서, 알란은 나에게 처음으로 세일즈 레터(홍보 전단지)의 문구를 쓰는 것을 허락했다.

이 세일즈 레터는 사람들에게 우리가 어떤 물건이나 서비스를 판매하고 있는지 알리는 편지였다.

스펠링이 틀린 곳은 없는지, 문장이 이상하지는 않은지 확인의 확인을 거듭하며 몇 날 며칠을 고심하여 문구를 작성했다.

이 레터를 알란에게 보여주자, 그가 한 말은, '이거 별로야. 다시 해'였다.

다시 가져가니, 그가 다시 말했다.

"이것도 별로야. 다시 해."

내가 할 수 있는 한 최고로 열심히 해서 다시 가져갔다. 그리고 이번에는 이전보다 좀 더 오래 읽더니, "그래도 아직 좀 별로네. 한 번만 다시 해봐."였다.

이 과정을 알란이 이 정도면 고객들에게 보내도 된다고 허락하기까지 예닐곱번은 반복했다.

재미있는 것은 몇 년 후, 그러니까 내가 크게 성공했을 때 알란이 내게 이렇게 말했다.

"있잖아. 댄, 그때 네가 처음 썼던 광고지의 문구 말이야. 그거 꽤 괜찮았었어. 하지만 당시에는 너를 더 자극했어야 했어. 물론 네 생각엔 그게 네가 제일 잘 해낸 거라고 생각했겠지만, 더 잘할 수 있었잖아. 두 번째로 했을 때도 그게 최선이라고 생각했겠지. 하지만 네가 너로서 제일 잘 했다고 '생각한' 것과 진짜로 네가 제일 잘 '해낸 것' 사이에는 차이가 있어. 네가 이 차이를 볼 수 있게 되면, 뭘 어떻게 바꿔야 할지 알 수 있게 될 거야. 그리고 그것이 너만의 스킬을 더 갈고 닦을 수 있는 방법이지."

그의 말은 내가 나를 인정하는 것보다 남들이 인정해주는 실력이 진짜라는 것이다. 이것이 나의 두 번째 깨달음이었다.

어쨌거나 그렇게 해서 나는 '카피라이터'라는 누구도 뺏어갈 수도 훔쳐갈 수도 없는 나만의 '고소득 기술' 하나를 장착할 수 있었다.

일인 광고 에이전시를 열다

알란으로부터 카피라이터가 되는 방법을 배우고 나서, 나는 일인 광고 에이전시를 차렸다.

〈매드맨 에이전시(MAD MEN agency)〉.

미친놈처럼 일을 잘한다는 의미의 '미친 사람 에이전시'다.

여기서 내가 처음으로 정한 나의 카피라이팅 서비스의 가격은 500불에서 1,000불 사이였다. 그런데 내가 하루에 일을 할 수 있는 시간은 한정적이기 때문에, 따라서 내가 받을 수 있는 고객의 숫자도 한정적일 수밖에 없었다.

나와 어머니, 두 명의 생활을 책임지려면 이 가격을 올려야 한다는 건 나도 알고 있었다. 그렇지만 내가 혼자서 카피라이터로 일하기 시작한 건 아직 몇 개월 지나지 않았을 때였기 때문에 1,000불 이상의 가격을 요구하기는 조금 무리일 것 같았다.

알란이 나에게 두 번째 도전을 시킨 것이 이때였다.

"댄, 가격을 좀 올려야 하지 않겠어? 1,000불은 너무 적은데."

"제 생각도 그렇긴 한데…… 한 10퍼센트 정도 올리면 어떨까요? 1,100불 정도요. 그 정도면 합당하지 않을까요?"

"아니, 두 배로 올려."

"무슨 말씀이세요? 두 배나 올릴 수는 없어요. 내가 이 일을 시작한 지 얼마나 되었다고요! 나는 이상한 억양을 가진 스물한 살짜리 어린애일 뿐이란 말이에요. 두 배까진 못 올려요."

"댄, 두 배로 하라니까."

나는 한숨을 쉬며 승낙했다.

"알았어요."

알란은 사람들에게 가격을 말하는 순간을 거울을 보고 연습하라고 했다.

나는 그의 말에 따라 거울 앞에 섰다.

"얼마나 받으시죠?"

나는 거울 속의 나에게 물어보았다.

"이… 이… 이… 이천 불이요."

나는 말을 더듬었다.

"얼마나 받으시죠?"

"이… 이천 불이요."

"얼마나 받으시죠?"

"이천 불입니다."

더듬거리지 않고 단호한 목소리로 가격을 제대로 말할 수 있을 때까지 수없이 연습했다.

무슨 일이 벌어졌을지 짐작이 가는가?

나는 다음 고객이 나에게 얼마나 청구하냐고 물었을 때, 단호하게 이천 불이라고 이야기했다. 그리고, 반발은 없었다.

몇 달 후, 나는 몇 명의 2천 불짜리 고객을 가질 수 있었다. 이건 꽤나 기분 좋은 일이었다.

알란이 나를 다시 찾아와, 이렇게 이야기하기 전까지는.

"댄, 때가 됐어. 다시 두 배 올려."

"네? 여기서 두 배를 또 올리라구요? 고객을 전부 잃을 거에요!"

"두 배 올려."

"그 사람들이 나에게 그만큼이나 줄 리 없어요. 고객을 전부 잃으면, 뭐 먹고 살라구요?"

"댄, 두 배."

"알았어요."

나는 알란이 알려준 그 과정을 다시 수행했다. 놀랍게도 먹혔다. 반발은 없었다.

몇 달 후, 나는 똑같은 과정을 다시 거쳐, 가격을 8천 불까지 올렸다. 그러고 나서 얼마 후 1만 불.

1년 안에 나는 같은 양을 일하면서, 1천 불짜리 카피라이터에서 1만 불짜리 카피라이터가 되어있었다.

이때 나는 돈을 더 많이 벌기 위해 더 많은 고객과 일할 필요는 없다는 것을 깨달았다. 어떤 일에서는, 얼마나 당신 자신의 가치를 경쟁자보다 잘 전달할 수 있느냐에 달린 것이었다.

이 가르침을 통해 나는 경제적 안정감을 얻어낼 수 있었다. 나는 이제 내 빚을 모두 갚고 어머니를 모실 준비가 되었고, 새 차도 살 수 있게 되었다.

상상 이상의 성공

카피라이팅을 하며 재정적인 안정을 얻은 뒤에, 나는 몇 개의 온라인 비즈니스를 시작하여 엄청난 성공을 거둘 수 있었다.

나는 카피라이터 경력이 있었으므로, 이 온라인 마켓에 진입한 최초의 사람들 중 하나가 될 수 있었다. 다른 사람들에 비해 엄청나게 유리했다. 나의 카피라이팅 전문 기술은 인터넷과 짝이 되어, 내가 어렸을 때는 상상도 하지 못했을 돈이 빠른 속도로 들어오기 시작했다.

내가 27살쯤이던 어느 날, 나는 내 통장에 백만 불이 찍혀 있는 것을 보았다. 이 돈은 곧 '성공'이었다. 나는 평생 이 돈을 원하고 있었다. 나는 마침내 '이뤄낸' 것이다.

동네 슈퍼에서 최저 시급을 받던 아시안 이민자가 어찌 된 셈인지 젊은 백만장자가 되어버린 것이다. 몇 년간 일만 하던 삶에서, 비로소 한숨 돌릴 시간이 주어졌다. 그래서 나는 해변으로 갔다.

그 날은 내내 일을 하지 않았다. 밴쿠버 다운타운에 있는 해변가인 잉글리시 베이에 가서 차가운 음료를 홀짝이며 바다를 바라봤다. 대부분의 사람들이 은퇴 후 하고 싶은 일이라고 꿈꾸는 바로 그것 말이다.

처음에는 즐거웠다. 그래서 다음날 또 똑같이 해변가에서 여유를 즐겼다. 다음 날도, 그리고 또 다음 날도…….

믿거나 말거나, 비치타올에 앉아 아무것도 하지 않는 것은 생각보다 지루하다. 거기에 햇볕에 타서 화상을 입기도 한다.

그래서 다음 날부터는 매일 예닐곱편의 영화를 시청하기 시작했다. 질릴 때까지 며칠을…….

이렇게 영화를 많이 보면 어떻게 되는지 아는가? 영화라곤 꼴도 보기 싫어진다!

하여간 나는 모든 사람들이 그들의 인생에서 이루길 꿈꾸는 그 자리에 와 있었다. 그들이 65살이 되어서야 할 수 있을법한 일을 나는 27살에 하고 있었다. 그래서 마땅히 행복해야 했는데…… 그러나 나는 지루했고, 처량했다.

나를 즐겁고, 행복하게 만들어 줄 모든 것들이 나를 만족시키지 못했다. 나는 내가 원하던 것 이상을 가졌음에도, 여전히 뭔가 모자란, 채워지지 않은 느낌이었다.

내가 왜 우는지 나도 모르겠어요

어느 날, 나는 눈물을 흘리며 일어났다. 나의 아내인 제니퍼가 걱정스럽게 물었다.

"왜 울어? 무슨 일 있어?"

"나도 모르겠어. 그냥 눈물이 나네."

"당신, 괜찮아? 어디 아픈 거 아니야? 병원 가야 하는 거 아니야?"

"아냐, 나도 모르겠어. 왜 그런지. 그냥 우울함이 나를 집어삼키는 것 같아. 근데 이게 왜 이러는 건지 모르겠네."

나는 내 속이 텅 비어버린 느낌이었다. 여기까지 오기 위해 나는 열심히 일해왔다. 나는 꽤 괜찮은 인생을 살고 있었다. 내가 일평생 바라왔던 많은 돈이 있었다. 모든 일들은 알아서 잘 처리되고 있었다. 내가 원하는 걸 할 시간도 많았다. 드디어 완벽한 자유를 얻은 것이다.

그러나 왠지 처량했고, 그 이유를 알 수 없었다. 나는 모든 것에 대해 질문하기 시작했다.

"내가 지금 정확하게 무엇을 쫓고 있었던 거지? 왜 그렇게 열심히 일했을까? 내가 무엇을 위해 그렇게 열심히 일했던 거지?"

뻔한 소리로 들리겠지만 나는 궁금해졌다.

"돈 말고 인생에 또 다른 무언가가 있는 것일까?"

그때 이후로, 나는 영적 여행을 떠났다. 나는 개인적 발전과 영적 수련에 깊게 뛰어들었다.

돈과 결과가 전부라고 생각하고 있던 나에게 이 영적 수련의 과정들은 우습게만 느껴졌다. 그러나 내가 경험하고 나니, 이러한 가르침에 무언가 진실이 있음을 깨닫게 되었다.

수백만 불을 가진 젊은이가 하기에는 멍청한 소리 같겠지만, 나는 나 자신을 찾고 싶었다.

나는 여태까지 성공만을 좇아 왔고, 이 성공이 나를 행복으로 이끌어 줄 것이라 믿어왔다.

그러나 내가 진정으로 바랬던 것은 성과(achievement)가 아니라, 충족 (fulfillment)이었음을 발견했다.

나는 돈이 내가 원하는 모든 것을 가져다줄 것이라고 착각하고 있었 다. 성공의 가도를 달림으로, 성과의 경쟁(race of accomplishment)에서 이기 기 위해 노력해 왔던 것이다.

나는 당신에게도 도움이 될지 모를 질문을 나 스스로에게 물었다:

"내가 언제 가장 행복한가?"

대답은 점점 명확해졌다.

대학에 다닐 때, 몇몇 학생에게 무료로 무술을 가르친 적이 있다. 나는 이것을 사랑했다. 내가 누군가를 가르칠 때, 나는 어떤 흐름에 나를 맡길 수 있었고, 시간을 잊을 수 있었다. 사람들이 내 눈앞에서 활기차게 변화 하는 것을 사랑했다. 가르치는 것은 나에게 전율을 느끼게 했다. 나는 가 르치는 일을 사랑했다.

많은 사람들이 말한다.

"나, 이 일 하는 거 너무 좋아. 돈 안 받고도 할 수 있을 것 같아."

나는 이러한 생각에 전적으로 동의할 수 없다. 나는 당신이 지금 하고 있는 일이 너무 좋다면, 대신 이렇게 말해야 한다고 생각한다.

"나, 이 일 하는 거 너무 좋아. 내가 돈을 벌어야 한다면 이 일을 직업으로 할 거야."

나는 지금 이날까지도, 남을 가르칠 때가 가장 행복하다. 그러나 그 당시, 나는 무술만 가르쳐 보았을 뿐이고 무술 사범이 되어 벌어 먹고 산다는 것은 생각도 해보지 못했다.

나는 스스로에게 물었다.

"어떻게 하면 가르치는 일을 더 많이 할 수 있지? 어떻게 하면, 내 목적과 이익, 그리고 열정을 모두 얻을 수 있는 사업을 만들 수 있을까? 어떻게 이런 사업을 시작해서, 내가 이것만 할 수 있게 만들 수 있을까?"

그때 나는 전업 선생님이 되기로 했다.

그때, 나는 나의 신념들이 하나로 조율되고 일치하는 삶을 시작할 수 있었다.

당신이 진정으로 원하는 삶을 살기 위해서, 이 하나의 질문을 스스로에게 던져보라

"당신은 복권에 당첨되더라도, 지금 하고 있는 일을 계속할 것인가?"

대부분의 사람들은 이렇게 대답할 것이다.

"아니요, 저는 당장 그만둘 겁니다. 내가 지금 하고 있는 일은 당장 때려칠 거에요"

하지만 나는 일말의 망설임도 없이, 내가 지금 하고 있는 이 일을 정확히 그대로 할 것이라고 대답할 수 있다.

어떻게 이렇게 자신 있게 말할 수 있는가? 글쎄, 나는 복권 당첨보다 더 많은 돈을 이미 벌어두었지만 그럼에도 지금 같은 일을 계속 하고 있지 않은가?

나는 내 인생의 매일매일이 즐겁다. 감사하다.

나는 나의 능력과 전문성, 그리고 경험을 활용해 수백만 명의 사람들의 인생에 영향을 미치고 있다. 나는 스트레스 없는 생활을 하고 있고, 내가 좋아하는 것을 할 수 있다.

나의 비전, 미션, 문화를 인정하는 세계적인 사람들과 시간을 보내며 매일매일 놀라운 사람들에게 배움을 얻는다.

세계 곳곳의 수백만 명의 사람들에게 영향을 미치다

나는 나의 학생들로부터 매일같이 편지를 받는다. 간단한 엽서일 때도 있고, 직접 만든 음식일 때도 있으며 원석으로 만든 내 모습을 선물 받기도 한다.

당신에게 내가 얼마나 잘났는지 알려주고 싶어서 하는 이야기가 아니다. 나의 커뮤니티에 학생들이 얼마나 고마워하고 있는지를 보여주고 싶었을 뿐이다.

우리의 커뮤니티에서, 우리는 매일매일 많은 학생들로부터 다양한 성공 스토리를 듣는다.

그들이 하던 일을 그만둔 이야기, 집 대출을 갚은 이야기, 부모님이 누려 마땅할, 그런 여행을 보내드린 이야기.

이뿐만이 아니다. 당신은 나의 학생들이 어떻게 스스로에게서 새로운 존엄성과 자신감을 발견해 스스로를 발전시켜 나가는지도 볼 수 있다.

나는 매년 벤쿠버에서 여는 비공개 행사에서 나의 학생들을 만난다. 수천 명의 학생들이 세계 곳곳에서 날아와 환상적인 주말을 함께 보낸다. 여기서 나는 그들에게서 직접 가슴 뭉클한 이야기를 듣는다. 모든 이야기들 하나하나가 너무 소중하다.

나는 운 좋게 유튜브나 페이스북, 인스타그램 등의 소셜 미디어를 통해 수백만 명의 팔로워들을 만들 수 있었다. 이 소셜 미디어는 캐나다, 미국, 홍콩, 싱가포르, 베트남, 태국, 인도, 독일, 프랑스, 영국, 스코틀랜드, 나이지리아, 이집트 외 수많은 국가들의 사람들과 소통할 수 있는 자리를 마련해주었다.

당신이 다른 사람에게 의미 있는 영향을 줄 수 있을 때, 돈은 더욱 빠르고 자연스럽게, 더 적은 노력으로 당신에게 들어온다. 나는 단지 내가 할 수 있는 한 많은 사람을 도와주고 가르쳐주고 싶었을 뿐이었다.

이와 동시에 이토록 멋진 삶도 함께 누릴 수 있다고 나는 상상도 못했었다.

당신이 사랑하는 것을 하는 것

대부분의 나의 하루는 내가 사랑하는 일을 하며 보낸다.

- 독서를 하고 배우는 것

- 학생들을 가르치고 멘토링 해주는 것

- 나의 아내와 친구들과 여행하는 것

- 미래를 위해 전략을 세우고 생각하고 계획하는 것

- 내가 제일 좋아하는 무술인 절권도를 연습하는 것

- 세계적인 수준의 사업가들과 창업자들을 만나 배우는 것

이것들 외에는 나는 별로 '일'이라 부를 만한 것은 하지 않는다.

나는 여기서 이 '일'을 '내가 하고 싶지 않은 데 해야 하는 것'으로 정의한다.

나에게는 이런 '일'들을 처리해 줄 전담팀이 있어서 나는 어떤 것이 나에게 가장 깊은 영감을 주며, 어떻게 중대한 영향력을 전파할 수 있는 지에 대해서만 집중할 수 있다.

사업에 관해서 매일매일 알아야 할 일이 있는 경우는 극히 드물다. 만약 급하게 처리해야 할 일이 있으면, 나의 팀이 나에게 알려주겠지만, 대부분의 경우 그들이 알아서 처리할 수 있다.

현재 나는 일주일에 4일하고 반나절을 일한다 : 월요일부터 목요일, 그리고 금요일 반나절.

나는 더 조금 일할 수도 있고, 더 많이 일할 수도 있고, 아예 일을 안 할

수도 있지만, 이 정도가 내가 가장 만족할 수 있는 정도이다.

가끔은 1~2주 정도 휴가를 내고 아시아에 있는 어머니를 만나러 가거나, 아내와 함께 즉흥 여행을 떠나기도 한다. 때로는, 다른 도시로 떠나 YPO(young presidents' organization)라는 젊은 대표들 모임의 멤버를 만나 어떤 새로운 아이디어를 나의 팀에게 가져다줄 수 있을까 찾아보기도 한다.

YPO는 세계에서 활동 중인 엘리트 사업가들과 CEO들의 모임이다.

이 모임의 웹사이트에 의하면, 멤버들이 미국경제에 기여하는 규모는 매년 9조 불 정도이고, 전 세계적으로 2천2백만 명의 사람들을 고용하고 있다.

이런 거물들과 어울리다 보면, 당신이 원하든 말든 좋은 아이디어를 얻게 된다.

만약 당신이 나에게, "그래서 그날 그날 하는 일이 무엇인데요?"라고 내게 묻는다면, 나의 대답은 이럴 것이다.

"뭐든, 내가 원하는 것!"

인생의 4단계

지금의 내 위치에 오기까지 정말 우여곡절이 많았다.

성공과 실패를 같이 맛보았다. 돈을 벌어도 보고 잃어도 보았으며, 좋은 사람도 나쁜 사람도 만나봤다. 인생의 오르막도 내리막도 많이 겪어봤다.

그러한 나의 경험과 관찰로 미루어 볼 때, 나는 우리 모두가 우리의 인생에서 경험하는 4단계가 있다고 생각한다:

생존, 안정, 성공. 그리고 의의(意義, significance).

스테이지 1 : 생존

이 단계에서 가장 큰 걱정거리는 스스로를 챙기고 먹고 살 수 있는 생활비를 버는 일이다.

지금 당신은 빚이 있을 수도 있고, 무일푼일 수도 있고, 월급날만 기다리며 살고 있을 수도 있다.

이 중 어떤 상황이던지, 당신의 목표는 생존에 있다. 당신은 지금 물에 빠진 느낌이고, '제발 숨 좀 쉬고 살자'라고 느낄 수도 있다.

나는 내 인생을 이 단계에서 가장 오래 보냈다. 그러나 당신이, 당신의 삶에 대해 좀 더 책임감 있게 생각하기 시작한다면 다음 단계로 나아가는 것을 훨씬 짧게 만들 수 있다.

스테이지 2 : 재정적 안정

이 단계를 이루어내면 어느 정도 숨통은 트일 것이다. 당신은 이제 살

집이 있고, 운전할 차가 있으며 먹을 음식도 있다. 기한이 임박한 고지서에 더 이상 전전긍긍하지 않아도 된다.

그리고 이 단계가 대부분의 사람들이 머무는 단계이다.

이제 이들은 생활비는 걱정 없이 낼 수 있지만, 안주하는 태도를 갖기 시작한다.

이 단계의 사람들은 남부럽지 않은 삶을 살고 있다.

괜찮은 집, 괜찮은 차, 존중받을만한 직업.

이들은 위험을 감수하고 싶지 않아하고, 이미 가진 것을 잃을까 봐 두려워한다. 그래서 이 단계의 사람들은, 리스크를 동반하는 모험을 하려 하지 않는다.

나도 이 안정의 단계까지 오기까지는 수 년이 걸렸다. 그러나 나는 내가 여기서 멈추지 않았던 것이 기쁘다.

나는 계속해서 성공을 향해 달렸다. 그것이 진정한 행복을 가져다줄 수 있을 것 같았기 때문에.

스테이지 3 : 성공

자, 이제 당신은 당신에게 필요한 것은 물론, 당신이 원하는 것까지도 전부 가졌다. 당신은 이제 좋은 차를 몰고, 꿈에 그리던 집에서 살고 있으며, 당신이 원하는 것은 무엇이든 할 수 있다.

당신은 이제 그 분야의 리더가 되어 많은 사람이 당신을 우러러볼 것이다. 당신은 이제 비로소 '성공한 인생'이라 불릴 만한 것을 살고 있는 것이다.

그러나, 당신이 이 단계에서 너무 오래 머물러 있으면 무언가 잃어버린 것 같은 느낌이 드는, 공허함을 느끼게 될 것이다. 그것이 무엇인지 정확하게 짚어낼 수는 없지만, 뭔가 이것이 '인생에서 정답이 아닌데'같은 생각을 할지도 모른다.

이때 대부분의 사람들은 그러한 공허함을 채우려면, 무언가를 더 성취해야 한다고 생각한다.

나 역시 인생의 10년을 성공을 좇아 달렸고, 이 단계에 이르렀을 때, 똑같은 공허함을 느꼈다. 무언가를 더 성취하여 이 공허함을 채우려 했지만, 마지막 단계에 이를 때까지 나는 진정한 충족(true fulfillment)을 얻을 수 없었다.

스테이지 4 : 의의(意義)

당신은 이제 당신에게 필요한 것, 당신이 원하는 것을 다 가졌음에도 이 단계에 이르러서야 진정한 충족은 다른 사람들을 도와주고 발전시키는 것에 있다는 것을 깨닫게 될 것이다.

당신은 이제 성공은 당신이 원하는 것을 갖게 해주지만, 삶의 의의는 당신이 가진 것을 나눠주는 일이라는 것을 알게 된다.

당신이 이 단계에 이르면, 매일 아침 감사하며 일어날 수 있고 풍요로움과 진정한 즐거움이 당신 내면에 자리함을 느낄 수 있을 것이다.

당신은 이루고자 하는 야망이 있지만, 끌려다니지는 않을 것이다. 당신은 강하지만, 경직되어 있지 않을 것이다. 당신은 증명할 필요는 없으나, 전보다 더 노력할 것이다. 미래를 계획하면서도, 현실에 충실할 것이다. 당신은 인생의 완벽한 흐름에 들어와 있다.

내가 다른 사람에게 영향을 주고 도와주기로 결심한 이후, 많은 사람들이 내가 변했다고 말했다.

더 낙천적이고 더 소탈해지고 더 편안해졌으며, 전보다 더 많은 것을 이루어내고 있다고 말한다.

사람들이 내게 묻곤 한다.

"댄, 어떻게 그렇게 할 수 있어요?"

경제적 성공에 집중하는 것을 멈추고, 삶의 의의를 지향했기 때문이다. 돈 버는 것, 더 많은 돈에 매달리지 않고 정신적 부에 매달렸기 때문이다.

열기 위한 연습

⊷ 당신은 현재 위에서 말한 인생의 4단계 중 어느 단계에 있는가?

_____

⊷ 당신은 어떤 단계에 이르고 싶은가?

_____

다음으로 할 일은 무엇인가?

이제 내 이야기를 들었으니, 다음으로 당신 차례이다.

당신은 진정한 경제적 단계들을 이해했을 것이다. 다음 단계에서는 당신이 원하는 경제적 단계로 올라갈 수 있는 방법을 보여주려 한다.

Chapter 2

내 인생을 바꿔준 개념, 부의 삼각형

세상은 불평등으로 가득 차 있다. 인종 불평등, 성별 불평등, 교육 불평등, 정치적 불평등 그리고 물론, 경제적 불평등까지.

당신은 부자가 더 부유해지고, 가난한 사람이 더 가난해지는 것을 보아왔을 것이다. 중간은? 점점 사라진다. 이것을 경제적 양극화라고 한다.

자, 이게 공평한가? 나는 잘 모르겠다. 그냥 이런 현상이 지금 벌어지고 있다는 사실만을 알 뿐이다.

여기에 더해, 학생들은 준비되지 않은 상태로 대학을 졸업하고 불리한 입장에 놓인다.

2018년 9월에 발간된 월드 리포터(U.S. News & World Repot)에 따르면 지난 20년간, 미국 사립대학교의 등록금은 168% 인상되었으며, 거주지 외의 국공립대학교에 진학할 경우의 등록금은 200%가, 그리고 가장 적정한 등록금을 받아야 할 거주지 내의 국공립대학교의 경우 243%가 인상되었다고 한다.

결국, 오늘날의 대학생들은 냉혹한 세상에 던져지는 순간 거대한 학자금 대출의 빚을 안고 출발하는 셈이다.

한편, 학비는 점점 오르는데 임금상승 속도는 그를 따라가지 못한다. 베이비붐 세대의 사람들이 대학을 다니고 졸업할 시절에는 학자금 대출이 없거나 매우 적은 수준이었는데 반해, 오늘날 대학생들에게 이는 불가능한 현실이다.

이러한 불안정성과 불확실성으로 가득 찬 미래에 둘러싸여, 사람들은 그 어느 때보다 더더욱 부에 대한 욕망을 갈구하며 돈 버는 정보를 찾아 나선다.

그러나 아이러니하게도 현재는 그 어느 시대보다 더 많은 정보를 손쉽게 접할 수 있는 시대가 되었지만, 더불어 잘못된 정보 또한 더 쉽게, 더 많이 접하게 되었다.

이 장에서는 '부와 관련된 신화들' 중 가장 위험한, 사람들을 경제적으로 퇴보하게 만드는 몇 가지를 짚어보고자 한다.

이 장의 마지막에서는, 당신의 경제적 삶을 어떻게 발전시킬 수 있을지 통찰해 볼 수 있는 부의 삼각형 개념을 소개하겠다.

자, 시작해보자.

부에 관한, 가장 위험한 네 가지 이야기

부의 위험한 이야기 1 : 더 바쁘게, 더 열심히 일해라

정신없이 일해라. 얼굴을 처박고 일만 해라. 나가떨어질 때까지 일해라. 지칠 때까지 일하고, 지쳤더라도 조금 더 해라.

만약 열심히 일하는 것이 성공의 비결이라면, 왜 쓰레기 청소부들은 백만장자가 되지 못했을까? 세상에는 열심히 노동하는 건설업자, 관리인, 웨이터, 요리사들이 수만 명인데 왜 그들은 편안한 삶을 살 수 있을 정도로 돈을 벌지 못하는 것인가?

만약 열심히 일하는 것이 성공의 비결이라면, 지금보다 훨씬 많은 사람들이 부자여야 하고 이미 행복해졌어야 한다.

내 첫 직장은 슈퍼마켓에서 포장을 하며 한 시간에 10불을 받는 것이었다. 끝날 때까지 몇 시간이고 서서 일했다. 허리는 아프고, 발도 아프고, 매일 일터까지 질질 끌려가는 기분으로 출근했다.

그 당시 나는 시간당 10불을 벌었었다. 하지만 지금은 시간당 10,000불을 받으며 컨설팅을 해주고 있다. 나의 시급이 10불에서 10,000불까지 오른 것이다.

무엇이 바뀌었는가? 글쎄, 그때의 나나 지금의 나나 그리 크게 다를 것은 없는데 말이다.

슈퍼에서 일하던 시절 나는 학위가 없었는데, 그건 지금도 마찬가지다. 나는 여전히 어색한 외국인 억양으로 말한다. 나는 여전히 같은 댄 록이다;

유일하게 달라진 점은 있다. 그것은 내가 시장에 제공할 수 있는 가치가 달라졌다는 것이다. 그렇다. 돈은 가치 창출의 부산물에 지나지 않는다.

기억하라!

돈은 가치 창출의 부산물에 지나지 않는다.

사람들에게 어떻게 하면 돈을 많이 벌 수 있을지 물어보면, 아마 대부분은 당신에게 더 열심히 일하라고 말할 것이다.

"투잡을 하세요, 교대근무 시간을 늘리시고요, 야근을 하세요."

나는 이를 '산탄총 접근법'이라고 부른다. 일단 총알을 마구 흩뿌리고, 무언가 걸리길 바라는 것이다.

할 수 있는 모든 것을 해보면서, 여러 가지 일에 발을 걸쳐 놓는 것은 당신의 에너지를 여러 가지 일에 분산시키는 것이다. 그러면서 그중 한 가지는 당신이 원하는 것을 이뤄줄 수 있기를 기대한다.

결과적으로, 이러한 접근법은 성공률이 희박하다.

그런데 더 오래 일하는 것 말고, 당신의 시간 당 가치를 올리면 어떻게 될까? 더 어렵고, 더 복잡한 문제를 해결할 수 있는 방법을 배운다면? 당신이 가진 능력을 개발해서 보다 나은 가치를 제공할 수 있다면?

슈퍼마켓에서 식료품을 포장하는 일은 거의 모든 사람이 할 수 있는 매우 쉬운 일이다. 그러나, 기업 컨설팅을 하거나 성공적인 마케팅 캠페인을 개발하는 데 일조하는 일은 이에 비해 훨씬 어려운 일일 것이다.

여기까지 당신이 이해했다면 돈이란 것이 일하는 양이나 시간보다, 제공할 수 있는 가치와 어떻게 연결되는지 알 수 있을 것이다.

이제 당신의 스킬을 향상시키고 제공할 수 있는 가치를 높여라.

당신의 수입은 이러한 변화를 뒤따라올 것이다.

부의 위험한 이야기 2 : 사업을 시작하라

인스타그램이나 페이스북, 유튜브와 같은 미디어에서 '성공한 사업가'의 삶을 보여주는 사진들을 한 번이라도 본 적이 있는가?

내가 얘기하는 게 어떤 사진인지 잘 알 것이다. 어떤 차를 타는지, 어디서 휴가를 보내는지, 어떤 집에서 살고 있는지, 어떤 삶을 살고 있는지 자랑하는 사진들 말이다.

그런 사진을 보고 우리는 이렇게 생각하기 쉽다.

"나도 저렇게 살고 싶네. 저 사람들처럼 사업을 시작해볼까? 나도 멋진 차를 몰고 좋은 집에서 살고, 모델 같은 여자친구도 만들고 세상 좋은 곳들로 여행가고 그렇게 살 수 있겠지?"

음, 환상을 깨 버려서 미안하지만, 대부분의 사람들은 사업을 시작할 준비가 되어있지 않다.

왜냐? 사람들의 대부분은 보통 잘못된 이유로 사업을 시작하려고 결심하기 때문이다. 누군가가 나에게 사업을 해보고 싶다고 말하면, 나는 그들에게 그 이유가 뭔지 물어본다. 그럼 보통은 아래 세 가지 답변들 중 하나가 나온다.

1. **돈**(Money)을 더 벌고 싶어요.

2. 좀 더 **자유롭게**(Freedom) 살고 싶어요.

3. 더 **여유롭게**(Time) 살고 싶어요.

문제는, 많은 사업가들이 진정한 사업가라고 할 수 없다는 것이다. 그들은 사업가의 기본을 갖추지 못하고 사업을 시작하는 경우가 많다.

사업을 시작하는 사람들 중 일부는, 그들의 현재의 직업이 싫어서 도망가고 싶어 대책없이 직장을 그만두고는 사업을 통해서 많은 돈을 벌 수 있으리라고 생각한다.

"○○○이가 사업을 시작해서 돈을 많이 벌었다는데 학교 다닐 때 나보다 공부도 못하던 친구인데 내가 더 낫지 않을까? 나도 사업이나 해 볼까?"

혹은, 그들의 상사보다 자신들이 더 사업을 잘 해낼 수 있다고 생각하는 사람들이다.

"내 쪽에서 상사를 해고할 거야. 그리고 내 사업을 시작해서, 내가 스스로 사장이 될 거야."

우연히 시작한 사업이 생각보다 적성에 맞아서 사업이 성공할 수도 있다. 하지만 그런 경우는 매우 드물며 계속 성공하기는 힘들다.

경고 : 사업을 한다고 해서 그것이 당신에게 더 많은 자유 시간을 주지 않는다. 사업은 마치 아기를 돌보는 것과 같다. 아기와 사업은 둘 다 먹이고 키워줘야 한다; 아기와 사업 둘 다 끊임없는 관심과 돌봄이 요구된다. 사업을 새로 시작했을 경우, 당신의 자유 시간은 늘어나는 것이 아니라 오히려 줄어들게 된다.

처음 사업을 시작하면, 보통 여러 가지 직무를 한꺼번에 떠안게 된다. 장부를 쓰는 일부터 계약 성사 시키기, 제품이나 서비스 조달, 고객 서비스 마케팅 등등에 이르기까지 여러 분야의 일들을 전부 당신 혼자 해야 한다.

이미 사업을 하고 있는 사람이라면, 사업을 시작한다는 것은 곧 일주일 24시간 내내 일해야 하는 것이란 걸 이미 잘 알고 있을 것이다. 심지어 당신이 '일을 하지 않고 있을 때'에도 진짜로 일을 하지 않는 것이 아니다.

사업을 어떻게 키울 것인지 문제 해결은 어찌할 것인지, 어떻게 더 나아질 수 있을지 계속 생각하고 고민할 것이다. 이보다 더 쉬운 일이 하고 싶으면 그냥 회사원을 하면 된다.

부의 위험한 이야기 3 : 자동으로 돈 벌기

패시브 인컴(Passive Income)이라는 말을 들어본 적이 있는가? 2000년대 많은 비즈니스 관련 서적에서 쓰이기 시작한 개념이다.

'패시브 인컴에 집중해라. 당신이 은퇴할 수 있도록, 자동으로 돈이 들어오는 것에 집중해라.'

네크워크 마케팅 회사들이 너무나도 사랑하는 개념이다. 그들은 사람들에게 단지 몇 명의 팀원만 구해놓으면, 해변가에 앉아 칵테일이나 홀짝일 동안 돈이 굴러들어올 것이라는 생각을 심어주었다.

미국 연방거래위원회(Federal Trade Commission)의 보고에 따르면 이런 생각으로 네트워크 마케팅을 시작한 사람들이 거의 돈을 벌지 못한다는 사실을 알고 있는가? 그 이유는, 이런 네트워크 마케팅을 시작한 사람들 전부가 패시브 인컴, 즉 아무것도 안 하면서 돈 벌기를 기대하며 시작했기 때문이다.

나도 이미 앞에서 얘기한 것처럼 젊은 시절 패시브 인컴을 생각하면서 네트워크 마케팅을 하다가 모든 사람들에게 거액의 빚을 지고 인간관계까지 절단이 났었다.

특히, 분명히 알아야 할 것은 이들 중 돈을 번다는 일부 사람들도 절대 패시브 인컴으로 돈을 버는 것은 아니라는 사실이다.

내가 이 사실을 어떻게 알고 있느냐고?

그것은 바로 내 친구들 중 몇 명이 이런 네트워크 마케팅의 최고봉, 탑에 자리한 사람들이기 때문이다.

그 친구들은 일명 '패시브 인컴'을 유지하고자 무지하게 노력한다.

계속해서 사람을 설득하고, 고용하고, 컨퍼런스에 참석하고, 곳곳의 호텔을 다니고, 그들의 팀을 돌아가게 하고, 새로운 멤버를 교육시킨다.

그야말로 죽기 살기로 뛰어다닌다. 그들이 해변가에 앉아 음료를 홀짝이는 일은 매우 드물다.

어쩌다가 그들의 모습을 해변가에서 본다면 아마 그들은 노는 것이 아니라 누군가와 회의를 하고 있는 것이라는 데에 내 전 재산을 걸 수도 있다.

어쨌거나 나는 이들을 알게 되면서 이 네트워크 마케팅 개념에 뭔가 잘못된 것이 있음을 알아차렸다.

우리 삶의 다른 영역들에서는 대부분, 아니 거의 전부, 이 '패시브'라는 개념이 적용되지 않는다.

자, 좋은 몸매를 갖기로 다짐했다. 당신은 이렇게 이야기하겠는가?

"나 있잖아, 몸매를 좀 다듬기로 했어. 그래서 '패시브 운동'을 좀 해보려고!"

헬스장에 서 있기만 해도 몸매가 만들어진다고? 아니! 이건 정말 말이

안 되지 않는가? 이런 말은 판타지 소설에서나 나오는 소리 아닌가!

당신이 사랑하는 사람과 좋은 관계를 만들고 싶다고 해서 '패시브 데이트'를 하지는 않을 것 아닌가?

'패시브'라는 말 뒤에는 무서운 의미가 있다. 이 단어는 당신에게 아무 것도 하지 않아도 모든 것을 얻을 수 있다고 암시한다. 그러나 세상은 이렇게 돌아가지 않는다.

무엇이든지, 일련의 노동을 요구한다. 공짜 점심은 없다. 무엇이든 '해야' 되는 것이다.

심지어 주식투자, 온라인 물건판매, 부동산 매입 등, 패시브 인컴의 아이디어로 가장 흔히 여겨지는 것들조차도, 성공하기 위해서는 어느 정도의 노력이 요구된다는 것이다.

시장 상황이 변할 수도 있고, 물건을 팔려면 홍보에도 돈과 시간을 들여야 한다.

이런 것들을 생각해 보았을 때, 네트워크 마케팅의 탑에 오른 사람들은 무지막지하게 일을 한 사람들이라는 깨달음이 왔다.

리처드 브랜슨, 빌 게이츠, 워런 버핏, 엘런 머스크는 물론 그 외의 유명한 부자들도 그들의 부를 유지하기 위해 자신들의 경제적 이익(financial interests)을 적극적으로 추구한다.

그들은 자신들이 하고 있는 투자 활동에 최선을 다한다. 그들은 그들의 사업을 이끄느라 아주 바쁘다. 어느 '해변가에 앉아 칵테일이나 홀짝이는 것'이 아니라 일(work)을 하는 것이다.

나는 아주 위험한 생각이 될 수 있는 이 '패시브 인컴'이라는 말 대신에 다른 용어를 제시하고 싶다.

레버리지 인컴(leverage income).

레버리지 인컴이란, 타인의 자본, 시간 돈을 이용하여 수익을 내는 것이다.

스타트업 회사가 초창기에 벤처 투자자(venture capitalist)로부터 자금을 지원받아 자본을 늘릴 때, 이를 레버리지라고 한다. 당신이 사람들을 고용해 일을 해결한다면, 이것도 레버리지라고 할 수 있다. 기술이나 장비를 이용해 일처리를 자동화시키면, 이 역시 레버리지이다.

그렇다면 레버리지 인컴과 패시브 인컴의 차이가 무엇인가? 비슷해 보이지만, 가장 큰 차이점은 바로 이것이다:

패시브 인컴은 당신이 아무것도 하지 않아도 돈이 들어온다고 말한다.

레버리지 인컴은 당신이 타인의 자본이나 그들의 일을 이용함으로써 수익을 극대화하는 것이다. 레버리지는 확장 가능한 사업(scalable business)을 이야기한다면 꼭 알아야 할 개념이다.

그래서 여기에 네트워크 마케팅 성공의 비법을 세계 최초로 밝힌다.

네트워크 마케팅의 최고봉, 탑에 자리한 내 친구들의 경우를 면밀히 관찰하고 내린 나의 깨달음이다.

그들은 패시브 인컴이 아니라 레버리지 인컴을 한 것이다.

사실 아직도 기업가치가 오르고 높은 판매고를 올리는 글로벌 네트워크 회사들이 무수하게 있다. 암웨이, 뉴스킨 등 좋은 제품과 투명한 경영으로 성공적인 네트워크 회사들은 승승장구하고 있다.

인터넷에서 그들의 주가를 검토해보라. 어떤 경제적 위기에서도 떨어지는 일이 없는 것을 확인할 수 있을 것이다.

이것은 무엇을 말하는가?

레버러지 인컴을 하며 차근차근히 접근한다면 네트워크 마케팅은 가장 빠르게 성공할 수 있는 방법 중에 하나라는 것을 말한다.

네트워크 마케팅을 애초에 패시브 인컴으로 시작한 회사들은 하나같이 망했다. 하지만 레버러지 인컴으로 죽기 살기로 노력한 사람들은 탑에 올랐다. 물론 보상체계나 제품 등에 하자가 없는 회사인 경우를 말한다.

그들은 단순히 물건만을 파는 것이 아닌 사람과의 교류를 강화하고 그들에게 필요한 물품들은 전달하면서 철저한 고객관리를 했다. 그렇게 하려면 열심히 일하지 않으면 안 된다. 그리고 그것이 쌓이고 쌓여 거대한 네트워크가 형성된다면 그 네트웍이 당신의 '사회적 자본(Social Capital)'이 되어 언제든지 당신의 수입원이 될 것이다.

이 사회적 자본은 매우 중요하다. 이에 대해서는 챕터 10에서 자세히 설명하겠다. 어쨌든 지금은 패시브 인컴보다 레버리지 인컴이 더 낫다는 사실을 명심하라.

부의 위험한 이야기 4 : 경제적 자유

많은 사람들에게 '경제적 자유'란, 충분한 돈이 있어서 일을 하지 않아도 되는 상태를 의미한다.

충분한 돈을 갖고 있어서, 하고 싶은 게 무엇이든 하고 싶은 걸 하고, 언제든 상관없이 가고 싶은 곳을 갈 수 있는 것.

꽤 괜찮은 소리다, 그렇지 않은가? 문제는, 이러한 생각이 환상에 불과하다는 것이다.

나는 매달 수익을 받을 수 있는, 자동으로 돌아가는 사업과 투자처가 있었다. 내가 아무것도 하지 않아도 판매와 수익은 계속해서 굴러 들어올 것이었다. 그런데, 나는 곧 한 가지 사실을 깨달았다.

지금 현재 내가 '경제적 자유'를 얻었다고 해서, 이 '경제적 자유'가 영원히 지속될지는 알 수 없다는 것이다.

세상은 변한다. 시장 상황도 변하고, 경기도 변하고, 국가 정책들도 변한다. 즉, 당신에게 '경제적 자유'를 가져다준 무언가가 내일은 아무것도 가져다주지 못할 수도 있다는 말이다.

경제적 자유 대신, 나는 경제적 자신감을 더 선호한다. 이는 무슨 일이 생기더라도 계속해서 돈을 벌 수 있는 기술과 능력이 당신에게 있어야 한다.

이것은 상사가 월급을 올려주기만을 고대하지 않아도 된다는 의미와 같다. 경기변동이 있더라도 두려워하지 않아도 됨을 의미한다. 경제 상황에 있어서, 외부의 상황에 휘둘리지 않아도 됨을 의미한다.

당신이 경제적 자유를 얻었을 때, 이것이 당신에게 진정한 안정성과 마음의 평화, 평안을 가져다줄 것이다.

이것이 바로 인생에서 당신이 목표로 해야 하는 것이다.

자, 그럼 어떻게 이 경제적 자유를 얻을 수 있는가?

내 인생을 바꿔준 개념 : 부의 삼각형

이 개념은 굉장히 간단하지만 심오하다. 이것은 어떤 이론이나 철학이 아니다. 이것은 나의 개인적인 경험과 관찰의 산물에서 온 것이다.

이 개념은 전 세계에 있는 나의 고객들과 학생들, 팬들이 직접 그들의 삶에 매일같이 적용하여 테스트해 본 것이다.

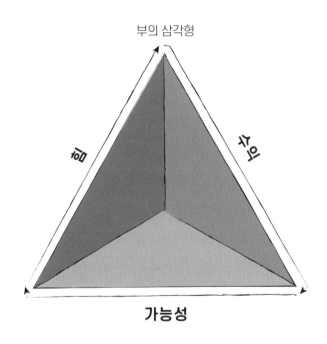

어떻게 적용하는가: 여기 이것이 어떻게 돌아가는지 보여주겠다.

부의 삼각형은 세 개의 변을 갖고 있다:
힘, 수익, 그리고 가능성

1. 힘은 고소득 스킬로부터 온다

'고소득 스킬'은 '고소득을 낼 수 있는 능력'이라고 말할 수 있다.

필요하지만 대부분 스스로는 해낼 수 없는 일을 당신이 해줌으로써 한 달에 10,000불, 혹은 그 이상의 수익을 가져다주는 스킬이다.

이것은 누군가가 당신에게서 뺏을 수 있는 것이 아니며, 또한 산업을 가리지 않을 뿐만 아니라 타인에게 가르쳐 줄 수도 있는 스킬이다.

고소득 스킬은 당신에게 수입과 평안을 가져다줄 것이다.

이는 당신의 '부의 삼각형'의 안정성을 확보해주며 당신의 인생을 통제할 수 있는 힘을 얻을 수 있다.

당신은 당신의 시간과 수입을 조절할 수 있게 된다. 이제 더 이상 당신의 수입 한도를 제한하는 유리 천장은 없다. 상사가 아닌, 시장이 당신 능력의 가치를 결정한다.

이것이 바로 진정한 경제적 자신감이다.

고소득 스킬에 대해 더 알고 싶어 몸이 근질근질하기 시작했다면, '고소득 스킬의 문을 열어라.' 챕터로 넘어가라.

여기서 어떤 능력들이 고소득 스킬이 될 수 있는지 그 예들을 살펴보고, 당신의 스킬을 발전시키는 방법에 대해 알아볼 것이다.

이제 더 이상 큰 물고기가 작은 물고기를 잡아먹는 시대가 아니다. 이제, 빠른 물고기가 느린 물고기를 잡아먹는 시대이다. 돈은 속도를 사랑한다.

2. 이익은 확장성이 강한 사업(scalable business)에서 온다.

확장성이 강한 사업이란, 대규모의 기반시설이나 자본의 투입 없이, 반복적으로 할 수 있고 빠르게 성장시킬 수 있는 사업이다.

예를 들어보자. 레스토랑의 경우, 확장성이 강한 사업으로 고려할 수 있을까? 아니다! 새 지점을 열고 싶을 때마다, 당신은 시간과 자본을 투자해서 새로운 기반을 만들어야 한다.

이 식당을 제대로 돌리려면 새로운 임대 계약이 필요할 수도 있고, 자본을 더 투자하거나 리모델링을 해야할 수도 있으며, 새 지점 상권분석에, 새로운 종업원을 구하고 교육을 시키는 등 여러 가지 부차적인 일들을 해내야 한다.

물론 아예 확장성이 없다고 말할 수는 없겠지만, 오늘날의 인터넷 세상에서는 그다지 확장성이 강하다고 말할 수는 없다.

확장성이 강한 사업이란, 경비를 추가적으로 들이지 않고도 더 많은 고객에게 서비스를 제공할 수 있게 키울 수 있는 사업을 말한다.

예를 들면, 우버나 SaaS(서비스형 소프트웨어)[01]의 경우를 들 수 있다.

---

01) 사용자가 소프트웨어를 소유하지 않고 필요로 하는 서비스만 이용 가능하도록 한 소프트웨어이다. 네이버 클라우드, 구글 드라이브, MS365 등이 있다.

이들 회사는 더 많은 고객을 받기 위해 새로 사무실을 열지 않아도 된다. 물론, 사업이 성장하면 할수록 사람이 더 필요해지기는 하겠지만, 전체 종업원 수가 사업 성장을 확장하는 면에 있어서는 레스토랑을 하는 것보다 훨씬 나을 것이다.

확장성이 강한 사업이 수익과 현금 흐름을 책임져 주는 동안, 고소득 스킬은 안정적인 수입을 가져다줄 수 있을 것이다.

3. 가능성은 높은 수익을 가져다주는 투자와 함께 온다.

매년 당신에게 최소 10%의 수익을 가져다주는 투자를 하이리턴 투자라고 말한다. 이 하이리턴 투자의 목적은 단순히 수입을 위해서만이 아니다.

하이리턴 투자의 진정한 목적은 당신의 순자산을 증가시켜 당신의 가능성을 확장 시키는 것이다.

첫째, 고소득 스킬로 당신은 안정적인 수입과 당신이 스스로를 컨트롤할 수 있는 힘을 얻었다. 둘째, 확장성이 강한 사업은 이와 더불어 당신에게 수익을 창출할 수 있게 해주었다.

셋째, 여기에 하이리턴 투자까지 한다면, 당신은 이제 당신의 순자산을 증가시키고 당신의 부의 가능성을 확대시킬 수 있다.

왜 부의 삼각형이 명확한가

표면적으로 볼 때, 부의 삼각형은 간단해 보인다. 그리고 실제로 간단하다. 이 부의 삼각형에 조금 깊이 들어가 보면, 사람들이 많이 하는 질문들에 대한 답을 찾을 수 있다.

"댄, 나 막 사업을 시작하려 하는데요, 어떤 사업을 하면 좋을까요?"

아무것도 하지 마라!

사업에 대한 아무 감각이 없을 때 사업을 시작하려 들지 말라.

고소득 스킬을 먼저 터득해라.

어떻게 한 달에 만 불을 벌 수 있을지를 먼저 배워라.

당신은 샤크 탱크[02]에서 사람들이 어떻게 그들의 일평생 모은 돈을 그들 생각에 '확장성이 강한 사업'에 쏟아붓고 망하는지 여러 번 보았을 것이다.

"좋은 아이템을 생각해냈어요! 그래서 내가 가진 돈을 전부 투자했답니다. 집 대출도 받았고요, 친구와 가족들에게도 돈을 빌렸지요. 이제 내 차고에는 2,000개의 보드게임이 있어요! 자, 나에게 투자해주세요!"

당연하게도, 샤크 탱크의 투자자인 케빈 오래리가 그 말을 들었다면, 이렇게 말하겠지.

"당신은 나한테 죽었어. 어딜 내 돈을 먹을려고!"

---

02) 미국에 베이스를 둔 사업가들이나 발명가들이 자신의 비지니스 아이템을 가지고 투자자들한테 투자받는 프로그램.

고수입 스킬 그래프

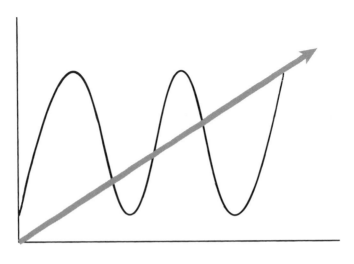

■ 비즈니스 현금 흐름   ■ 고소득 스킬

　이 그래프를 보면, 파란 선이 안정적으로 상승하는 동안 까만색 선이
출렁이듯 변동을 거듭하는 모습을 볼 수 있다. 이 파란 선은 일반적인 사
업의 현금 흐름을 나타낸다.

　파란 선은 고소득 스킬의 수입 잠재력을 나타낸다.

　사업을 하는 사람이라면 다들 '회사는 좋다가 나쁘다가 하는 것이다'
라는 말을 할 것이다. 그렇다. 몇 년간은 잘나갈 수도 있고, 몇 년간은 잘
되지 않을 수도 있다.

　그런 현상을 표현한 이 현금 흐름의 파동은, 들쭉날쭉한 사업으로는
당신의 자본의 토대가 되리라고 기대할 수는 없다는 의미이다.

　그러나 당신이 당신만의 고소득 스킬이 있다면, 당신의 잠재 수익은
변하지 않는다.

이 수익은 매년 상승한다. 이 고소득 스킬이 꾸준히 계속 상승할 수 있는 이유는, 당신의 스킬은 당신을 떠나지 않기 때문이다. 당신의 스킬이 산업군을 망라하며 어디에서나 통할 수 있기 때문이다.

이는 대다수의 사업처럼 경기 상황변동에 취약하지 않다.

내가 자주 듣는 또 다른 질문으로는, '댄, 어디에 투자해야 할까요?'가 있다.

글쎄, 당신이 아직 당신만의 고소득 스킬이 없다면, 어디에도 투자하지 마라. 왜 무언가에 투자해야만 하는가?

당신은 자본이 필요하다. 당신이 주식이나 펀드, 채권이든, 암호화폐든 투자하려면 일단 돈이 필요하다는 말이다.

만약 돈이 없다면, 어떻게 계속해서 재투자할 수 있는가. 당신이 기막히게 좋은 투자처를 알아냈다 하더라도 말이다.

투자를 한다 하더라도, 그러는 동안 당신은 먹을 것도 필요하고 공과금도 지불해야 한다. 이 돈은 다 어디서 가져올 것인가? 특히 당신이 이제막 투자를 시작했다면 주식에서 얻는 이자나 배당금으로는 충당하기 힘들 것이다.

부동산은 어떤가? 당신은 아마 주변에 부동산으로 돈을 좀 번 사람들이 있거나, 최소 그런 사람들에 대한 이야기들 들어봤을 것이다.

글쎄, 당신이 이를 시작하려 한다면, 그건 좀 다른 이야기로 흘러갈 수도 있다.

당신이 만약 건물을 매입했고, 입주자들에서 나오는 월세에 기대어 산다고 해보자. 그 사람들이 전부 나가면 어떻게 되는가? 건물 화장실이 고장 난다면? 생각도 못한 유지 보수 비용들이 발생하면 어떻게 할 것인가?

이는 버는 돈 이상으로 당신의 골머리를 썩힐 것이다.

그러니까, 하이리턴 투자에 뛰어들기 전에, 고소득 기술에 먼저 집중하라.

예를 들어 당신이 회계사(당신의 스킬이다)라고 하자. 이 직업은 어떤 산업이 망하더라도 전혀 타격이 없다. 어디선가는 새로운 산업이 나타나고 그들에게는 회계사가 필요하니까. 일이 없다고? 그것은 당신이 회계사로서 뛰어나지 않아서이다. 회계사로서 당신의 능력이 뛰어나다면 당신을 모시려는 기업이 넘칠 것이다.

또 다른 예를 보자.

당신은 5개 국어를 하는 통역전문가이다. 한국어, 영어, 독일어, 프랑스어, 스페인어 등을 유창하게 하는 뛰어난 통역 선생님이다. 전 세계에서 당신을 찾는 사람은 끊이지 않을 것이다. 일이 없다고? 그것은 당신이 아직 부족한 통역사이기 때문이다.

다시 한번 이야기하지만 고소득 스킬에 먼저 집중하라.

이것을 먼저 이루어야 그다음 스탭을 밟을 수 있다.

정리해보자.

1. 먼저 고소득 스킬을 장착한다. **Power - 힘**

2. 소득이 안정적일 때 그 힘으로 확장성이 강한 사업을 시작하여 순자산을 증가시킨다. **Profit - 수익**

3. 그다음 고소득사업에 투자하는 것이다. **Possibility - 가능성**

명확함이 곧 힘이다

이쯤 되었으면, 부의 삼각형이 왜 막강한 힘을 가졌는지 어렴풋이라도 느낄 수 있기를 바란다.

이것은 모든 상황에 통하는 만능의 조언은 아니다. 이것은 당신의 재정 여정에 당신이 어디쯤 와 있는지를 알게 해 주는 것이다.

내가 말하는 것이 당신의 상황에서 있어서는 최선의 선택이 되지 않을 수도 있다. 내가 하는 투자가 당신에게는 맞지 않을 수도 있다.

이는 전부 당신이 이 부의 삼각형 내의 어디에 위치해 있는가에 달려 있다. 당신이 이 부의 삼각형을 이해하게 되면, 명확함을 얻을 수 있을 것이다.

명확함은 힘이고, 힘은 간단히 말해 행동할 수 있는 능력이다.

우리는 다음 장부터, 부의 삼각형의 각각의 요소에 대해 좀 더 깊게 알아볼 것이다.

먼저, 사람들의 6가지의 유형에 대해 소개한다.

당신이 어떤 유형의 사람인지 이해하는 것은 당신의 부와 성공, 그리고 진정한 의의(意義, significance)로 가는 문을 가장 빨리 열어줄 수 있을 것이다.

Chapter 3

당신은 어떤 유형의 사람인가?

우리는 전부 다른 이야기를 가지고 있다. 당신도 당신만의 특별한 경험이 있을 것이고, 세상을 바라보는 당신만의 방법도 있을 것이다.

나 역시 나만의 것이 있다.

지난 십 년간, 나는 세계 곳곳의 수만 명의 사람들과 이야기했다. 그들의 이야기, 그들의 여정, 그리고 그들의 변화를 함께 나누었다.

각각의 이야기들은 특별했고, 그들의 관점도 다양했음에도 불구하고, 나는 어떤 일련의 패턴을 볼 수 있었다.

당신이 어느 유형에 속하는지 이해하면, 이 책의 어떤 챕터가 당신에게 유용할 것인지 이해할 것이다.

여섯 가지 부의 유형

우리에 갇힌 사자

사슬에 묶인 마법사

무고한 죄인

한탕주의 보물 사냥꾼

외로운 조난자

만족하지 못하는 왕, 혹은 여왕

우리에 갇힌 사자

자, 상상을 하나 해 보자. 당신은 사자다. 사납고, 야생적이고, 사냥을 하기 위해 태어난 존재. 당신이 바로 정글의 왕이다.

그런데 어느 날, 한 무리의 사냥꾼들에게 기습당했다. 그들은 당신에게 마취총을 쏘아 잡아 왔다. 너무나도 갑작스럽게 당신은 우리에 갇혔다. 당신은 화가 났고, 분노했으며, 우리를 벗어나고 싶었다.

첫 며칠 동안 으르렁거리며 우리의 창살을 할퀴어댔다.

"나는 여기서 나갈 거야, 그리고 내가 나가는 그 순간, 내가 얼마나 무서운 존재인지 똑똑히 보여주마!"

그렇게 으르렁거리고 창살을 할퀴어댈수록 점점 지쳐간다.

바로 그때, 조련사가 고기 한 덩이를 던져준다. 당신은 먹지 않기 위해 노력한다.

"나는 정글의 왕이다. 이런 쓰레기 같은 고기 한 조각으로 사육당할 수 없다."

그러나, 시간이 흐를수록 점점 더 배가 고파진다. 살아남으려면 먹어야 한다.

당신은 일어나 고깃덩이 앞으로 가서 스스로에게 이야기한다.

"이 고기 한 조각만 먹을 거야. 그게 다야! 그리고 나면, 난 여기를 나가겠어."

그러나 어느새 다음 날이 되었고, 조련사는 다른 한 덩이의 고기를 던져주고 간다. 그리고 삼 일째의 날이 밝는다. 당신은 아주 천천히 당신에게 주어진 삶을 사는 것에 익숙해지고 있다.

사냥을 하는 대신, 점점 조련사에게 의지하기 시작한다. 매일 매일, 고기 한 조각으로 살아가기 시작한다.

당신은 배고픔에 허덕이지는 않지만, 결코 만족스럽지는 않다.

그렇다고 당신이 반항하거나 으르렁거리면, 조련사는 채찍질을 하거나 음식을 주지 않는다. 굶어 죽지 않으려면 당신은 조련사에게 복종해야 한다. 당신이 얼마나 쉽게 조련사를 잡아먹을 수 있을지 스스로가 알고 있으면서도 말이다.

시간이 흐르면서, 무서운 일이 일어나기 시작했다; 당신에게 규칙이 생겼다. 당신은 같은 시간에 일어나, 같은 시간에 조련사로부터 고기를 제공받고, 같은 시간에 잠들기 시작했다.

당신은 이제 사냥을 하지 않고, 스릴로 가득한 인생을 살고 있지도 않으며, 더 이상 정글의 왕이 아니다.

당신의 뛰어난 능력과 잠재적 재능은 우리 안에 갇혀 버렸다.

당신 안에서 소리치는 목소리가 있다.

"나는 '사자'다. 왜 내가 조련사의 말을 들어야 하는가?"

절망하고, 분노하며, 현재를 받아들이지 못하는 목소리다.

당신은 스스로 직접 먹이를 사냥할 수 있다. 그러기 위해서 당신이 할 일은, 단지 우리 밖으로 벗어나는 것뿐이다.

그러나 이는 생각처럼 간단하지 않다. 마음속 깊은 곳에 다른 목소리가 말한다.

"나는 우리 안에 너무 오랫동안 갇혀 있었어. 내게 아직도 사냥할 능력이 있을까?"

당신은 너무 오래 우리에 갇혀 있었고, 일상에 너무 젖어 든 탓에 야생으로 돌아가서 다시 모험을 하고 싶지 않아졌다.

"내가 이제 사냥을 못 하게 되면 어쩌지? 내가 다른 동물들 앞에서 사자임을 증명할 수 없다면? 내가 스스로 살아남지 못하면 어떡하지?"

이런 생각들이, 당신의 머릿속에 차오른다.

이 '우리에 갇힌 사자'는 절망적인 일반 사무직을 하고 있는 사원들이다.

그들이 바로 스스로 '사냥'할 수 있고, 스스로 살아남을 수 있음을 알고 있지만, 예측 가능한 일상을 지키기 위해 이를 희생시킨 사람들이다. 비록 이 예측 가능한 일상이 그들의 삶을 처량하게 좀먹고 있을지라도.

그들은 '조련사'의 말을 듣는다. 조련사는 그들의 매니저, 상사들이다. 겨우 생활비나 할 수 있을 정도의, 결코 멋진 파티를 열만큼 충분하지 않은 쥐꼬리만한 월급을 주는 사람들.

얼마나 열심히 일을 했던지, 얼마나 오랜 시간을 투자했던지, 얼마나 많은 일들을 끝냈던지…… 그들은 갇혀 있을 뿐이다.

우리에 갇힌 사자처럼, 관객을 위해 얼마나 많은 재롱을 부렸던지 간에 그들은 하루가 끝나면 다시 우리 안에 갇힌다.

그들은 자유가 없는 매일매일 똑같은 일상에 갇혀 있다.

만약 우리 안에 갇힌 직원들이 회사에 반항하거나 상사의 기분을 상하게 하면, 그들에겐 징계만이 기다리고 있을 뿐이다.

그러나, 이 우리 안에 갇힌 사자처럼, 그들도 사냥할 수 있고, 조련사를 해치울 수 있다. 그러나 미지의 두려움, 불평등의 나락으로 떨어질 것에 대한 두려움, 실패의 두려움이 그들을 막고 있다.

우리에 갇힌 사자는 다시 야생으로 돌아갔을 때 자신이 살아남을 수 있을지에 의문을 가진다. 우리에 갇힌 직원들은 매달 들어오는 월급없이 살아남을 수 있을지에 의문을 가진다.

많은 사람들은 밤에는 기발한 생각을 한다. 그러나 다음 날 아침 일어나서는, 똑같은 일을 하기 위해 똑같은 일터로 돌아간다. 우리는 뭔가 다른 것을 시도할 필요가 있다.

- 잭 마(JACK MA)

우리 안의 사자는 포효하고 싶고, 다시 정글의 왕이 되고 싶다. 우리 안의 직원들은 일주일에 40시간 이상을 매일 똑같이 반복되는 일을 하는 것

말고, 좀 더 큰일을 하고 싶다.

만약 내가, 조련사의 손목에 그 문을 여는 열쇠가 대롱거리며 매달려 있다고, 열쇠는 바로 당신 앞에 있다고 알려준다면 어떻게 하겠는가?

또는, 조련사가 당신을 너무 무시한 나머지 때때로 우리를 잠그지조차 않는다는 사실을 알려준다면? 여기에 더해, 당신이 탈출하기 제일 힘든 감옥은 바로 당신의 마음이라고 알려준다면? 우리 안의 사자가 해야 할 일은 용기를 되찾고 우리 밖으로 한 발 나가서 다시 사냥을 시작하는 것일 뿐임을 알려주면 어떻게 할 것인가?

신중함은 이 우리에 갇힌 사자가 하고 있는 가장 큰 실수이다: 우리에 갇힌 사자는 스스로의 사냥 기술을 믿는 대신, 매일매일 반복되는 안락한 일상을 선택한 것이다.

사슬에 묶인 마법사

당신은 강한 마법사이다.

다른 사람들은 꿈에서나 상상할 수 있을 법한 힘이 당신에게는 존재한다. 뿐만 아니라, 창의력과 에너지, 상상력도 가득 차 있다.

당신에게 존재하는 끝이 없는 에너지 덕분에 당신은 더욱 빨리 생각할 수 있고, 빨리 배우고, 빨리 행동할 수 있다.

당신에게 세상은 끝없는 가능성이고, 당신 스스로도 '내가 마음먹은 것은 모두 이뤄낼 수 있어. 누군가가 나보다 먼저 해낸 일이 있다면, 나 역시 그 일을 해낼 수 있지. 누구도 해내지 못한 일이라면, 내가 그 일을 해내는 첫 번째 사람이 될 거야!.'라고 생각한다.

만약 당신의 힘이 사용할 수 있게 허락되었다면, 당신은 이미 세상을 바꿔버렸을 것이다.

그런데 문제는 마을의 원로들(기득권 세력)이 당신의 힘을 억누르고 있다는 것이다.

당신은 환상적인 힘을 가지고 있지만, 원로들은 당신이 그 힘을 사용하지 못하게 금지했다.

왜냐? 마법을 쓸 줄 모르는 다른 동네 사람들이 위협받지 않게 하려고.

당신이 가진 마법의 힘(magical power)은 새롭고 특이하다.

이 힘은 일반 통념(conventional wisdom)에 반할 것이다.

당신의 힘이 마을에 엄청나게 좋은 변화를 가져다 줄 수 있을지라도, 원로들은 새로운 것을 시도하기보다 전통적인 것을 지켜내는 것을 더 소중히 여긴다.

이러한 원로들이 계속해서 행복할 수 있도록, 당신은 당신의 힘을 사용하지 않는다. 당신은 마을 원로들을 존경하고 그들이 여태 당신에게 해준 것에 감사하지만, 어쩐지 사슬에 묶여있는 듯한 기분이 든다.

당신 안에 내재되어 있음을 스스로도 잘 알고 있는 그 충만한 힘, 사용하지 못한다.

이 사슬에 묶인 마법사는 재능이 있지만 부모님과 사회에 의해 압력(pressured)을 받고 억눌려 숨이 막힐 것 같은, 밀레니엄 세대와 새로운 세대 전부를 가리킨다.

젊고 야망이 가득한 남자나 여자로서 이 모든 에너지와 독창력 (creativity)은 당신 안에 있다.

당신은 당신이 세상을 바꿀 수 있고 엄청난 영향력(impact)을 끼칠 수 있다는 사실을 알고 있지만, 부모님을 기쁘게 해주기 위해 전통적인 길 (traditional route)을 걷기로 한다.

당신은 다음과 같은 말을 들어본 적이 있는가?

- 안전하게 놀아!

- 우리 가족 중엔 아무도 이런 사람이 없었는데!

- 너 그거 해서 먹고는 살겠냐?

- 대학교 나오고, 좋은 직장을 갖고, 결혼하고, 좋은 집을 사!

- 대학을 안 간다니, 무슨 소리야?

- 안전망은 있어야지.

- (당신의 친척, 친구, 형제자매에 빗대어) 너는 왜 쟤처럼 못하니?

- 이게 잘 안되면 어쩌려고? 그럼 뭐하고 살래?

- 니가 대학을 가지 않는다면, 너는 우리 집안의 망신거리가 될 거야. 너는 패배자가 될 거라구. 회사가 너를 뽑아 줄 거 같아? 넌 길에 나 앉게 될 거야. 그게 네가 원하는 거니?

- 내가 가족들이랑 친구들한테 뭐라고 말하니? 너 낙오자라고 해?

- 너는 왜 이렇게 욕심이 많아?

- 너는 왜 이렇게 야망이 넘쳐?

- 튀지 마!

- 너는 왜 가진 것에 만족할 줄 모르니?

- 너 지금 직장 혜택 좋잖아, 나와서 더 좋은 직장을 못 구하면 어떡하

려고?

- 너 교육 시키려고 우리가 희생한 게 얼만데. 널 위해서 이만큼이나 했는데, 그걸 걷어 차버리겠다고?

- 너 어릴 땐 말을 잘 듣더니, 대체 어떻게 된 거야?

- 너를 위해 얼마나 애썼는데, 날 봐서 그냥 이걸 할 순 없겠니?

가장 최악인 부분은, 당신이 이 보편적인 길을 걸어온 것은 스스로를 위해서가 아니었다는 것이다.

당신은 가족이나 친구를 위해 그렇게 했다. 당신은 보편적인 길을 걷는 것이 답답하고, 사슬에 묶인 것 같고, 인정을 못 받는다고 느껴진다.

당신은 스스로에게 말한다

"왜 가족들은 이해를 못 할까? 나는 나를 위해 이러고 있는게 아니야; 나는 가족들을 위해 이걸 하는 거라구. 그런데 왜 나를 지지해주지 않지? 왜 이렇게 부정적인 거지? 왜 나의 꿈을 깨부셔야만 하는 거냐구?"

가족들이 당신을 이해하지 못하는 것도 문제지만, 당신의 꿈과 목표를 방해하는 것은 더 큰 문제이다.

그들은 당신에게 죄책감을 심어줄 수 있다: 그들은 포기하라고 구슬린다; 그들은 당신이 꿈을 쫓는 것을 멈추기를 바란다.

여기서 당신이 생각할 수 있는 것은 단 하나뿐이다.

"도대체 왜?"

슈퍼맨도 똑같은 갈등을 겪었다. 그는 모든 힘을 갖고 세상에 태어났지만, 그의 양부모는 '그를 지켜주고' 싶어했다.

그들은 슈퍼맨에게 그의 능력을 숨기고, 다른 사람들이 그의 진정한 힘을 모르게 하라고 했다.

양부모들의 행동은 알고 했던 모르고 했던 당신을 보호하려고 했지만, 실상은 속박함으로써 그들도 깨닫지 못한 채 당신을 다치게 하고 있었던 것이다.

알면서 못하게 한 것이 아니라 이게 최선이라고 믿고 막은 것이 '의도와 달리' 사실은 너를 억압해서, 너를 상처 주고 있었던 것이다.

그러나 당신의 힘을 사용하기로 결심한다면, 당신은 즉시 당신이 얼마나 해낼 수 있는가, 얼마나 대단한 사람이었는가, 얼마나 큰 영향력을 끼칠 수 있는 사람이었는가를 곧 깨닫게 될 것이다.

딱 이 슈퍼맨처럼, 당신도 같은 결정을 내려야 한다.

당신은 계속 부모의 말을 들을 것인가? 아니면, 당신 마음의 소리를 들을 것인가?

기억하라, 당신이 당신 부모님의 의견에 반발한다 하더라도, 이것은 당신이 부모님을 사랑하지 않는다는 의미가 아니다.

이는 그냥 당신만의 방식으로 부모님을 사랑하는 것이다.

지금은 그들이 이해하지 못할 수도 있지만, 결국에는 그들도 이해할 수 있을 것이다. 당신은 지금 외롭고, 인정받지 못한 기분을 느낄 수도 있다. 하지만 세상 밖으로 나가보면 당신과 같은 마법사들을 많이 만나볼 수 있을 것이다.

당신이 마을 원로들의 말들을 따르지 않고 당신의 족쇄를 푸는 날, 당신은 당신이 상상할 수 있던 것 이상의 힘이 스스로에게 있다는 것을 깨달을 수 있을 것이다. 왜냐하면 원로들의 말을 듣고 스스로를 묶은, 사슬에 묶인 마법사가 범하는 가장 큰 실수이니까.

사슬에 묶인 마법사는 그들의 마법의 힘이 원로들의 의견과 말에 의해 봉인되었다고 생각했다.

사실, 현실에서는, 자신 스스로 외에는 그렇게 할 수 있는 사람이 없는데도 말이다.

한탕주의 보물 사냥꾼

보물 사냥꾼은, 금으로 가득 찬 보물 상자를 찾기 위해 모험을 떠나는 것을 사랑한다. 그들은 무언가를 쫓는데서 오는 스릴을 사랑하고, 새로운 것을 사랑한다. 그들은 모래 속에서 빛나는 무언가를 찾아내는 것을 사랑한다.

그러나, 보물 상자를 직접 찾는 것보다 더 사랑하는 것은 바로 보물 상자의 위치가 표시된 보물 지도를 얻는 것이다.

그들이 새로운 보물 지도를 손에 넣을 때면, 흥분에 가득 차 세상을 향해 소리친다.

"기다려라, 내가 이 지도로 보석과 금으로 가득 찬 보물 상자를 발견하기만 하면, 그땐 멋진 내 인생을 살 거야. 너희가 놓친 보물을 후회하게 해 주지!"

그러나, 보물지도를 따라가려면 험난한 바다와 자비 없는 황야를 거쳐야 한다는 사실을 깨닫고서는, 이내 그만둬 버린다.

그러고는 이런 핑계를 대겠지!

"이 보물 지도는 잘못됐어. 저기엔 보물이 없다구. 보물 지도가 거짓말을 한 거야. 걱정 마. 내가 제대로 된 보물 지도를 찾기만 하면, 분명 성공한다니까!"

이 보물 사냥꾼은 내면의 요인(internal factor)이 아닌, 외부 요인(external factors)들이 성공을 결정한다고 믿는, 한탕주의 사고방식을 가지고 있다.

한 방의 부르스! 이들은 평생을 한 방만 노리다가 숨을 거둔다.

보물 사냥꾼은 돈을 빌려 매번 보물을 찾으러 가서는 다 잃고 온다. 그들은 일이 잘되고 있는 척하지만, 사실 마음 깊은 곳에서는 매우 두려워하고 있다.

그들은 '내가 바다에서 죽으면 어떡해? 해적들에게 잡혀 죽으면? 보물을 찾았는데, 가족을 먹여 살릴 만큼 충분하지 않으면 어쩌지?'하고 생각한다.

이러한 생각은 떠올리는 것만으로도 너무 고통스러운 것이라서, 그들은 이를 무시하고 또 다른 보물을 '좇기'로 자신의 생각을 분산시키려 한다.

그러나, 보물을 좇는 삶 역시 그다지 매력적인 삶은 아니다. 그들은 매일을 매우 매우 열심히 일해야 한다. 그러나 보여줄 것은 아무것도 없다.

그들은 찾아낸 보물도 없이 몇 년씩 바다를 항해한다. 가끔씩은, 아주 적은 양의 금이 든 상자를 발견할 수도 있다. 그러나 딱히 대단한 성과는 아니다. 이 보물이 조금의 시간을 더 벌어줄 수는 있겠지만, 삶을 바꿔 줄 만큼의 충분한 양은 결코 아니다.

'보물 사냥꾼'의 삶의 방식으로는 충분한 보물을 얻어내기 힘들다.

그러는 동안, 당신의 가족들은 집에서 왜 당신이 돌아오지 않는지, 왜 언제나 밖을 떠도는지 궁금해한다.

보물 사냥꾼은 가족에게 말한다.

"걱정하지 마, 이번이 마지막이야. 이번엔 확실히 찾을 수 있을 거고, 그럼 당신과 함께 할 시간이 생길 거야. 우리가 보물을 손에 넣기만 하면, 우린 평생 일하지 않아도 될 만큼의 금은보화를 얻게 될 거라고!."

물론 이런 일은 절대 일어나지 않는다.

또, 보물 사냥꾼은 외롭다. 다른 보물 사냥꾼들과 함께 팀이 되어도, 그들은 진정한 팀으로 느껴지지 않는다.

왜냐하면 보물 사냥꾼들은 전부 보물에 목말라 있어서, 더 가능성 있어 보이는 다른 동료를 발견하면 언제든 타고 있던 배에서 뛰어내려 다른 배로 갈아탈 테니까.

곧, 한탕주의 보물 사냥꾼은 보물찾기의 세계에 믿음과 의리 같은 것은 없다는 것을 깨닫는다.

한순간, 당신은 어떤 한 목표를 이루기 위해 결속된 팀에 속한 것 같았으나 바로 다음 순간, 당신의 팀은 다른 사냥꾼들과 팀을 이루기 위해 당신의 배에서 뛰어 내린다.

누가 한탕주의 보물 사냥꾼에 해당하는가?

맞다, 사업적 기회가 있다고 생각이 들면 바로 달려드는 사람들, 바로 사업상의 기회주의자들이다.

이 사람들은 비트코인, 네트워크 마케팅, 단타 주식매매 등등 가장 최신의 돈벌이 수단에 뛰어든다.

그리고는 세상을 향해 '이게 바로 일생일대의 기회다'라고 외친다.

이들이 바로, 자신들이 어떻게 이러한 사업의 '초창기'에 진출하게 되었는지, 더 자세한 정보를 알고 싶으면 연락하라는 식의 포스팅을 올려 대는 사람들이다.

그러나 3개월쯤 지나면, 그들은 또 다른 것에 대해 연설하고 있다. 이 사람들이 바로 '반짝이는 물체 증후군(shiny object syndrome)'에 시달리는 사람들이다.

한탕주의 보물 사냥꾼에는 또 다른 특징이 있다.

이 사람들은 이 일을 하는 동안, 또 다른 일을 벌린다. 그들은 플랜 A가 있고 B가 있으며, 플랜 C, D는 물론 플랜 Z까지 가지고 있는 사람들이다.

만약 플랜 A가 제대로 작동하지 않으면, 그들은 바로 플랜 B로 넘어간다. 만약 이 플랜 B도 제대로 작동하지 않으면, 플랜 C로 넘어간다.

모든 것이 겉보기에는 잘 돌아가는 것 같이 보이지만, 마음속 깊은 한 구석에는 실패의 두려움이 도사리고 있다.

여기서 당신은 의문을 가질 수 있다.

"왜 그들은 그렇게 많은 계획을 가지고 있는 거죠?"

그들은 계획이 잘 안 될 것이라 생각해서 다른 계획들을 갖고 있는 것이 아니다. 진짜 이유는 계획은 먹힐 거 같은데 나는 못할 거 같다고 생각하기 때문이다.

사실이지 않은가? 부동산 업계에서 성공한 사람과 실패한 사람을 생각해보라. 주식시장에서 성공한 사람과 성공하지 못한 사람을 생각해보라. 같은 계획으로 성공한 사람도 있고 실패한 사람도 있다. 그러니까 계획이 문제가 아닌 것이다.

진실은, 잘못된 것은 계획이 아니라 그 계획을 실행하는 사람이 문제인 것이다.

사람은 자기 스스로를 믿지 못하면 다른 백업 플랜을 세우기 마련이다. 자신들의 실패를 인정하지 않아도 되도록 말이다. 그것이 바로 이러한 사람들이 한 가지 계획에 오랫동안 집중하지 못하는 이유이다.

한 가지에 집중하고, 전념하는 것은 두려우니까. 그들은 사람들에게 이렇게 말한다.

"이번엔 다를 거야; 이번엔 잘 될 것 같아. 우리 가족도 이제 안정적으로 살 수 있을 거야."

그러나 가족들을 다시 실망 시키기까지는 그다지 오랜 시간이 걸리지 않는다. 그들은 가족들을 점점 더 깊이 구덩이로 몰고 갈 것이다.

그러고도 다시 정신 나간 벤처 사업에 참여하기 위해 돈을 빌릴 것이다. 황금과 수익의 유혹이 그들을 홀릴 테지만, 시도할 때마다 매번 실패하고 가족들에게 돌아가 또 다른 핑계를 댈 것이다.

더 미칠 노릇이 뭐냐 하면, 보물은 사실 내내 집 뒷마당에 묻혀 있었다는 사실이다. 그들에게 필요했던 건 그냥 뒷마당을 잘 파 내려갈 수 있게 적절한 도구만 준비하면 되는 것이었다.

이제 보이는가?

'보물'을 찾는 것, 성공을 얻는 것은 기름을 얻기 위해 땅을 파는 것과 같은 이야기라는 것을.

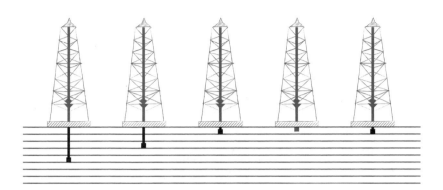

기름은 보통 땅속 깊이 자리하고 있다. 이를 얻기 위해서, 당신이 꽤 많은 시간과 노력, 그리고 에너지를 쏟아야 한다는 말이다. 즉, 이쪽을 조금 파보고 기름을 발견하기도 전에 다른 데를 또 조금 파보고 하는 식으로는 그저 땅 위에 얕은 구덩이만 여러 개 남겨놓고 끝날 것이다.

당신이 진정으로 기름을 발견하고 싶다면, 한 가지 아이디어에 전념하고, 어떤 결과를 얻을 때까지 그 아이디어에만 집중해야 한다. 한 가지에 집중하고 깊게 파 내려갈 때, 비로소 당신은 기름을 발견할 수 있다.

사람들은 일을 성공시키는 데 필요한 것들을 그들 스스로가 이미 가지고 있는데도 그것을 믿지 않기 때문에 쫓아가는 데만 몰두하고 있다.

이런 사람들은 스스로의 내면을 변화시키기 전까지는 아무것도 바꿀 수 없다. 이것이 그들이 행하는 가장 큰 실수이다.

한탕주의 보물 사냥꾼은 다양하게 빛나는 아이디어들을 쫓지만, 이 중 한 가지를 구체화 시켜 전념하기를 두려워해서, 어떤 결과가 나오기도 전에 그만둬 버린다.

무고한 죄인

만약 당신이 하지도 않은 일로 감옥에 갇혔다면 어떻겠는가?

당신은 법을 어긴 적 없이 살아왔고, 규칙대로 살아왔으며, 모든 것을 '맞게' 했는데 어쩌다 보니 감옥에 갇히게 되었다면, 어떤 감정이 들겠는가?

이것이 무고한 죄인이 겪어내야 하는 일이다. 무고한 죄인은 규칙대로만 살아왔다. 그런데, 어찌된 일인지 탈출할 수 없는 감옥에 갇힌 자신을 발견한다.

이런 사람들은 어렸을 때부터 모범적인 학교생활을 하고, 좋은 성적을 받고, 규칙을 잘 지키고, 부모님의 말씀을 잘 듣고, 심지어 장학금을 타기도 하는 그런 사람이었다.

그들은 열심히 일할 뿐만 아니라 힘든 일을 두려워하지 않는다. 학교를 졸업하고 나서도, 그들은 승진을 위해 오랜 시간 일한다.

내가 지금 이야기하는 사람들은 변호사, 회계사, 의사, 기술자처럼 전통적인 길을 걸어 기대에 맞춰 전문적인 직업을 가진 사람들이다.

겉으로 보기에 그들의 삶은 성공적이다. 그들은 중산층에 속하며 아이를 키우고, 그들의 인생을 즐기고 있는 것처럼 보인다.

그러나 내면을 들여다보면, 그들은 많은 스트레스를 받고, 번아웃되었으며, 공허하다. 어떤 사람들은 불안증을 치료하기 위해 항우울제를 복용하기도 한다. 그들은 중얼거린다.

"헛짓 한 번 안하고 열심히 살아왔는데, 왜 이렇게 공허하고 뭔가를 잃어버린 것 같은 기분일까? 내가 뭘 잘못했지?"

그들은 무언가가 잘못되었다는 것을 알지만, 가족이나 친구들에게 이런 고민에 대해 이야기할 때면 '너는 직업도 좋고, 좋은 집에, 행복한 가정도 있잖아. 네가 슬플 일이 뭐가 있어?'라는 말을 듣는다.

그들의 문제점은 위험을 감수하고, 도전하여 성공하는 사람들을 보더라도 현실에 안주해 그들을 본받으려 하지 않는다는 점이다.

모험에 나서고, 사업에 뛰어들어 실패하고, 그리고 나서 또 사업에 뛰어드는 그런 사람들을 부러워하지 않는다. 그저 적당한 돈을 벌고, 좋은 집을 가지고, 꽤 괜찮은 삶을 살고 있다고 생각한다.

그들이 생각하기에 모든 것이 무난하게 돌아가고 있다. 그러나 아쉽게도 멋진 인생은 아니다.

이 인생은 모험이 없고, 흥분도 없으며 감정의 표현도 잘하지 않는다.

그들은 이런 직업을 가지고 이렇게 잘 모범적으로 사는 사람으로서의 이미지를 지켜야 할 것 같은 느낌을 받는다.

최악은, 마음 깊숙하게는 스스로를 비참하다고 느낄지언정 무책임한 사람이 될까 봐 이렇게 사는 것을 말하지도 못하고 멈추지도 못한다는 것이다.

그들은 가장 사랑하는 사람들에게조차 자신의 감정을 묻어두고, 숨기며 자기 입장을 정당화시킨다.

"나는 가족들을 위해 이걸 하는 거야. 내 행복은 상관없어."

숭고하게 보일지는 몰라도 슬픈 사실은, 당신의 가족들은 당신이 좀 더 가정에 충실하기를 바라고 있다. 하지만, 그들은 언제나 일에 파묻혀있기 때문에 가족들에게 감정적으로 교류해 줄 여유가 없다.

그들은 하루 종일, 가까스로 견뎌낼 수 있는 직장에서 일만 하기 때문에, 집에 돌아와 휴식을 취한다 해도 가족과의 즐거운 나들이가 아니라 오직 '아무 생각도 안 해도 되는 시간'이다.

오래지 않아, 어느 날 그들은 아침에 일어나며 문득 이런 생각을 할 것이다.

"대체 지난 몇 년이 어떻게 지나간 거지? 너무 빨리 지나갔어."

그들은 다른 사람들이 아무 이유 없이도 일자리를 잃는 것을 보아왔다. 때문에 엄청난 압박감을 느끼고, '내가 잘리면 어떡하지?'라는 생각을 한다. 결국 현상 유지를 위해, 스스로 더 오랜 시간 일에 몰두한다.

이러한 시나리오가 무고한 죄인의 이야기이다.

다른 사람의 말을 듣고 행복이 보장된 길을 따라간 사람들. 그들은 스스로 자신의 감옥을 짓고, 그 열쇠는 밖으로 던져버렸다.

무고한 죄인의 가장 큰 실수는 본인이 무엇을 원하고 무엇을 필요로 하는지 알려고 하지 않는 것이다.

그저 전통적으로 굳어진 생각들, '의사나 변호사는 돈을 잘 번다. 돈을 많이 벌면 성공적인 인생이다. 그리고 그것이 나를 행복으로 이끌어 줄 것'이라고 믿는 것이다.

기억하라!

스스로 인식하고 있는 나 자신을 고수하려는 습성이 강한 사람은 원하는 사람이 될 수 없다.

현실에서 만난 '무고한 피고인'

얼마 전에, '무고한 피고인'의 모습으로 살아온 46세의 똑똑한 남자 한 명이 커뮤니티에 올린 글을 읽게 되었다.

이 이야기는 감동적이었고, 무고한 피고인의 고군분투하는 모습이 그려진다. 여기 그 포스트 전문을 올린다.

안녕하세요, 저는 존이라고 합니다. 오랫동안 숨어서 보기만 했지만, 이 글을 쓰기 위해 이제서야 계정을 만들었습니다. 나는 내 인생을 좀 내려놓아야 할 것 같아요.

나에 대해서 좀 설명해드리자면, 저는 46세의 은행원입니다. 저는 제가 하고 싶은 것과는 항상 반대되는 삶을 살아왔어요. 제가 꾸었던 꿈들, 열정은 모두 사라졌지요. 언제나 일주일에 6일, 9시부터 7시까지 일했습니다. 26년 동안이나요. 나는 언제나 안정적인 길만을 선택해왔고, 어느덧 저라는 사람을 완전히 바꿔버렸네요.

오늘, 나는 아내가 지난 10년간 바람을 피워왔다는 사실을 알게 되었어요. 아들은 저에게 아무 감정도 없고요. 저는 아무짝에도 쓸모가 없다는 이유로, 아버지의 장례식에도 참석하지 못했습니다.

제가 쓰려던 소설은 완성하지 못했고, 세상을 여행하고자 했던 꿈도, 집 없는 사람을 도와주고 싶었던 꿈도 이루지 못했습니다.

나는 십대 후반이나 20대 초반 즈음에, '나'라는 사람에 대해 명확하게 알고 있었다고 생각했어요.

제가 20살 때는 어땠는지로 이야기를 시작해보죠. 제가 세상을 바꿀 수 있을거라 생각했던 그때가 마치 어제처럼 느껴지네요.

사람들은 저를 사랑했고, 저 또한 사람들을 사랑했죠. 저는 혁신적이면서 창조적이었고, 모든 문제에 빠른 해결사였고, 옳다고 생각하는 일에는 위험을 무릅쓰기도 했으며, 사람들과 잘 어울렸습니다.

저에게는 두 가지 꿈이 있었어요.

책을 쓰는 것과 세상을 여행하는 것.

그때 당시 저는, 지금의 제 아내를 만난 지 4년 정도 되었었죠. 풋풋한 사랑이었어요. 그녀는 저의 활동적이면서 유머가 가득하고 사랑이 넘치는 저의 모습을 사랑했어요.

당시에 저는 책을 쓰고 싶었어요. 저는 저의 책이 세상을 변화시킬것이라고 믿었어요. 자신들이 잘못하고 있다는 것을 믿지 않는 사람들에게, 저의 독자들에게, '올바름'과 '비틀어 보는' 것에 관한 제 관점을 보여주고, 사람들은 각자의 입장에 따라 다른 방식으로 생각한다는 것을 보여주고 싶었어요.

저는 20살에 17페이지까지 써 났었죠. 그리고 46살이 된 지금, 여전히 17페이지에 머물러 있네요.

20살 때, 뉴질랜드와 필리핀으로 배낭여행을 다녀온 적이 있어요.

저는 아시아에 있는 모든 나라를 섭렵하고, 그다음엔 유럽, 그러고 나서 미국을 여행할 계획을 세웠었죠. 아, 저는 호주에 살아요. 어쨌든 오늘날, 제가 다녀온 곳은 뉴질랜드와 필리핀뿐입니다.

자, 이제 제가 제일 후회하는 일이 벌어진 그 시점의 이야기를 해 볼까요. 저는 20살이었습니다. 저는 외동이었어요. 그래서 안정적이어야 했습니다.

저는 대학을 마치고 제 인생을 좌지우지할 직장을 선택해야 했어요. 제 인생의 아침 7시부터 오후 9시까지 전부를 바치기 위해서.

제가 무슨 결정을 했던 걸까요? 제 직장이 제 삶의 전부라니, 제가 어떻게 살 수 있었을까요?

집에 돌아오면, 저녁식사를 하고, 다음날을 위한 업무 준비를 하고, 밤 10시에 잠자리에 들고, 아침 6시에 일어나 출근준비를 합니다.

맙소사, 마지막으로 아내와 사랑을 나눈 것이 언제였는지 기억도 나지 않아요.

어제는 아내가 지난 10년간 바람을 피워왔다고 인정했어요. 10년이요. 참 길어 보이는 시간인데 말이죠. 그런데 저는 그냥 이해할 수가 없었어요. 심지어, 아프다고 느껴지지도 않았어요.

아내는 제가 변했기 때문이라고 했어요. 제가, 예전의 제가 아니라구요. 저는 지난 십년간 뭘하고 있었던 걸까요? 일 외에는 정말, 말할 거리가 없어요. 제대로 된 남편은 아니었죠.

제대로 된 저 스스로도 아니었구요. 저는 대체 누굴까요? 제게 무슨 일이 일어난 걸까요?

저는 이혼을 요구하지도 않았어요. 그녀에게 소리치지도 않았고요, 울지도 않았어요. 저는 아무것도 느낄 수 없었어요.

지금 이 글을 쓰면서야 눈물이 흐르는 게 느껴지네요. 아내가 바람을 피웠기 때문에 흘리는 눈물은 아니에요.

이제서야, 제 안의 제가 죽었다는 것을 깨달았기 때문입니다.

재미있는 것을 좋아하고, 위험을 무릅쓰며 모험하기도 하고, 항상 에너지가 넘쳤던, 세상을 바꾸려는 열망에 가득 차 있던 저란 사람에게 대체 무슨 일이 일어난 걸까요?

학교를 다니던 시절, 지금의 와이프에게 충성하기 위해 잘 나가는 여학생의 데이트를 거절하기도 했었어요. 맙소사, 고등학교 시절 저는 정말 여학생들에게 인기가 많았어요. 대학교를 다닐 때도요. 그렇지만, 저는 의리를 지켰죠. 모험을 하기 위해 시간을 낸 적도 없어요. 저는 매일 매일 열심히 공부만 했습니다.

앞서 제가 배낭여행과 소설 쓰기 얘기한 것, 기억하시죠? 이 일들은 전부 대학에 입학하고 첫 몇 년간 일어났던 일입니다.

저는 학생 때 파트타임 아르바이트로 일하면서, 번 돈을 전부 써버리곤 했어요. 재미와 나를 위해서 말이에요. 지금은 10원짜리 한 장도 저금합니다.

결혼을 하고 직장을 다니기 시작하면서 그게 무엇이든 재미있는 것에 시간이든 돈이든 뭔가를 쓴 적이 없어요. 저 스스로를 위해서도요. 제가 대체 뭘 원하는게 있기는 했을까요?

아버지께서는 10년전 세상을 등지셨습니다. 어머니께 전화를 받은 기억이 나요. 아버지의 병세가 매일매일 안 좋아지고 있다고 하셨죠. 저는 곧 있을 큰 승진을 앞두고 점점 더 바쁘고, 바빠지고 있었구요.

방문을 미루고 또 미뤘습니다. 아버지가 좀 더 버텨주시길 바라면서요. 그리고 돌아가셨습니다. 저는 승진을 했죠. 저는 15년간 아버지를 찾아뵙지 않았어요. 아버지께서 돌아가셨을 때, 저는 무신론자가 되어, 이렇게 합리화했죠.

내가 가봤자 아버지의 죽음의 시간이 달라질 건 없다고요.

제가 뭐 생각을 하고 있었던 걸까요? 모든 것을 합리화하면서, 핑계를 만들어 미뤄대면서. 핑계. 미뤄대기. 전부 단 하나의 결론으로 귀결되었습니다.

무(無)!

저는 경제적 안정이 가장 중요한 것이라고 합리화했어요. 그게 아닌 걸 알면서도 말이죠. 저는 제가, 좀 더 에너지가 넘쳐 흘렀을 때 아무것도 하지 않았음을 후회합니다.

나의 열정, 젊음. 저는 일이 저를 집어삼키게 놔둔 것을 후회합니다. 저는 ATM처럼 돈이나 벌어오는, 끔찍한 남편이 된 것을 후회해요. 저는 저의 소설을 끝내지 못한 것을, 세상을 여행하지 못했음을 후회합니다. 감정 없는 지갑이 되어 감정없이 아들을 대한 것을 후회합니다.

당신이 이 글을 읽는다면, 그리고 당신 앞에 아직 펼쳐지지 않은 인생이 남아있다면, 제발, 미루지 마세요. 당신의 꿈을 나중으로 미루지 마세요. 당신의 에너지를, 열정을 즐기세요.

여가시간에 인터넷에만 붙어있지 마시고요. 그게 당신의 열정을 실행하는데 꼭 필요한 것이 아닌 이상 말이에요.

제발, 아직 젊을 때 당신의 인생을 위해 무언가를 하세요.

절대! 스무 살에 안정 따위를 찾지 마세요.

절대! 당신의 친구를, 가족을, 당신 스스로를 잊어버리지 마세요. 제가 저한테 했던 것처럼 당신의 인생을, 야망을 낭비하지 마세요.

저처럼 되지 마세요.

외로운 조난자

　비행기를 타고 있었는데, 갑자기 사고가 났다고 상상해보라. 정신을 차려보니, 당신은 홀로 무인도의 해변가에 쓰러져 있었다. 어떻게 할 것인가? 물론, 가장 먼저 드는 생각은 당신 외에 또 다른 조난자가 있는지 살펴보는 것이겠지. 생각을 정리하고 나서, 당신은 이렇게 외친다.

　"도와주세요! 여기 아무도 없나요?"

　아무 대답도 들을 수 없다. 다시 한번 외쳐본다. 대답은 들려오지 않는다. 이 섬에 있는 것은 오직 당신뿐이다.

목이 마르고, 며칠은 굶은 것 같은 기분이다. 그러나 근처에 소금기 없는 물은 보이지 않는다. 운 좋게도, 땅바닥에 몇 개의 코코넛 열매가 떨어져 있다. 코코넛 열매를 깨서 그 안에 조금 들어있는 물로 목을 축인다. 이 코코넛 껍질들은 나중에 당신이 물을 저장할 도구로 사용하게 되겠지.

다음으로 해야 할 것은 무엇인가? 비행기에서 사고가 났을 때 타고 떠내려온, 부서진 구명보트 조각을 이용해 피난처를 짓는다. 그러고 나서 혹시 생명의 흔적을 찾을 수 있는지 섬을 둘러보기 시작한다.

아무것도 발견할 수 없다. 당신 눈에 보이는 것이라곤 섬을 둘러싸고 있는 끝없는 바다뿐이다. 가까이에 육지라고는 찾아볼 수 없다.

망망대해를 바라보면서, 당신은 비로소 당신이 정말로 혼자 남았다는 사실을 깨닫는다. 이제 스스로 살아남아야 한다.

물고기와 조개를 잡는 법을 가까스로 터득했지만, 생으로 먹을 수는 없다. 불이 필요하다. 대체 불은 어떻게 만들 수 있지?

보이 스카우트 시절 배웠던, 두 개의 나뭇가지를 비벼 불을 피우는 방법을 떠올린다. 나뭇가지를 비비고 또 비벼보지만, 불은 피워지지 않는다. 점점 당황하기 시작한다. 그러다가, 힘을 너무 세게 준 탓인지 나뭇가지가 부러져버린다. 부러진 나뭇가지의 날카로운 모서리에 손바닥을 다친다.

당신은 좌절과 분노에 가득 차 고함을 지르다가, 옆에 떨어져 있던 더 이상 구실을 못하게 된 배구공을 주워 나무를 향해 힘껏 던져버린다.

나무에 튕겨 당신 앞으로 되돌아 굴러온 배구공에 묻은 피가, 어쩐지 사람의 얼굴처럼 보인다.

그것이 무엇이든 관계가 필요했던 당신은 배구공에 '윌슨'이라는 이름을 붙여준다. 혼자가 아닌 의지할 동료가 있다는 필요에 의해서 말이다. 자, 이제 당신에게는 동료가 생겼다.

맞다, 당신이 생각하는 것처럼 이는 톰 행크스의 영화 '캐스트 어웨이'의 내용이다. 당신의 새 동료와 함께 다시 한번 불을 지펴보기로 한다. 이번에는 약간의 연기가 나기 시작했다. 연기가 나더니 이제 불꽃이 튄다.

그리고 마침내, 불이 피어올랐다! 당신이 불을 피워냈다! 대단한 승리다! 이제 잡은 물고기와 조개를 요리할 수 있게 되었다. 드디어 먹을 수 있게 된 것이다. 그러나 음식을 저장할 수 없었기 때문에, 당신은 다음 날 또다시 사냥을 하러 간다. 근처에서 마실 수 있는 물을 발견한 당신은 코코넛 껍질에 물을 담아둔다.

이러한 일상이 앞으로 당신이 살아가는 방법이다.

이 조난자는 혼자 고군분투하는 사업가를 나타낸다.

당신은 당신만의 사업을 시작했으나 외롭다. 당신은 기업가적 정신을 갖고 있지만, 주변에 이를 알아 봐주고 이 여정을 함께 해 줄 사람이 아무도 없다. 매일매일이 고난의 연속이다. 당신은 그날그날 살아남기 위해 사냥을 해야 하고, 물을 찾아야 한다.

이는 마치 '만찬과 기근'처럼, 오르락내리락 파란만장한 삶이다.

고객을 만족시켜 좋은 성과를 낼 때도 있는가 하면, 새로운 고객을 유치하기 위해 또다시 애쓰는 일들의 반복이기 때문이다.

고객에게 의뢰받은 일을 완료할 때, 비로소 안심할 수 있다. 이제 돈을 받을 수 있고, 이걸로 또 하루를 버틸 수 있을 테니까. 하지만 다음날 새로운 일거리를 찾아 헤맬 때는, 곧 굶어 죽을 것 같은 기분이 든다.

모든 성취는 어렵다. 아주 작은 성취도 대단한 성공을 거둔 것 같은 기분이 든다. 이제 막 사업을 시작했을 때는, 첫 고객을 유치하는 것조차 불가능한 일인 것처럼 느껴진다. 이것은 마치 무인도에서 불을 지펴내는 데 성공한 기분과 마찬가지이다.

첫 고객은, 기념해야 할 만한 엄청난 성공인 것처럼 느껴진다. 그러나 기념하고 싶은 순간에도, 함께 축하할 사람이 없다. 주변에는 당신이 왜 그 일을 하고 있는지 이해하는 사람도 없고, 당신과 거리를 둔다.

그래서 당신은 컴퓨터 앞으로 가, 어떤 교류를 할 수 있는 대상을 찾기 시작한다. 이 성과를 인정해 줄 수 있는 누군가를 컴퓨터 속에서 찾으려 애쓴다.

그러나, 배구공 윌슨이 그랬던 것처럼, 컴퓨터는 진정한 사람들과의 관계에서 오는 만족감을 선사해 줄 수 없다.

어떤 의미로는, 당신이 하고 싶은 대로 할 수 있는 '자유'가 있다고 할 수도 있지만, 당신에게는 안정된 수입이 없다.

성공과 실패에 따라 수입은 마치 롤러코스터 같고, 당신은 당신이 사냥한 것만 먹을 수 있지, 뭔가가 하늘에서 떨어지지는 않는다.

무인도에서의 저장할 수 없는 식량처럼, 고객들을 매일매일 찾아야 한다. 언제나 성공하는 것도 아니다.

하여간 당신은 직접 무언가 일을 해야만 수입을 얻을 수 있다.

무인도에서 조난자는, 피난처도 신경 써야 하고, 입을 것이며 식량, 물, 그리고 보안도 스스로 처리해야 한다.

일인 사업가 역시 이처럼 많은 업무 분야를 다뤄야 한다. 홍보에서 판매, 운용과 고객 지원, 회계에 이르기까지.

당신에게 팀이 없고 다른 업무를 수월하게 해 줄 시스템이 없다면, 마치 조난자가 그러하듯이 당신 스스로 전부를 해내야 한다.

다른 사람은 당신을 한 사업체의 오너라고 생각할지 모르겠지만, 당신은 모든 것이 잘 통제되어 돌아간다고 느껴지지 않기 때문에 스스로가 오너라는 생각이 들지 않는다.

나름 꽤 괜찮게 살고 있지만, 이런 생활을 어떻게 벗어날 수 있는지 상상하기 어렵다.

"내가 사람들이 생각하는 만큼 대단하지 않은 사람이라는 게 알려지면 어쩌지?"

이런 생각이 들 때면, 마치 스스로가 가면을 쓰고 살아가는 것같은 기분이 들기도 한다.

사람들은 당신이 사장이니까 일하는 시간을 알아서 정할 수 있을 거라고 생각한다. 어떤 면에서 틀린 말은 아니긴 하다. 다만, 일하는 시간이 일주일 내내 24시간 일해야 한다는 것뿐.

당신은 언제나, 내내 사업에 대해서만 생각한다. 일을 하지 않고 있을 때도, 여전히 어떻게 사업을 키우고 지속할 수 있을지에 대해 고민한다.

긴 업무 시간, 예상 불가능한 수입을 생각할 때면 '내가 얼마나 더 할 수 있을까? 내가 성공은 할 수 있을까?'라는 생각이 들기 시작한다.

이것이 조난자의 삶, '내가 내일도 식량을 구할 수 있을까? 내가 살아남을 수 있을까?'이다.

조난자의 가장 큰 실수는, 외로운 늑대로 살기로 했다는 것이다.

대부분의 사람들이 '자유'라고 생각하는 그것을 누리는 동안 그들은 외롭고, 장기적인 미래에 대한 확신이 없다.

만족하지 못하는 왕, 혹은 여왕

쉽지 않았지만, 당신은 많은 장애를 극복해 마침내 왕좌에 앉았다. 이는 결코 쉽게 얻은 것이 아니다.

그럼, 아니고말고. 당신은 정복(conquest)이라는 엄청난 과정을 통해 이를 이루어 낸 것이다. 이 자리에 오르기까지 수십 년간을 달려왔고 마침내 당신이 원하던 것을 모두 얻었다.

거대한 부, 럭셔리한 라이프스타일, 높은 지위.

당신은 당신이 이 자리에 앉을 수 있음을 알고 있었다. 어린 시절부터, 당신은 열심히 달려왔다. 당신이 해야 할 일은, 이 자리에 오르기까지 열심히 일하고 또 일하는 것뿐이었다. 그리고 당신은 마침내 해냈다.

그런데, 무슨 이유에서인지, 왕관을 얻어낸 그 짧은 순간만 행복했다.

이것이 일생일대의 목표였음에도. 왕관을 얻은 기쁨의 순간이 지나자, 당신의 마음속에 이런 생각들이 떠오르기 시작했다.

"누가 이 왕관을 뺏으려 들면 어쩌지? 누가 나를 방해하려 들면 어떻게 해? 다른 왕국이 우리 마을을 공격하고 정복하려고 하면?"

당신은 이제 당신을 무너뜨릴지도 모르는 잠재적인 것들에 대해 불안해하고 걱정하기 시작한다. 그래서 당신에게 가장 중대한 위협이 될 수도 있을 것들을 확인하려 한다. 옆 나라가 점점 강해지는 것을 보면서 생각한다.

"이거로군! 내 다음 목표가 바로 이거야. 내 왕관을 지키기 위해 저 나라가 나의 나라를 공격하지 못하게 해야 해!"

다음 해의 대부분 동안, 당신은 군대를 정비시키고 공격을 계획한다. 마침내 옆 나라를 공격하고, 열심히 싸워 승리를 쟁취한다.

자, 이제 당신은 당신의 왕관을 지켜내었을 뿐만 아니라 더 부유해졌고, 더 사람들에게 존경받기 시작한다. 모든 이들이 당신을 가장 강한 지배력을 가진, 누구보다 뛰어난 사람으로 인정한다. 그러고 나자, '이런 일이' 또 발생했다. 정복의 기쁨은 순간이었고, 곧 다음 목표에 몸이 근질근질해졌다.

이 만족하지 못하는 왕, 혹은 여왕의 이야기가 어딘가 익숙하지 않은가? 그렇다, 이는 과잉성취자(overachiever)들을 말한다.

과잉성취자로서, 당신은 언제나 학급의 선두에 있었다.

어떤 사람들은 당신을 '지는 것을 참지 못하고 리더가 되어 남에게 모범을 보이는 사람'이라고 쉽게 말할 수도 있겠지만, 당신이 어떻게 열심히 일했는지, 어떻게 성공했는지를 모르고 있다. 당신은 내내 스스로를 채찍질하여, 당신의 인생을 한단계 업그레이드하고자 애써왔다.

당신은 CEO일 수도 있고, 능력 있는 간부일 수도 있으며, 혹은 그런 높은 지위에 있는 사람일 수도 있다. 무엇이 되었든지 간에, 당신은 지금 그 자리에 앉기 위해 조금의 휴식도 없이 열심히 일해왔다.

당신이 있는 분야에서 당신을 인정하지 않는 사람이 없으며, 그렇지 않은 사람이 있다 하더라도 그들도 곧 당신을 인정하고 존경하게 될 것이다.

하지만 만족하지 못하는 왕처럼, 당신에게는 돈이 있고 멋진 생활이 있으며 높은 지위도 있지만, 항상 뒤에서 누군가가 치고 들어올까 불안하다.

당신 아래 직위의 누군가가 당신보다 뛰어난 성과를 보여주어, 힘겹게 이뤄낸 그 자리에서 당신을 끌어내릴까 봐 두려워한다.

당신은 열심히 일하면 많은 성과를 달성할 수 있다고 믿고 살았다. 당신은 많은 성과를 달성하고 달성하면, 더 많이 행복해질 수 있다고 믿었다.

그러나, 이는 사실이 아니다.

성과(achievement)가 행복을 가져다주기는커녕, 과도한 성취는 당신을 함정에 빠지게 한다. 이 함정은 이렇게 작동한다.

열심히 일한다 - 열심히 일한 것이 결과를 낸다 - 그러나 당신은 더 많이 성취할수록, 더 많은 결핍을 느낀다 - 결핍은 당신을 더 많이 일하게 만들고, 더 일을 많이함으로서 더 많은 성과를 내게 만든다.

결국은 일에 파묻혀 쳇바퀴를 도는 당신은 행복하지 않다.

그리고 문제는 이런 흐름이 당신으로 하여금 옳은 길을 가고 있다고 생각하게 만든다는 점이다.

당신은 훌륭한 학교생활을 했고, 선생님들의 칭찬을 받으며 성장했다. 이들은 당신이 스스로를 마치 '특별한' 사람들 중의 한 사람인 것처럼, 누구보다 월등한 사람인 것처럼 느끼게 만든다.

이런 유형의 성장 과정에는 '남들보다 잘나지 않고서는 만족할 수 없다'라는 결과가 따라온다. 한 현자가 이런 말을 했다.

성과주의로는 성취를 이룰 수 없다.

이것이 만족하지 못하는 왕의 가장 큰 실수이다.

그들은 기여(contribution)가 아닌, 성과주의(achievement)만을 통해 업적을 이루려고 했다.

지금까지 내가 제시한 여섯 가지의 유형 중에서 당신은 어느 유형인가?

- 당신은 스스로의 능력을 믿고, 우리 밖으로 걸어나가야 할 '우리에 갇힌 사자'인가?

- 창조성과 상상력, 마법의 힘이 넘치지만 '사슬에 묶인 마법사'인가?

- 이것저것 일을 벌리는 대신, 한 가지 기회에 집중할 때 더 발전할 수 있는 '한탕주의 보물 사냥꾼'인가?

- 자기도 모르게 스스로를 감옥으로 밀어 넣은 '무고한 죄인'인가?

- 무인도에서 혼자 살아남기 위해 고군분투하는 '외로운 조난자'인가?

- 그렇지 않다면, 당신은 다음에 쟁취할 왕국을 쉬지 않고 찾고 있는 '만족하지 못하는 왕 혹은 여왕'인가?

주의할 것은 당신의 유형이 언제나 한 가지로 고정되어 있지는 않다는 것이다. 시간이 흘러 당신이 인생의 어디쯤을 살고 있느냐에 따라, 당신이 해결해야 하는 문제도 변화할 것이고, 다른 방식의 해결책이 필요해질 때 당신의 유형은 변할 것이기 때문이다.

당신이 현재는 우리에 갇힌 사자일지라도, 시간이 지나면 조난자의 유형이 될 수도 있다. 물론, 이것은 그다지 문제가 되지 않는 현상이다.

중요한 것은, 당신이 당시의 변화된 자신의 상황을 정확하게 아는 것이다. 그래야, 당신의 현재 상황과 문제점을 짚어내어 바른 해결책을 모색할 수 있을 것이기 때문이다.

다시 강조하지만, 당신이 어떤 유형에 속하는지를 제대로 파악해야만, 어떤 챕터의 이야기가 당신에게 가장 도움이 될 수 있을지 알 수 있다.

자, 이제 유형에 대해 알아보았으니 당신에게 적절한 고소득 기술에 대해 탐구해 볼 차례이다.

당신은 대답할 수 있다

나는…

Chapter 4

당신을 비싸게 팔려면 고소득 스킬을 장착하라

이상적인 유형 : **우리에 갇힌 사자, 사슬에 묶인 마법사,**
한탕주의 보물 사냥꾼, 무고한 죄인

전통적인 직업들이 그 어느 때보다 빠르게 사라지고 있다. 새로운 기술과 로봇, AI가 사람들의 일자리를 그 어느 때보다 빠르게 대체하고 있다는 뉴스가 쏟아진다. 안정적인 직장을 가진 사람들의 수가 점점 더 적어지고 있다.

과거에는, 대학을 졸업하고, 안정적인 직장을 얻고, 40년 동안 같은 직장에서 같은 일을 하다가 65세쯤 은퇴를 하는, 그런 삶을 살 수 있었다. 그러나 당신이 이미 알고 있는 것처럼, 이제 더 이상 그런 삶은 없다.

당신은 이제 막 취업한 사람인데도 불구하고 이 회사에서 앞으로 40년간 일을 할 수 없다는 것을 알고 있을 수도 있고, 아니면 이미 몇 번인가를 이직한 사람이거나, 또는 최근 해고되어 인정사정없는 현실에 맞선 사람일 수도 있다.

전통적인 '직업의 경제(job economy)'는 사라지기 시작했고, 새로운 경제 흐름이 부상하고 있다.

이것이 바로 내가 이야기하는 '기술의 경제(Skill Economy)'이다.

부상하는 기술의 경제

기술의 경제를 이끄는 두 가지 요인

1. 직장에서 정직원의 수는 점점 더 줄어든다.
2. 이윤 추구가 유일한 목적인 회사 입장에서 정직원은 비용이 너무 크다.

첫 번째 요인에 대하여 이야기해 보자.

맥도날드의 캐셔들이 키오스크로 대체되고 있는 것을 본 적이 있는가? 심지어 서빙도 로봇이 하기 시작했다. 주유소의 기기는 고객 스스로가 사용하는 셀프 주유기로 변하고, 서비스 콜센터는 거의 전부 외주인력, 즉 하청회사의 인력들이다.

기업들이 인력을 감축하는 구조조정을 진행 중이라는 무시무시한 소식은 이미 모두가 알고 있다.

세상은 변하고 있다. 기업들은 관리자급들의 사람들만을 정직원으로 둔다. 나머지는 자동화하거나 외부 조달(outsourced), 계약직으로 대체한다.

두 번째 요인, 정직원을 많이 두는 것은 회사의 입장에서 그 비용이 너무 높아지고 있다.

"미국 노동시장에서 정직원의 경우, 가장 높은 단계의 세금을 내야 하고, 직원들에게 높은 수준의 복지혜택과 보호장치(고용보험 등)를 마련해 주어야 하기 때문에, 프리랜서 노동자를 개별 고용하는 것보다 비용이 30~40퍼센트 더 많이 든다."

자, 당신이 기업을 경영하는 사람이라면, 같은 일을 하는 사람에게 30퍼센트 비싼 임금을 지불하며 고용하겠는가?

당신의 삶에 이를 적용해 보라. 당신이 차를 사려 하는데, 두 명의 딜러가 당신에게 같은 브랜드의 같은 모델, 동일 컨디션의 차를 소개한다.

한 딜러는 2만 불을 요구했고, 한 딜러는 2만6천 불을 요구한다.

누구에게 차를 구매하겠는가? 물론 당신은, 덜 비싼 가격인 2만 불을 제시한 딜러와 거래할 것이다.

현재의 기업들도 이와 똑같은 결정을 하고 있는 것이다.

정직원의 자리가 사라지면서, 이 '기술의 경제'를 먹여 살리는 계약직과 프리랜서들이 부상한다. 사람들은 자격이나 경험, 직급이 아니라, 그들이 가진 기술(스킬)에 기초해 돈을 벌기 시작한다. 그러나, 모든 스킬들이 똑같은 수익을 벌어들이는 것은 아니다.

어떤 스킬은 다른 스킬보다 더 돈을 많이 벌게 해 준다.

모든 스킬이 똑같은 수익을 벌어주는 것은 아니다

당신은 아마 높은 수요와 낮은 공급이, 낮은 수요와 높은 공급보다 더 가치가 높다는 '수요와 공급' 이론에 대해 들어본 적이 있을 것이다.

이는 스킬에도 똑같이 적용된다. 수요공급의 원칙은, 이 스킬을 두 가지 영역으로 나눈다.

낮은 수입을 버는 스킬, 높은 수입을 버는 스킬.

저소득 스킬(Low-income skills)은, 공급은 많으나 수요가 적은 스킬이다. 그래서 적은 수입을 만들 수밖에 없다.

이들은 흔한 일용품에 해당하고, 세상에 이를 제공할 수 있는 스킬을 가진 사람은 그를 원하는 사람보다 너무 많다.

예를 들면, 당신이 계산원으로 일하고 있다고 가정해보자. 계산원이라는 직업 자체에는 아무 문제도 없다.

계산원은 내가 처음 돈을 벌기 시작했을 때 시작한, 내가 할 수 있는 유일한 직업이기도 했으니까.

나는 최저 임금을 받았고, 오랜 시간 힘들게 일해야 했다. 나는 매우, 매우 열심히 일했지만, 월급은 매우 적었다.

왜 그랬을까? 이 계산원이란 직업은 저소득 스킬이기 때문이다. 내가 포스기를 얼마나 빨리, 잘 다루든 간에 세상 사람 누구든 나를 대신할 수 있었다.

이러한 저소득 스킬에 반해, 고소득 스킬은 높은 수요가 있으나 그 공급이 적다. 당신이 이 고소득 스킬을 가지고 있다면, 사람들은 당신을 고용하고 싶어 안달할 것이다. 당신의 스킬이 그들에게 필요한데 그 수가 매우 적기 때문이다.

당신이 고소득 스킬을 가지고 있다면, 당신의 직업은 당신에게 더 많은 보상과 유연성, 그리고 행복을 가져다줄 수 있다. 게다가, 당신은 당신의 경제 상황과 더불어 일하는 시간, 일하는 장소를 스스로 컨트롤 할 수도 있어질 것이다. 이러한 보상과 노동시간, 어디서 일을 하느냐 하는 사항들은 일터에서의 만족도를 결정하는 요인들이다.

여기서, 당신은 궁금하게 여길 수 있다.

"뭐, 좋은 소리같이 들리긴 하는데요, 대체 당신이 말하는 고소득 스킬이란게 뭔가요?"

당신이 물어봐 주어 기쁘다. 당신이 이를 궁금히 여긴다니 정말 기쁘다. 이 책의 앞에서 잠시 언급 했듯이, 고소득 스킬의 정의는 이러하다.

고소득 스킬(High-Income skill)
잘 버는 스킬이란, 당신이 한 달에 만 불 혹은 그 이상 벌 수 있도록 해주는, 사람들이 필요하지만 스스로 할 수 없는 서비스를 제공하는 능력을 말한다.
당신에게서 남들이 뺏어갈 수 없는 능력이며 또한 여러 산업군에 걸쳐 적용이 가능한 스킬이다.

왜 이러한 형태로 정의되는지 이해하기 위해, 이 내용을 좀 더 세분하여 훑어보자.

왜 1만 불이 매직넘버인가?

1만 불이 이 고소득 스킬에 있어 왜 마법의 숫자가 되는지는 두 가지 이유가 있다.

첫 번째, 한 달에 1만 불(1년에 12만 불)을 벌어들임으로써, 당신은 미국 고소득자 상위 6퍼센트에 들어갈 수 있다.

이때, 당신은 각종 공과금을 내는 것은 물론, 좋은 식당에서 밥을 먹고, 약간쯤은 사치도 부릴 수 있고, 그러고도 적금이나 회사 명의에 당신 스스로에게 재투자할 정도의 자금도 남을 정도로 안정된 삶을 지속할 수 있다.

이 금액은 당신에게 마음의 평화를 가져다줄 것이다. 이번 달에 들어갈 생활비를 마련할 수 있을지 걱정해야 하는 스트레스로부터 자유로워질 수 있다.

이러한 마음의 안정을 가지는 것에 더하여, 늘어난 '집에 가져다 줄 수 있는 돈'은 당신을 더욱 성장하고 발전하게 해 줄 것이다.

두 번째 이유는, 중대한 통찰력(significant insight) 때문이다.

이는 내가 오직 나의 경험으로만 얻어낼 수 있었던 통찰력이다.

지난 20년간 나는 세계 곳곳의 사람들을 가르쳐오며, 사람들에게 그들의 소득 수준과 심리학적인 관계에 무언가 이상한 것이 있음을 알아차렸다.

한 달에 1만 불의 수입에 대해, 대부분의 사람들이 느끼는 어떤 벽이 존재한다는 것이다.

한 달에 1만 불을 벌지 못하는 사람을 어떤 한 종류의 사람들이라고 볼 때, 그들이 1만 불의 수입을 달성하는 순간, 그들은 전혀 다른 종류의 사람이 된다.

나는 한 달 수입이 2천 불에서 9천 불 사이를 오르락내리락하며 소득의 롤러코스터를 왔다갔다 하는 사람들을 많이 보아왔다. 그런데 그 사람들이 한 달 1만 불의 수입을 한 번 달성해내면, 그들의 내면에 큰 변화가 일어난다.

이때 사람들은 앞으로 그들에 인생에서 어떤 것을 받아들이고 어떤 것을 받아들이지 않을 것인가 대한 새로운 정체성(identity)과 새로운 안정의 기준이 생겨난다.

그들은 한 달 1만 불 수입을 유지하기 위해서라면 무엇이든 할 수 있어진다.

만약 그들의 한 달 수입이 만 불 아래로 떨어지면, 극도로 불안해하며 다시 그 자리로 올라가기 위해 허둥지둥 댄다.

이러한 모습은, 한 달에 1만 불을 벌지 못하는 사람들에게서는 볼 수 없는 현상이었다.

대체 불가능한 사람이 되는 방법

고소득 스킬이 높은 수요와 낮은 공급에서 기인한다고 한 말을 기억하는가? 이는 즉, 식료품 구매, 바닥청소, 운전 등이 왜 저소득 스킬이고 고소득 스킬이 될 수 없는지를 보여준다.

이는 왜, 택시기사처럼 운전 일을 하는 사람들이 한 달 수입 1만 불을 이뤄내지 못하는지를 알려준다.

물론, 택시기사가 되는 것에 문제가 있다는 말은 아니다. 많은 사람들에게 이 또한 좋은 직업이 될 수 있다고 생각한다. 그러나, 택시기사는 쉽게 대체가 가능하기 때문에 많은 돈을 벌 수는 없다.

여기 있는 택시를 탈 수 없다고 해도, 저 골목에 한 다스의 다른 택시들이 기다리고 있다.

 **기억하라!**

당신이 얼마를 버는가는 중요치 않다.
어떻게 버는가가 더 중요하다.

한 달 수입 1만 불로 갈 수 있는 세 가지의 길

한 달에 1만 불을 벌 수 있는 일에는 여러 가지가 있겠지만, 모든 일이 다 같은 방법인 것은 아니다. 어떻게 돈을 버느냐는, 그 돈 자체만큼이나 중요한 부분이다.

경제적 자신감을 갖는 것이 그 목표이다. 여기서 말하는 경제적 자신감이란, 어떤 상황에서도 돈을 벌 수 있는, 그래서 다시는 돈 걱정을 하지 않아도 되는 능력을 말한다.

여기 세 가지의, 고소득을 낼 수 있는 방법이 있다.

고소득 연봉, 고소득 전문직, 고소득 스킬이다.

1. 고소득 연봉자

고액 연봉자는 회사에 의존적이다.

기업 내에서 직위를 올리는 것이 가장 완벽한 예시가 될 수 있다.

당신이 열심히 일한다면, 언젠가 중간급 관리자, 혹은 중요 대표직까지도 올라갈 수 있다. 그러면 한 달에 1만 불의 수익을 이룰 수도 있을 것이다. 그러나, 여기서 한가지 생각해 보아야 할 것이 있다.

만약 당신의 상사가 당신을 해고하기로 한다면? 당신은 다른 회사로 이직해서도 같은 급여를 받을 수 있는가? 가능할 수도 있지만, 확실하게 보장된 것은 아니다.

만약 현재 다니는 회사가 '기업 구조조정'을 시행한다면? 당신은 어떻게 할 것인가? 당신이 지금 다니는 회사에 대한 지식이 다른 곳에서도 적용 가능한 것인가?

당신이 고액 연봉자라면, 당신의 수입은 회사에 의해 결정된다. 회사는 당신의 직위를 강등시키거나 해고하거나, 혹은 승진시킬 수도 있지만, 대부분 이는 당신이 결정할 수 있는 사항이 아니다.

당신이 몇 년간 회사 내에서 뛰어난 인과관계를 만들어 왔거나 고용주와 친인척 관계가 아니라면, 당신은 고소득 노예나 마찬가지인 것이다.

2. 고소득 전문직

고소득 전문직은 산업(industry, 업계)에 의존적이다.

이러한 고소득 전문직은 대부분 자격증에 기초하고 있다. 이는, 당신의 이름 앞이나 뒤에 글자가 많을수록 돈을 더 많이 받는다.

여기에는 의사, 변호사, 회계사, 공인중개사나 치과의사, 성형외과의사 등 짧게는 6년에서 때때로 8년이나 그 이상을 공부하고 학위를 따내야 가능한 직업이다.

그러나, 이 고소득 전문직의 함정은, '전문직'이라는 단어가 시사하듯이 이 직업들이 산업에 의존적이라는 것이다.

소아과 의사가 어느 날 갑자기 치과 의사가 될 수 있는가? 당신의 치아를 치료해주는 사람이, 소아과 의사이더라도 상관없는가? 아마 아닐 것이다.

당신이 중개업자인데, 언제나 있는 경기 흐름의 변동 때문에 시장 상황이 갑자기 악화되기 시작했다고 생각해보자.

당신은 어떻게 할 것인가? 당신의 중개업자로서의 능력은 이전과 다를 것이 하나도 없는데, 무엇이 변한 걸까?

당신은 아무것도 변하지 않았다. 변한 것은 시장과 경기 상황이지. 이는 당신이 컨트롤할 수 있는 부분이 아니다.

이렇게 시장과 경기가 변하면, 이전에 벌었던 수입을 유지하기 위해서 당신은 더 열심히 일해야만 한다.

이뿐만이 아니라, 많은 고소득 전문직들은 일하는 위치에서도 의존적이다.

당신이 치과의사거나 중개업자, 변호사, 혹은 이외의 어떤 전문 직업을 가졌더라도 보통 어느 한 곳에 사무실을 개업할 것이고, 당신의 고객들은 보통 그 주변에 거주하는 사람들이 될 것이다.

당신이 얼마나 잘 하는 사람이건 간에, 당신에게 일을 맡기려고 10시간을 달려올 사람은 그다지 많지 않을 것이라는 말이다.

이것이 내가 고소득 스킬이 필요하다고 생각하는 이유이다.

3. 고소득 스킬

고소득 스킬은 한계가 없다. 고소득 스킬은 당신에게 가장 큰 자유를 가져다 줄 수 있다.

왜냐하면 당신이 시장에 가져다 줄 수 있는 가치가 얼만큼인지를 제외하고는, 당신의 능력을 제한할 수 있는 것이 없기 때문이다.

고소득 스킬은 당신의 서비스를 원하는 고객만을 상대하면 되기 때문에 기업에 의존적이지 않다.

또한 고소득 스킬은 전 산업군에 걸쳐 적용 가능하기 때문에, 산업에 의존적이지도 않다. 또한 당신이 고객에게 원하는 가치를 전달해줄 수만 있다면, 당신이 멀리 있든 가까이 있든 상관없기 때문에, 일하는 장소에 있어서도 더 자유롭다.

문명의 발전, 인터넷 덕분에 당신은 집이나 커피숍 등 당신이 원하는 곳 어디에서나 일할 수 있고, 그 어느 때보다 자유롭게 일할 수 있다.

당신이 이 고소득 스킬을 갖게 된다면, 당신은 진정한 경제적 자유와 함께 당신의 삶을 영위할 수 있다.

기억하라!

단순 직업은 당신을 어디로도 데려다주지 않는다. 전문 직업은 당신을 어딘가로는 데려간다. 하지만 고소득 스킬은 당신을 어디로든 데려다줄 수 있다.

스킬을 업그레이드하고, 당신의 수입을 향상 시켜라

하이 티켓 클로징(high-ticket closing)과 같은 고소득 스킬을 한번 살펴보자.

당신이 보험판매인, 자동차 딜러, 또는 부동산 중개인이라고 생각해보자. 이들은 거래를 성사시킬 때마다 수수료를 받는다.

당신이 만약 3천 불짜리 일을 성사시키면, 10퍼센트의 수수료를 벌 수 있다고 생각해보자. 이때 당신에게 떨어지는 수익은 3백 불이다.

만약, 당신이 이 3천 불짜리 거래를 한 달에 열 개 정도 성사시킨다면, 당신은 3천 불의 수익을 올릴 수 있다.

자, 이제 당신이 이 열 번의 거래를 성사시키기 위해 평균 백 번의 전화를 돌려야 한다고 해보자.

이는 열 번 전화 당 한 번의 거래를 성사시킨다는 이야기인데, 만약 당신이 더 나은 스킬을 사용하게 된다면? 당신이 더 열심히 연습하고, 더 많은 서적을 참고하고, 더 나은 코칭을 받는다면? 그래서 열 번당 한 건이 아니라, 두 건의 거래를 성사시킬 수 있다면?

같은 수의 전화로 열 건이 아닌 스무 건의 거래를 성사시킬 수 있을 것이고, 다음 달에는 3천 불이 아니라 6천 불을 벌 수 있을 것이다.

이것이 당신의 스킬이 업그레이드될수록, 당신의 수입도 늘어나는 고소득 스킬의 힘이다.

고소득 스킬이 당신의 수입을 증가시킬 수 있는가?

당신만의 스킬들을 '잘 구성하여 쌓아 올릴 때' 이 스킬들이 서로를 증폭시켜 수입 증대로 나타날 수 있다.

자, 당신이 한 달에 1만 불을 벌 수 있을 정도의 스킬을 가진 사람이라고 생각해보자. 당신이 이러한 당신만의 스킬 위에 또 다른 스킬을 더한다면, 당신은 상대적으로 더 적은 노력과 노동력을 추가함으로, 1만 불을 더 벌어낼 수 있을 것이다.

예를 들어 당신이 보험 판매인이라고 해 보자.

자동차 보험으로 시작한다. 자동차 보험은 1년에 한 번씩 재계약을 해야하며 가입하지 않으면 법적으로 처벌을 받는다.

이 자동차 보험을 모집하게 되면 가입자의 재산과 나이, 주소, 전화번호 등등을 알 수 있다.

문제는 많은 모집인들이 이 자동차 보험 하나만 판매하고 그 고객을 잊어버린다는 점이다. 왜냐하면 아직 당신은 자동차 보험에 관한 것만 알고 있기 때문이다. 하지만 당신이 더 많은 공부(업그레이드)를 한다면 어떻게 될까?

보험에 가입한 차를 보면 재산의 규모를 알 수 있게 된다. 연령도 알 수 있고 가족 사항도 알게 된다. 이러한 기초 정보로 개인에 맞는 보험을 권유할 수 있다. 30대 신혼부부라면 태어날 아이를 위한 기본 보험부터 학자금 보험 등등을 팔 수 있고, 40대라면 고급의 생명보험을 권유할 수 있고 50대라면 건강보험, 치아보험 등등을 권유할 수 있다.

그 고객이 큰 회사의 사장님이라면 회사원 전체를 대상으로 하여 그들의 연령대별로 지금 이 시기에 필요한 보험들을 잘 설명한다면 그 확장성은 매우 클 것이다.

사실 보험회사의 '백만불의 원탁'에 앉게 되는 보험판매왕들은 거의 이런 과정을 거쳐 올라온 사람들이다. 자기의 능력을 끊임없이 업그레이드하는 노력을 한 것이다.

이번에는 내가 나의 스킬을 결합시킨 예를 이야기해주겠다.

나의 멘토이자, 나의 첫 고소득 스킬인 카피라이팅을 가르쳐 주었던 사람은 알란 자큐였다.

매드 맨(Mad men, 미국 드라마. 60년대 카피라이팅 하는 사람이 주인공)이라는 드라마를 본 적이 있다면, 당신은 카피라이팅이 종이로 된 판매 스킬이자, 성공적인 마케팅 프로모션을 만들기 위한 필수적인 방법이라는 것을 이해할 것이다.

카피라이팅 스킬을 바탕으로 나는 '일인 광고 에이전시'를 오픈할 수 있었고, 건당 1만 불의 수입을 올릴 수 있었다.

자, 만약 내가 이 수입을 대기업처럼 고소득을 주는 직장에서 받은 것이라면, 내가 이룰 수 있는 수입의 한계는 여기까지였을 수도 있다.

당시 나는 이미 다수의 고객을 상대하고, 그들의 주문을 만족시키기 위해 긴 시간을 열심히 일했기 때문에 추가로 더 많은 일을 해서 나의 수입을 증가시키는 것은 시간적으로 불가능했다.

그러나, 나에게는 결합할 수 있는 또 다른 고소득 스킬이 있었기 때문에, 이를 더함으로써 전체 수입을 증가시킬 수 있었다.

어떻게 했는지 알려주겠다.

내가 점점 더 많은 고객들과 일하면 할수록, 그들은 나에게 내가 써준 광고 문구를 가지고 마케팅 프로모션을 어떻게 사용해야 효과적일지에 대해 물어 오기 시작했다.

"댄, 이번 카피는 진짜 걸작이네요. 근데, 어떻게 사용해야 더 효과적일까요?"

그래서 나는 고객들에게 나의 카피라이팅을 작성해줄 뿐만 아니라, 어떻게 활용할 수 있는지에 대해서도 가르쳐주기 시작했다.

바로 마케팅 프로모션을 컨설팅해 준 것이다.

나는 그들에게 어떻게, 어디에, 내가 쓴 카피라이팅을 사용하는 것이 가장 효과적인지, 그리고 어떤 것을 이 캠페인에서 기대할 수 있을지에 대해 보여주기 시작했다.

만 불짜리 광고 문구를 만드는데 3일이 걸렸다면 추가적인 마케팅 프로모션 컨설팅에는 반나절이면 충분했다. 이미 앞에서 광고 카피를 만들면서 그 업계의 장단점은 물론 업계의 상황을 충분히 공부했기 때문에 훨씬 쉬울 수밖에 없었다.

이렇게 하여 많은 추가 노동을 필요로 하지 않고 나는 또 다른 1만 불의 추가 수입을 얻을 수 있었다.

이것이, 내가 가진 두 번째 고소득 스킬인 컨설팅이다.

추가로 많은 시간을 일하지 않아도, 기존에 있던 고객들과 그대로 일을 하면서 두 배, 일 년에 12만 불에서 24만 불까지 수입을 늘릴 수 있었다.

자, 이제 고소득 스킬이 가진 융합의 힘을 알아차릴 수 있겠는가?

이뿐만이 아니라, 나는 여기에 또 다른 고소득 스킬을 하나 더 결합했다. 하이 티켓 클로징 스킬(고가의 거래를 성사시키는 스킬)이 그것이다.

이 '하이 티켓 클로징 스킬'은 3천 불, 혹은 그 이상의 가치를 지니는, 특별한 거래성사의 스킬이다.

이런 높은 가격의 거래들은 거래성사를 완료하는 데에 필수적으로 인간적인 교류와 이해를 필요로 한다.

'원맨 에이전시'에서 카피라이팅과 컨설팅을 제공하며 나는 괜찮은 수입을 올렸다. 그러나, 나는 내 수입을 더 높은 레벨로 업그레이드 하고 싶다면, 좀 더 고위층의 고객들을 상대해야 한다는 사실을 알고 있었다.

이 하이 티켓 클로징 스킬을 이용하여, 나는 프리미엄 가격을 신설하고, 높은 수준의 컨설팅을 기대하는 거물급들과 일을 시작할 수 있게 되었다.

업계의 '거물'들과 일을 함으로써, 이 하이 티켓 클로징 스킬은 나의 수입을 또 다른 레벨로 뛰어넘게 해주었다.

바로 고소득 스킬의 완성이었다.

그리고 나서도, 나는 또 다른 고소득 스킬을 추가했다.

디지털 마케팅이 그것이다. 온라인 세상을 활용함으로써, 나는 어마어마한 숫자의 사람들을 만날 수 있었고, 그들을 위해 더 많은 가치를 생산해 낼 수 있었다.

고소득 스킬에 이어 또 다른 확장성 높은 고급 스킬을 결합하기!

이것이 내가 10만 불의 수입에서 수백만 불의 수입으로 뛰어오를 수 있었던 방법이다. 간단해 보이고, 실제로 간단하긴 하지만, 쉬운 것이라곤 할 수 없었다.

자신의 고소득 스킬을 개발할 때 사람들이 제일 많이 하는 실수

몇 년 전, 찰리 로즈(Charlie Rose)가 윌 스미스(will smith)를 인터뷰하며 그의 성공의 비밀을 물어본 적이 있다.

그의 대답은 이랬다.

"당신은 벽을 세우기 위해 벽돌을 쌓기 시작하는 게 아니에요. 당신은 여태까지 아무도 세우지 못했던, 제일 크고 제일 멋있고 제일 대단한 벽을 세울 거라고 말하면 안 돼요. 그렇게 시작하면 안 돼요. 대신, 이 벽돌 한 장을 '내가 할 수 있는 한 가장 완벽하게 내려놓을 거야'라고 생각해야 합니다."

고소득 스킬을 발전시키는 방법으로 이보다 더 완벽한 설명은 없다.

먼저 하나의 고소득 스킬을 완벽하게 완성시키고, 그리고 나서 그다음 스킬로 넘어가야 한다. 이렇게 하면, 당신은 고소득 스킬을 잘 결합시킬 수 있게 된다.

대부분의 사람들은 자신의 고소득 스킬을 잘못된 방향으로 발전시키려 한다. 그들은 하나의 스킬을 어느 정도 배우다가, 다른 스킬로 넘어가고, 또 다른 스킬로 넘어간다.

현재 그들이 갖고 있는 스킬을 완벽하게 가다듬지도 않고서. 윌 스미스가 묘사했던 장벽을 쌓는 방법과 다르게, 그들은 단지 벽돌을 얹어 가기만 한다.

고소득 스킬(High income skill) 무더기

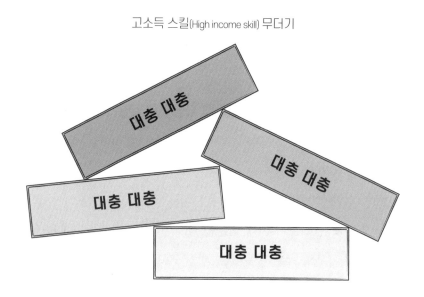

고소득 스킬을 개발하고 발전시키는 동안 당신은 매우 힘든 시간을 거쳐야 할 수도 있다.

정체기에 한참 머무를 수도 있고, 당신의 스킬을 고용할 사람을 찾기 위해 고생해야 할 때도 있을 것이다.

사람들이 흔히 범하는 실수는, 공부해오던 고소득 스킬이 빠른 결과로 나타나지 않는다고 중간에 그만둬 버리는 것이다.

이러한 과정을 바꾸고 싶은 사람에게 줄 수 있는 나의 조언은, 인내심을 가지라는 것이다.

하나의 고소득 스킬로 한 달에 만 불을 벌 수 있을 때까지 인내하고 나서, 다음 스킬로 넘어가라.

12만 불 이상의 수입을 벌 수 있는 고소득 스킬
<학위는 필요하지 않음>

당신의 다음 질문은 아마 이럴 것이다.

"무슨 말인지 알겠어, 고소득 스킬을 배우란 말이지. 그래서, 어떤 스킬을 골라야 하는 건데?"

당신에게 적절한 고소득 스킬은 당신이 무엇을 좋아하고, 무엇을 싫어하느냐에 따라 달라질 수 있다. 따라서 당신이 가장 좋아하는 것이 무엇인지를 파악해야 하며, 혹여 당신이 지금 가지고 있는 스킬이 무엇인지 점검해야 한다.

당신이 참고할 수 있도록, 내가 좋아하는 몇 가지 고소득 스킬을 소개하겠다.

카피라이터

내가 처음 배운 고소득 스킬이기 때문에 제일 먼저 소개해 본다.

카피라이팅은 판매 스킬이다. 무엇보다 호소력 있는 문구를 만들고, 세일즈 편지를 쓰고, 판매 책자(판매 브로셔, 지역 상가의 광고 책자)를 만드는 것인데 어느 상품도 광고를 하지 않는 것은 없다.

카피라이팅은 촌철살인(寸鐵殺人)의 문구들로 사람들에게 감동을 주거나 감탄을 끌어내 물건이 더 잘 팔리도록 만드는 일이다.

빌보드나 신문광고, 페이스북 광고, 슈퍼볼, 프로축구, 자동차, 명품가방, TV, 컴퓨터, 게임 등의 상업광고를 본 적이 있는가?

여기에 등장하는 문구들이 전부 카피라이팅에 해당한다.

어이쿠, 당신이 데이트를 하기 위해 누군가에게 문자를 쓴다면? 이 역시도 카피라이팅에 해당한다!

특히 요즘 같은 인터넷 세상에서는 하나하나의 댓글들 중에 진정으로 감탄사를 외칠만한 글들이 너무 많다.

당신이 카피라이터를 꿈꾼다면 어떤 기사나 논란이 있는 사안에 대해 남들이 감탄할만한 댓글을 써보기 바란다.

댓글로 공감을 받으려면 당신이 쓰고자 하는 사안에 대해서 공부하거나 조사하지 않을 수 없으니 이것이 바로 저절로 카피라이터 능력을 개발하는 일이 되기도 한다.

문제의 핵심을 관통할만한 여러 개의 댓글로 많은 수의 공감을 받는다면 당신에게는 카피라이터의 재능이 있다.

카피라이팅은 개발하기 제일 좋은 고소득 스킬 중 하나이다.

작가

작가는 작가, 프리랜서 작가, 블로그 작가 등등 이야기를 창작하는 모든 사람을 일컫는다. 창조성과 더불어 자유롭게 생각할 수 있는 능력을 가진 사람들에게 엄청나게 많은 수익을 가져다줄 수 있다.

어쩌면 지금의 인터넷 세상은 창작가들에게 있어 18세기 영국에서 시작된 산업혁명을 뛰어넘는 새로운 문명변혁의 시대일지도 모른다.

인류의 역사가 시작되면서 언어로만 전달되던 정보가 문자가 만들어지면서 정보는 필사에 의해서 전달이 이루어졌다. 그 후 인류는 목판 활판에 이어 금속 활판을 만들어 내면서 다량의 책이 발간되어 정보 전달에 소외되었던 대중 속에 급속히 전파되는 계기를 만들었다.

이러한 인쇄술의 발달은 세계사적으로 14세기~16세기에 일어난 르네상스와 15세기 마르틴 루터의 종교 개혁에 큰 영향을 끼쳤다.

필사로만 정보 전달이 이루어지던 시대에서는 일부의 사람만이 정보를 나눌 수 있었다. 인쇄술이 발전하면서 거의 대부분의 사람들이 정보와 지식 습득에 대발전을 이루었다.

지금은 어떤가? 인터넷은 오지의 극히 일부 사람을 제외하고 실시간으로 정보를 주고받는다.

20세기 후반 1990년대에 '월드 와이드 웹(World Wide Web, 약칭 WWW)'이 확산되면서 불과 30년 만에 모든 정보 전달의 핵심이 되었다.

과거의 소설가가 인쇄기술을 통해 만들어진 책으로 사람들과 소통하였다면 지금은 자기 방, 자기 책상에 앉아서 쓴 모든 글들이 전 세계 모든 사람들에게 실시간으로 전달되고, 실시간으로 결제되어 내 통장 잔고를 채운다.

글을 쓰기도 쉬워졌다. 과거에 어떤 팩트성 부분이나 역사적 사실, 또는 정확하고 올바른 문법을 유지하려면 도서관이나 백과사전, 번역사전들을 뒤적여야 했다. 하지만 지금은 인터넷에 들어가 검색을 통하여 앉은 자리에서 필요한 모든 정보를 얻을 수 있다.

당신이 남들과 다른 창의성만 있다면, 그리고 글을 쓰는 것을 좋아하고 사랑한다면, 이 분야야말로 고소득 스킬에 걸맞는, 누구도 빼앗아가지 못하는 당신만의 최고의 스킬이 될 수 있다.

컨설팅

컨설턴트는, 객관적인 시각으로 문제를 판단함으로서 창의적인 해결

방법을 제안해주는 사람이다.

그들은 문제점을 파악하고 해결방법을 제시한다. 본질적으로, 컨설턴트는 자신의 전문성을 돈과 바꾸는 것이다. 좋은 컨설턴트는 편견 없는 조언과 전문성을 제공해 줄 수 있다.

컨설턴트는 해당 분야에 해박한 지식이 우선적으로 필요하지만 의외로 많은 문제들의 해결방안이 다른 분야에서 나온다. 따라서 뛰어난 컨설턴트가 되려면 역사, 문화, 기술 등 사회 다방면에 대한 전반적인 지식이 필요하다. 만약 당신이 이런 일을 잘 한다면, 친구들이 당신에게 도움을 요청하러 자주 오는 스타일이라면, 혹은 당신이 더 발전시킬 수 있는 분야가 있다면, 이러한 컨설턴트 사업을 시작할 수도 있을 것이다.

내가 두 번째 장착한 고소득 스킬이 바로 이 컨설팅이다.

첫 번째 스킬 카피라이터로 수많은 업체들의 카피를 만들면서 다방면의 공부를 했고, 그것이 결국 융복합적인 지식으로 남아 어느 업종의 문제든지 해결할 수 있는 컨설턴트가 될 수 있었다.

또한, 컨설팅 사업은 더 많은 업체를 만나면서 더 많은 지식과 다방면의 정보를 쌓게 되어 지금은 전 세계에서 최고의 컨설팅회사로 거듭나게 되었다.

디지털 마케팅

디지털 마케팅은 인터넷과 모바일 등을 통하여 고객을 유치하기 위해 페이스북 페이지를 관리하고, 인스타그램 계정을 키우고, 단톡방을 만들고, 고객과의 관계를 구축하는 등등의 업무를 이야기한다.

디지털 마케팅은 소셜미디어에 이미 익숙한, 젊고 야망 있는 사람들에게 엄청난 기회이다. 소셜미디어를 사랑한다면, 이를 당신의 고소득 스킬로 선택해보는 것은 어떤가?

소셜 미디어의 폭발적인 성장 속에서 기업은 그 트렌드를 발 빠르게 따라가지 못했다. 당신이 이러한 스킬을 극대화 시켜 4명의 2,500불 짜리 고객을 만들 수 있다면, 이것이 바로 당신만의 고소득 스킬이 될 것이다.

사실 이미 이러한 방법으로 대기업을 다니지 않고 그들보다 훨씬 높은 소득을 올리고 있는 사람들을 당신도 알고 있고 나도 알고 있지 않은가. 모쪼록 당신이 좋아하는 분야에서 커다란 성공을 이루기 바란다.

블로그 / 컨텐츠 창조

블로그는 자신의 관심사에 따라 자유롭게 게시물을 작성하여 올리는 웹 사이트이다. 작가와 비슷하지만, 독립적인 사이트를 운영한다는 부분이 다르다. 당신은 어떻게 온라인 마케팅을 관리하고 광고를 돌리며, 사람들의 방문을 이끌어내는가? 등등을 배울 수 있다.

당신이 다른 사람을 도와줄 수 있는, 가치 있는 컨텐츠를 개발할 수 있다면, 이것이 당신의 훌륭한 고소득 스킬이 될 수 있다.

뛰어난 글쓰기와 마케팅 스킬을 함께 융합할 수 있다면, 블로거를 하는 일이 당신의 또 다른 고소득 스킬이 될 수 있다.

협상가

협상은, 그냥 그 자체가 모든 일에 빠질 수 없는 필수적인 능력이다.

거시적으로는 정치, 교역, 조약에서부터 미시적으로는 야유회 날짜, 애인과의 데이트 장소 등등 우리 인간의 교류에 따른 모든 결정에는 협상을 해야 한다.

당신이 친구 사이의 중재나 가족 사이의 불화 중재 등에 뛰어난 능력이 있다면 국제무대를 휘젓는 뛰어난 협상가의 자질이 있다. 그리고 당신이 이 부분을 발전시킬 수 있다면 그야말로 당신만의 최고의 고소득 스킬이 될 수 있다.

특히 이 스킬은 당신이 하는 모든 일의 결과를 증대시켜 줄 수 있는 스킬이다. 협상해야 하는 대상이 고객이든, 잠재적 파트너이든, 도매업자든 간에 이 협상의 스킬은 사업의 성패를 가를 수 있는 스킬이다.

이것은 당신이 무슨 능력을 가지고 있던 당신의 고소득 스킬을 더더욱 효과적으로 만들어 줄 수 있는 가장 결정적인 스킬이 될 것이다.

대중 연설가

어떤 사람들은 대중 앞에 나서서 말을 하는 것을 죽기보다 두려워한다. 이 말은, 대부분의 사람들이 '장례식장에서 추도 연설을 하기보다 관 안에 누워 있는게 더 낫겠다'고 여긴다는 뜻이다.

그렇기 때문에, 이 스킬을 완벽히 마스터한 오프라 윈프리 같은 사람은 선택받은 소수에 불과하다.

우리는 어릴 때부터 발표회나 모임 등을 통해 사람들 앞에서 떨지 않고 말하기를 소망했다.

문제는 '청중 앞에서 자신있게 이야기할 수 있다는 것'만이 아니라, 그들의 이야기와 비전을 '어떻게 관중들과 잘 소통할 수 있느냐'에 있다.

당신이 이러한 능력을 개발할 수 있다면 미래의 유명 사회자가 꿈만은 아닐 것이다.

언어 통번역

세계가 점점 더 글로벌화 되어가면서, 이 나라에서의 사업이 저 나라로 확장되어 가기 시작했다.

만약 당신이 여러 언어에 유창하다면 이것이 바로 당신이 발전시켜야 하는 엄청난 고소득 스킬이 될 수 있다.

언어를 배우는 것은 대부분의 사람들이 짧은 시간 안에 이루어내기 어려운 것이다. 그래서 직접 배우기보다 그 말을 할 수 있는 사람을 돈 주고 고용하는 것이다.

언어를 익히는데 자신이 있다면 당신이 번역의 대가가 되어 대통령의 통역사가 되거나 유엔 등 중요한 국제기구에서 일할 수도 있다. 또는 유명 소설가의 작품을 번역하거나 중요 서류를 번역할 수도 있다.

물론 수차례 얘기하지만 사람들이 같이 일하기를 희망하는 훌륭한 번역가가 되어야 한다.

사진작가

내 친구 중에, 훌륭한 가격을 받는 하이엔드 사진가가 한 명 있다. 그는 그냥 '사진 찍어주는 사람'이 아니다.

그는 고객들이 무엇을 원하는지 충분히 소통하고 이해하여, 평생 남을 순간을 어떻게 담을 것인지에 대해 안성맞춤인 제안을 할 줄 아는 사람이다.

이러한 종류의 공감성과 섬세하게 보살피는 것은 그가 고객에게 고가의 가격을 청구할 수 있게 해 준다.

지금도 특별한 배경에서의 결혼사진, 돌 사진, 결혼 30주년을 맞아 다시 한번 웨딩드레스를 입고 찍는 결혼식 사진, 모델 같은 모습을 찍어주는 사진, 복고풍의 흑백 사진관 등은 엄청난 인기를 누리고 있다.

이러한 특별한 사진첩에 뛰어난 카피라이팅으로 가슴 뭉클한 스토리를 덧붙인다면 세상에 단 하나뿐인 사진첩이 될 것이다.

이러한 카피라이팅과 사진기술의 융합은 고소득 스킬이 될 수 있다.

프로그래밍

프로그래밍 스킬은 점점 깊게 더 우리 삶 속으로 침투하고 있다. 이미, AI와 VR은 우리 사회의 큰 부분을 담당하고 있다. 프로그래머들은 모든 산업군에 필수적이다.

당신이 분석적인 사람이고 프로그래밍이 당신의 목표에 잘 맞는다면 이것을 당신의 고소득 스킬로 삼아라.

코딩 기술이 이제는 초등학생 학원도 생길 정도로 미래에는 가장 핫한 스킬이 될 것이다.

고액 거래 성사 스킬

하이 티켓 클로징은 고가의 거래를 성사시키는 능력이다.

대부분의 사람들이 단순히 거래를 성사시키는 것에만 집중할 동안, 이 하이 티켓 클로징은 예상 고객의 요구를 정확하고 섬세하게 이해하고, 그들이 '현명한 결정'을 스스로 내릴 수 있도록 도와주는 것이다.

기업들이 몇천 불 혹은 그 이상의 고가의 제품이나 서비스를 판매하려 할 때, 이를 간단한 온라인에서의 상담으로 대체하기는 어렵다.

때문에 보통은, 전화상담원을 통해 거래를 완료시킨다. 이때가 바로,

이 하이 티켓 클로징 스킬을 활용할 수 있는 부분이다.

이 스킬은 또한, 본인 사업을 운영하는 사람에게는 매우 귀중한 스킬이다. 만약 당신이 앞서 설명한 사진관이나, 통역사, 카피라이터, 컨설팅 등등의 사업을 운영한다면, 당신이 하고 있는 일의 비용을 더 많이 청구하고 싶을 것이다.

이 하이 티켓 클로징 스킬이 없다면, 당신은 오로지 가격으로만 경쟁할 수 있을 뿐이다. 당신이 시장에서 가장 저렴한 가격을 내세워 경쟁에서 이겼다면 이겨도 이긴 것이 아니다.

이 하이 티켓 클로징 스킬은 그동안 약 150개 나라의 학생들에게 가르쳐준, 내가 가장 선호하는 고소득 스킬 중 하나이다. 이것에 대해서는 챕터 7 '판매의 문을 열어라'에서 더 자세하게 배울 수 있다.

여기서 어떻게 전화를 통해 하이 티켓 거래를 성사 시킬 수 있는지 좀 더 면밀하게 살펴보도록 하자.

최고의 고소득 스킬

지금까지 설명한 스킬들은 전부 고소득 스킬로써 충분한 잠재력을 가지고 있는 것들이지만, 이 중에서도 내가 특별히 선호하는 세 가지의 고소득 스킬이 있다.

하이 티켓 클로징, 카피라이팅, 그리고 디지털 마케팅이 그것이다.

이 스킬들은, 어떤 사업을 하더라도 그 사업의 이익을 창출할 수 있도록 도와주거나, 새로운 고객들을 유입시키는데 가장 적합하다. 때문에, 최고의 고소득 스킬이 될 수 있다.

이러한 고소득 스킬들은 불황에 강하고, 수익에 있어 가장 큰 잠재력을 가지고 있으며, 경기변동에 상관없이 회사들은 언제나 이러한 고소득 스킬들을 필요로 할 것이다.

경기가 좋으면, 기업들은 더 많은 고객을 유치하기를 원한다. 경기가 나빠도, 기업들은 더 많은 고객을 원한다.

어느 쪽이든 간에, 이 세 가지 고소득 스킬을 가진 사람들은 언제나 수요가 있다.

이는 유행에 뒤떨어질 일도 없다. 인공지능과 로봇 역시 절대 이를 무너뜨릴 수 없다. 사람의 손길이 필요한 거래는 언제나 존재할 것이기 때문이다.

당신은 이런 생각을 할 수도 있다.

"하지만 댄, 난 세일즈하는 사람도 아니고 마케터도 아닌데요. 이걸 어떻게 나한테 적용할 수 있죠?"

이 스킬의 가장 좋은 점은, 응용에 제한이 없으며 누구도 배울 수 있는 스킬이라는 것이다.

나는 인생의 어느 지점에 있는 사람이든 상관없이, 다양한 상황의 사람들을 엄청나게 많이 가르쳐왔다. 그리고 대부분의 사람들은 판매와 관련 있는 직종인 것도 아니었다. 그런데도 그들은 나의 강의를 듣고 훌륭하게 자기 사업에 적용하여 큰 성공을 거두었다.

물론, 위에서 내가 말한 고소득 스킬이 아닌 당신만의 뛰어난 스킬이 있을 수도 있다. 그 스킬을 발전시키는 방법을 배워 보자.

처음 자전거 타는 법을 배웠을 때를 기억하는가? 처음에는 무섭고, 아마 몇 번인가 넘어지기도 했을 테지만, 두 개의 바퀴로 중심을 잡는 것이 익숙해지면서, 점점 재미있어지지 않던가.

한 번 배워두면, 자전거 타는 법은 영원히 당신 것이 된다. 당신이 어떻게 자전거를 타는지 잊어버릴 일이 없다.

고소득 스킬도 이와 마찬가지이다.

어떻게 당신의 고소득 스킬을 개발할 것인가?

자, 이제 당신은 고소득 스킬이 주는 힘에 대해서 이해했으니, 당신 스스로도 당신만의 스킬을 발전시켜 보아야 하지 않겠는가?

먼저 당신은 대부분의 사람들에게 있어 그들이 고소득 스킬을 배우는 것을 막는 장애물에 대해서 무엇인지 알아야 한다.

이러한 장애물은 정보나 자원의 부족이 아니다. 그것보다 좀 더 심오한 무언가이다.

인터넷과 자동화, AI, 로봇, 가상현실 등 과학의 발전으로 모든 일자리가 사라지진 않겠지만 단순업무나 생산직은 직격탄을 맞는다.

제조업 농경이 기계화로 대체 되고 공장은 자동화시스템, AI, 로봇에 의해 통제되어 생산효율을 높일 것이다

새로운 시대를 살아내려면 사람만이 할 수 있는 새로운 직업을 찾아야 하고 돈을 모으고 제대로 투자하고 대체 될 수 없는 고급 스킬을 익혀야 한다.

Chapter 5

왜 어떤 사람은 다른 사람보다 더 성공할까?

적합한 유형 : **우리에 갇힌 사자, 사슬에 묶인 마법사,**

무고한 죄인, 정신없는 보물 사냥꾼, 조난자

대체 무엇이 사람들을 주저하게 만드는가?

나는 내 인생 내내, 이 질문에 대한 대답을 찾기 위해 애썼다.

왜 어떤 사람들은 다른 사람들보다 더 성공할까? 우리는 전부 같은 능력을 가지고 있어 보이는데도, 대부분의 사람들은 이루고자 하는 바를 달성하지 못한다.

어떤 사람이 '아, 난 못해.'라고 말하는 것을 들을 때면 나는 궁금해진다.

"어떻게 하는지를 모른다는 거야? 아니면 하고 싶지 않다는 거야."

우리 모두에게는 어떤 것을 이뤄낼 수 있는 힘이 있는데 하지 못한다고 하는 것은, 그것을 이루는 데 필요한 지식이 부족하다는 것인가, 아니면 이뤄낼 의지가 부족하다는 것일까?

대부분의 사람들은 '잘 알지 못하기 때문에…….' 즉, 지식의 부재가 그들을 주저하게 만든다고 생각한다.

어떤 일을 시작할 때, 대부분의 사람들은 제일 먼저 '하는 방법'을 찾아본다.

예컨대 사람들은 '몸무게를 줄이는 방법', '비즈니스를 시작하는 방법', '연봉을 인상하는 방법', '승진하는 방법' 등 이것을 어떻게 하는지, 저건 어떻게 하는지 하는 방법을 찾는다.

예를 한 번 들어보자. 당신은 다이어트를 할 수 있는 방법을 아는가?

살을 빼는 방법에 대해 찾아보면, 수십 가지의 다양한 다이어트 방법들이 나온다. 이 방법들은 당신이 몸무게를 줄이는 데 반드시 도움이 될 것이라고 보장한다.

황제 다이어트, 채식 다이어트, 비건 다이어트, 단식 다이어트, 생식 다이어트…….

이 밖에도 수없이 많은 방법들을 찾을 수 있을 것이다. 그러나, 정말 몸무게를 줄이는 것을 생각해보면, 사실 우리는 어떻게 해야 하는지 다 알고 있지 않은가?

"적게 먹고, 많이 움직이기!"

이 두 가지 문장으로 정리될 수 있다는 사실을 너무 잘 알고 있다.

무엇을 해야 하는지 이미 알고 있는데 왜 하지 않는 것인가? 왜 매번 미루기만 하는가?

이를 보면, 문제는 우리가 어떻게 하는지 몰라서가 아닐 수 있다. 진정한 문제는, 실행하지 않는다는 것이다.

사실이지 않은가? 우리의 문제는 지식의 결핍, 즉 몰라서가 아니다.

당신이 살을 빼고 싶다면, 승진하고 싶다면, 사업을 시작하고 싶다면, 그 외의 무엇이든 이루고 싶은 것이 있다면, 당신도 나도 우리 모두가 알고 있는 것, 의지와 인내를 가지고 실행하는 것이다.

또 다른 이유로는 당신이 너무 많이 알고 있어서 일수도 있다.

어떤 것을 하고 싶을 때 당신은 인터넷에서 정보를 찾을 것이다.

얼마나 많은, 팟캐스트들이, 서적들이, 블로그들과 기사들, 혹은 동호회, 카페 등에서 원하는 것에 대한 정보를 볼 수 있는가? 아마, 수만 개의 정보들이 끝도 없이 떠오를 것이다.

한 가지를 찾아보았을 때 얻을 수 있는 정보의 양은, 당신이 수십 년을 내내 읽어내려간다고 해도 다 끝내지 못할 정도로 많을 것이다.

대부분의 경우, 정보와 '어떻게 하는지'에 관한 조언은 필요 이상으로 많다. 그래서 사람들은 정보에 압도된다. 사람들은 일단 당황하고 생각한 뒤에, 행동하지 않는다.

이것이 바로 사람들을 주저하게 만드는 것이다. 정보의 부족이 아니라, 오히려 너무 많은 정보에 접근이 가능하기 때문에 주저하게 된다.

정보의 바다에 빠져 있으면서, 사람들은 여전히 현명한 지혜에 목말라 한다.

세상에는 수도 없이 많은, 어떻게 목표를 달성하는지에 대한 정보가 널려 있다. 정보의 부족은 문제가 될 수 없다.

지혜의 부족이 문제인 것이다.

대부분의 사람들은 정보의 바다에 빠져 있으면서, 현명한 의견에 목말라 한다.

왜 우리에게는 더 적은 지식(知識), 더 많은 지혜(智慧)가 필요한가?

지식은 당신을 행동하게 할 수 있는 가능성을 주지만, 지혜는 당신의 지식을 행동으로 실행할 수 있게 해주는 힘이다

지식은 널렸지만 현명함은 귀하다.

지식은 너무 많아서 더 적게 알아야 하고, 동시에 현명함은 너무 귀해서 더 요구된다.

너무 많은 지식은 당신에게 혼란을 주지만, 적절한 현명함은 당신에게 지식과 더불어 힘도 얻을 수 있게 해준다.

> **우리가 문제를 만들 때 사용했던 것과 같은 생각으로는,**
> **문제를 해결할 수 없다.**
>
> - 알버트 아인슈타인

우리가 막혔을 때 해야 할 것은 무엇인가?

당신이 어떤 문제에 막혀있을 때, 진정한 해답은 당신이 알고 있는 이외의 것, 다시 말해서 당신 생각의 외부에 존재한다.

내가 말하고자 하는 것이 무엇인지 함께 살펴보자.

자, 여기 상자 하나를 상상해보자. 이 상자 안쪽은 '당신이 알고 있는 것'이다.

당신의 자아(ego), 경험, 그리고 당신이 가지고 있는 모든 신념들은 전부 이 상자 안에 해당한다. 대부분의 사람들의 경우, 이 상자는 아주 작은 편이다.

자, 이제 이 '당신이 알고 있는 것' 옆에 더 큰 상자를 만들어보자. 이 부분은 '당신이 모르는 것'을 나타낸다.

이 아랫부분은 훨씬 더 크다. 당신이 모르는 것이 아는 것보다 더 많기 때문이다. 그런데, 더 재미있는 것은 지금부터다. 자, 이제 이 원형 주변에 넓은 공간을 한 번 입혀보자.

이 공간은 '당신이 모른다는 것도 모르고 있는 부분'을 나타낸다.

자, 대부분의 사람들은 자신들이 막혀있는 것, 문제점이 무엇인지 모른다.

사람들은 보통 '내가 X와 Y하는 방법을 알아내기만 하면 난 성공할 수 있을 거야'라고 생각하기 때문에, 더 많이 배우고 더 많은 지식을 얻고자 한다.

그러나 현실에서는, 그들은 그들에게 영향을 미치고 있다고 깨닫지도 못하는, 보이지 않는 힘에 의해 저지당하고 있다.

지금은 약간 뭐가 뭔지 혼란스럽게 들릴 수도 있겠지만, 계속 들어보라. 예시를 하나 주겠다.

자, 당신이 차를 운전하고 있다고 생각해보자. 엑셀을 밟아서, 차가 앞으로 갈 수 있게 된다. 그런데 차가 평소보다 속도가 잘 나지 않는다. 무엇때문인지 당신은 알지 못한다.

"음, 엑셀 페달을 충분히 밟지 않았나 보군. 더 세게 밟아야겠네."

당신은 엑셀을 더 세게 밟아보지만, 차는 여전히 달팽이처럼 굴러간다.

대부분의 사람들이 문제에 직면했을 때 보여주는 양상이다.

무언가 잘못되기 시작했을 때, 그들의 해법은 보통 '더 열심히 하기'이다. 마치 이 상황에서 엑셀을 더 세게 밟는 것과 같이.

사실 이 차는 지금 비상 브레이크가 잠겨있다. 엑셀을 더 밟는 것이 아니라(더 열심히 하기, 혹은 많이 하기) 비상 브레이크(진정한 문제)를 풀어야 한다.

이 비상 브레이크의 존재를 알지 못해서 혹은, 까먹어서 차의 속도 문제를 해결하지 못하고 있는 것이다.

때때로 사람들은 '비상 브레이크'가 걸려 있다는 사실을 모른다!

자, 당신이 이 비상 브레이크를 풀 수 있다고 생각해보자. 다시 앞으로 힘차게 나갈 수 있지 않겠는가?

언제나 같은 문제로 고생하는 사람들의 문제가 바로 이것이다.

그들이 열심히 일을 하지 않아서가 아니라, 이러한 '비상 브레이크'가 걸렸다는 것을 모르는 것이 문제다.

다른 게 걸려 있는 것을 모르고 그저 열심히, 더 많이 일해서 해결하려고 하는 것이 문제인 거다.

자, 그렇다면 이 '비상 브레이크'는 무엇을 의미하는가? 이는 당신의 성공을 막아서는 보이지 않는 힘이다. -

나는 이것을 '보이지 않는 사슬(invisible chain)'이라고 부른다.

수만 명의 사람들을 직접 만나거나, 혹은 온라인을 통해 가르치고 나서 나는 그들이 가지고 있는 '보이지 않는 사슬'이 그들의 목표를 이루는 데 가장 큰 방해물임을 알게 되었다.

때때로 이 사슬은 '보통(평범)'이라는 사회적 통념 아래 평시에는 잘 숨겨져 있어서 잘 알아볼 수 없다.

그러나 당신이 세심히 살펴본다면, 이것으로 인해 당신이 얼마나 묶여 있는지, 제한되어왔는지 알 수 있을 것이다.

때때로 이 사슬은 우리가 사회에 잘 적응할 수 있도록 어린 시절에 주입 받은 잠재 의식적 신념일 수도 있다. 우리가 당당히 일어서서 성공적이고 뜻깊은 삶을 살고자 할 때마다 이 잠재의식 속의 신념들이 우리를 막아서는 것이다.

이 보이지 않는 사슬은 나이가 될 수도 있고, 우리가 현재 살고 있는 주변 환경일 수도 있다. 이것들은 너무나도 일상적이어서, 우리는 의문조차 느끼지 못한다.

당신이 이 보이지 않는 사슬을 알고 있는지 한번 살펴보기로 하자.

7개의 보이지 않는 사슬

보이지 않는 사슬 1 : 천천히 부자가 되어라

당신은 왜 더 많은 돈을 원하는가? 물론, 그냥 뭔가를 더 많이 사고 싶어서일 수도 있다. 가족과 더 많은 시간을 보내고 싶어서일 수도 있다.

당신이 진정으로 즐길 수 있는 것들, 여행을 하거나, 새로운 경험을 쌓고 싶어서일 수도 있고, 당신의 인생에서 원하는 것을 더 할 수 있도록 더 많은 '시간'이 필요해서 많은 돈을 원하는 것일 수도 있다.

당신이 현재 하고 있는 일을 싫어한다면, 그로부터 탈출하고 싶어서 많은 돈이 필요할 수도 있다.

대부분의 사람들은, 당신이 가진 돈이 얼마냐 하는 것을 부의 척도로 삼는다. 그렇지 않다. 부의 척도는 시간이다. 더 빨리 돈을 벌 수 있다면, 더 빨리 부자가 될 수 있다. 자, 여기 내가 증명해 보이겠다.

자, 당신이 일 년에 25,000불을 벌어들인다고 가정해보자. 이것을 40년 동안 한다고 치면, 당신은 얼마나 버는 것인가?

$25,000 \times 40년 = 1,000,000$

백만 불은 아주 많은 돈이다. 동의한다. 문제는, 당신이 백만 불은 버는 것에 있지 않다. 백만 불을 버는 데 40년이 걸린다는 사실이다.

그런데 이 돈을 버는 데 걸리는 시간이 40년이 아니라 1년이라면, 그래도, 당신은 40년을 들여서 할 것인가?

1년에 백만 불을 번다는 것은 달리 말해서 당신은 40배 빨리 백만 불을 번 것이고, 이는 다른 사람보다 40배 빨리 부자가 되었다는 것이다.

이것이 왜 '부(富)'를 돈이 아닌 시간(時間)을 척도(尺度)로 하여 생각해야 하는가'이다.

그러니까, 쉽게 말해서 부자가 되고 싶다면, 천천히 하는 것보다 빨리 하는게 더 좋다는 말이다.

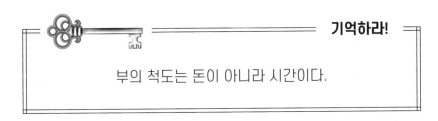

기억하라!

부의 척도는 돈이 아니라 시간이다.

대부분의 사람들이 '빨리 부자가 되는 법'을 고민할 때, 혹은 누군가로부터 그러한 방법을 들을 때, 보통 이것이 사기라고 생각하거나, 뭔가 수상한 구석이 있다고 여길 것이다.

그러나 부는 돈이 아니라 시간으로 측정된다고 했으니까, 이 '빨리 부자가 되는 방법'은 사실 부자가 되는 유일한 방법이기도 하다.

이러한 '빨리 부자가 되는 방법'은 사기일 거라는 흐름이 바로 사회에서의 '보이지 않는 사슬'이다. 빨리 부자가 된다는 것이, 노력이 전혀 필요치 않다는 말은 아니다. 여전히 당신은 죽어라고 노력해야 한다.

차이점은, 어떤 사람들은 40년을 열심히 일하고서도 편안한 마음으로 은퇴할 수 없는데, 당신은 빠른 시간 안에 부자가 되는 것이다.

돈은 가치창조로 얻어지는 부산물이다.

가치 창조 × 제공 받은 사람 = 벌린 돈

더 많은 돈을 벌고 싶다면, '더 높은 고급의 가치를 제공'하던지, 가치를

'더 많은 사람에게 제공'하던지 하면 된다.

신경전문의가 높은 소득을 올리는 것은 그들이 대체 불가능한 분야의 전문가로 환자 한 사람에게 제공하는 가치가 매우 크기 때문이다.

마크 주커버그나 스티브 잡스, 엘론 머스크 같은 인플루언스(사회적 영향력이 강한 사람)들이 돈을 잘 버는 것은 그들이 수백만 명의 사람들에게 가치를 제공하기 때문이다.

즉, 당신이 더 많은 돈을 벌고 싶다면, 당신 스스로에게 해야 할 질문은 '어떻게 내가 더 고급 가치를 더 많은 사람에게 제공할 수 있는가?'이다.

당신이 고소득 스킬을 가지고 있다면, 당신의 수익은 기하급수적으로 늘어날 수 있다. 당신은 더 높은 가치로 더 많은 사람들을 도와줄 수 있다. 이것으로 당신은 더 빨리 돈을 벌 수 있다.

당신은 일하는 업무 시간이 아니라, 당신이 시장에 직접 제공해 줄 수 있는 고급의 가치로 더 많은 돈을 벌 수 있는 것이다.

사슬을 끊을 수 있는 열쇠는? : 돈은 속도를 사랑한다.

보이지 않는 사슬 2 : 당신이 현재 가지고 있는 자아상

"당신은 당신이 원하는 사람이 될 수 없다. 왜냐하면 인간은 스스로 인식하고 있는 나 자신을 고수하려는 습성이 강하기 때문이다."

당신이 아는 사람 중에, 10년, 20년 혹은 30년 이상 함께 했는데도 불구하고 여전히 스파크가 튀고, 열정적이고, 언제나 불붙은 듯한 관계를 유지하는 커플이 있는가? 반면에, 만난 지 얼마 되지도 않았는데 언제나 서로를 못마땅해하는 커플은?

당신은 일이 잘 풀리지 않아도 언제나 긍정적이고 행복해하는 사람을 아는가? 이와 반대로, 일이 잘 풀릴 때에도 항상, 언제나 불평불만으로 가득한 사람은?

이러한 모습 뒤에 존재하는 것이, 우리 시대에 가장 중대한 심리학적 발견인 자아상(셀프 이미지)의 개념이다.

나는 이 개념을, 나의 TEDx[01]로 공유한 바가 있다.

알다시피, 당신도 나도 우리가 생각하는 스스로의 이미지가 있다. 거울 앞에 섰을 때 보여지는 부분은 우리의 신체적인 형태로, 이것은 우리가 스스로 생각하는 우리의 모습과는 조금 다르다.

거울에 보이는 신체적 형태는 자아상이 아니다. 당신의 자아상을 보기 위해서는, 당신 생활의 모든 면을 살펴보아야 한다.

당신의 몸, 당신이 일할 때의 자세, 당신 인생에 존재하는 사랑, 당신의 현 수입. 이러한 것들이 외형상으로 표현된 당신에게 내재된 자아상이다.

자아상은, 당신이 생각할 때 당신에게 적합하다고 여겨지는 것이다. 당신이 무엇을 하거나 이루어 낼 때 보여지는 당신의 모습이다.

대부분의 사람들은 문제점이 그들 내부에 존재하는 것도 모른 채 외부상황을 수정함으로써 자신의 몸이, 재정상황이, 인간관계가, 혹은 수입이 변화하기를 바란다.

셀프 이미지는 자기 성취적 예언이다.

즉, 셀프 이미지는 자신의 결과를 말해주는 예언이나 마찬가지이다.

왜냐하면 인간은 스스로 인식하고 있는 나 자신을 고수하려는 습성이 강하기 때문이다

당신이 만약 스스로를 보수적이고 안전을 추구하는 사람이라고 생각한다면, 당신은 번지 점프나 스카이다이빙에 도전하겠는가?

---

01) TED: T(Technology, 테크놀로지), E(Entertainment, 엔터테인먼트), D(Design, 디자인) 분야의 사람들이 모여서 여는 연례 컨퍼런스로 '퍼뜨릴만한 가치가 있는 아이디어(Ideas worth spreading)'를 기치로 내세우는 미국의 비영리 재단으로 1984년 설립되었다. 최근에는 과학에서 국제적인 이슈까지 다양한 분야와 관련된 강연회를 개최한다. 강연회에서의 강연은 18분 이내여야 한다. 초대되는 강연자들은 각 분야의 저명인사와 괄목할 만한 업적을 이룬 사람들이 대부분인데 이 중에는 빌 클린턴, 앨 고어 등 유명인사와 노벨상 수상자도 많이 있다. 일반인들도 자신의 생각을 전하는 TED의 경험을 하고 싶어서 만들어진 것이 TEDx다.

당신이 스스로를 외향적이고 사회적이라고 생각하는 사람인데, 파티에서 혼자 벽을 보고 서 있겠는가? 반면, 당신이 스스로를 내향적이고 수줍음이 많다고 생각하는데, 모르는 사람이 많은 파티에서 먼저 스스로를 소개하고 인사를 건네겠는가?

우리들 대부분은, 오래된 자아상에 갇혀 있다. 우리가 믿는 것이 가능할 것이라는 기대가 바로 그것이다.

대부분의 사람들은, 그들의 자아상을 어린 시절의 환경에서 어깨너머로 배우게 된다.

가족, 형제자매, 친구들, 선생님들, 혹은 미디어나 유명한 사람들로부터. '너는 수줍음이 많구나' 혹은 '너는 정말 사고뭉치야'와 같이 간단한 말 한마디가, 당신에게 엄청난 영향을 끼치기도 한다. 어린아이들은 들은 대로 믿기 때문이다.

이러한 현상의 문제점은, 이렇게 형성된 우리의 자아상이 우리가 되고자 하는 인물상과 매번 일치하지는 않는다는 것이다.

종종, 새로운 것을 시도하고자 할 때, 우리는 무엇보다 내면의 저항에 강하게 부딪히게 된다. '이건 내가 아니야'와 같은 느낌이 들곤 하는 것이다.

우리는 모두, 나 스스로가 바라본 내 현상태를 유지하려고 한다. 이것이 당신이 이미 알고 있는 지식대로 행동하지 못하는 까닭이다.

당신은 알고 있는 것을 하는 것이 아니라, 있는 그대로 행동한다. 당신이 투영하는 스스로의 자아상에 따르게 되는 것이다.

여기서 슬픈 사실이 무엇인지 아는가? 가끔 사람들은, 자신의 현 상태와 맞추기 위해 스스로의 자아상을 깎아내리기도 한다는 것이다.

삶에 치이고 치이는 동안, 그들은 스스로도 모르는 새 포기하고 만다.

좀 더 나은 삶을 살기 위해 노력하지 않게 된다.

그들은 스스로에게 '그냥 이럴 수밖에 없는 건가 봐.'하고 포기하게 만든다. 기준을 높이는 대신, 기대를 낮춰 현실과 맞게 만드는 것이다.

천만다행인 것은, 반대로 하는 것이 가능하다는 것이다.

당신이 당신의 자아상을 더 높이 개선 시킬 때, 당신은 스스로 더 많은 것을 달성하고자 하는 놀라운 욕구를 느낄 수 있을 것이다.

먼저 자신의 자아상을 개선 시켜라. 그러면 행동은 곧 따라올 것이다.

동기부여 없이 훌륭한 습관을 만드는 방법

나에게는 마이크라는 친구가 있었다. 그는 매일 아침 6시 정도에 기상하여 한 시간 정도 조깅을 했다. 그에게 이 아침 조깅을 그만두도록 하는 것은 아무것도 없었다.

하루는 내가 그에게 물었다.

"마이크, 당신은 어떻게 스스로를 그렇게 완벽하게 절제할 수 있고, 매일 아침 조깅을 하도록 동기부여를 할 수 있죠? 당신의 비밀은 무엇인가요? 단 하루도 당신이 오전 조깅을 빼먹는 걸 본 적이 없네요!"

마이크는 이상하다는 듯이 나를 쳐다보곤 대답했다.

"댄, 나는 러너니까 뛰는 거에요."

그가 말한 것은 부정할 수 없는 사실이었다.

그는 매일 아침, 동기부여용 테이프 따위를 듣거나, 그의 달리기 일정을 스케줄표에 써 넣거나, 달리기 선생을 고용하거나 따위의 행위는 하지 않았다. 그는 그냥 러너였다. 동기의 원천은 절제에서 오는 것이 아니었다.

그의 동기의 원천은, 그의 자아상으로부터 온 것이었다.

당신이 강력한 자아상을 갖고 있다면, 강력한 습관은 따라오게 되어있다. 당신이 건강한 습관을 갖고 있지만 약한 자아상을 가지고 있다면, 당신은 이 약한 자아상을 따라가게 될 것이다.

나는 엄청나게 다이어트에 성공하고서도 다시 곧 도로 살이 쪄버리는 사람들이 이런 현상의 나타남이라고 생각한다. 그들은 식단이나, 운동계획을 따르지 않아서가 아니라, 자신을 특정한 몸무게의 사람으로 보기 때문에, 현실이 이러한 그들의 기대에 맞춰진 것이다.

드림카를 갖는 방법

내 커리어가 점점 피어나기 시작할 때, 내 마음속에 꿈꾸던 드림카가 있다. 마쯔다 RX-8. 나는 내가 원하는 것을 정확히 알고 있었다.

차의 옵션이나 색깔 등등, 나는 내가 이 차를 가지려면 얼마의 돈이 필요한지 십원 단위까지도 정확하게 알고 있었다.

문제는, 이 차가 내 예산에 비해 너무 비싸다는 것이었다. 그러나, 나는 나의 기대수준을 낮추지 않았다

"있지, 이 차는 마쯔다는 아니지만, 뭐 그냥 내가 원하는 그런 스타일은 맞는 것 같아. 내 예산에 맞기도 하고. 그냥 이거 살까 봐."라고 말하지 않았다.

아니, 내가 원하는 것은 마쯔다 RX-8이다. 그리고 나는 이 차를 사 낼 것이다. 다른 어떤 차도 필요 없다.

나는 내 스스로가 이 차를 타고 운전하는 모습을 상상할 수 있었다. 핸들은 어떤 느낌으로 움직이는지까지도 내 손으로 느낄 수 있을 정도였다.

나는 이 차를 점점 더 시각화했다.

가죽 시트에서 풍기는 내음을 상상했다. 내 마음속에서, 나는 차의 아주 작은 디테일까지도 볼 수 있었다. 이걸 좀 더 리얼하게 만들기 위해, 나는 차를 구매할 여력이 안 되는 시절에도 대리점에 가서 테스트 드라이브를 하기도 했다.

그것도 여러 번을! 물론, 매번 다른 대리점에 가서 시도해야 했다. 쫓겨날 수도 있으니 말이다.

중요한 점은, 내 마음속에서, 나는 이미 이 차의 오너였다는 것이다. 거리에 같은 차가 지나갈 때면, 나는 그 차를 가리키며 친구에게 이렇게 말하곤 했다.

"저거 내 차랑 같은 거야."

"뭔 소리야?"

"방금 저 차, 마쯔다 RX-8 있잖아. 저거 내 차랑 같은 거야."

"뭔 소릴 하는 거야? 네 차는 저렇지 않잖아."

"기다려 보라구. 저게 내 차야."

친구는 나를 미친놈 보듯 쳐다보더니, 이내 대화 주제를 바꿨다.

그리고 얼마 후, 마침내 나는 그 차를 살 수 있게 되었다. 나는 대리점에 가서 그 차를 가리키며 그 자리에서 바로 구매했다. 후에 딜러가 말하기를, 이보다 빨리 차를 팔아본 적이 없다고 했다.

당신은 내가 이 차를 구매한 후, 어떻게 느꼈을 거라 예상하는가?

대부분의 사람들은, 아마 내가 너무너무 황홀한 기분이었을 것 같다고 말한다. 그렇게 오랫동안 이 차를 갖기 위해 열심히 일해왔으니까.

그런데, 사실은 아무 느낌도 없었다.

나는 그냥 다른 어느날과 똑같은 느낌이었다. 왜냐하면 나는 그 차를, 내 마음속에서 이미 여러 번 타 보았으니까. 그래서 마치 내가 이 차를 사기 아주 오래전부터, 이 차의 오너였던 것 같은 그런 기분이었다.

사회의 일반적인 상식은 이렇게 말한다.

"내가 볼 수 있을 때만 믿는다."

그런 식으로는 안 된다. 당신은 자신의 꿈을 먼저 시각화하고, 그러고 나서 그것이 마치 현실인 것처럼 여기고 살아야 한다. 그러고 나면 그것이 이루어질 것이다.

그러니까, 당신의 기대를 낮추어 현재의 상황에 맞추지 말고, 당신의 꿈이 이미 이루어진 것처럼 살아라. 그러면 당신의 현실이 기대에 맞춰 따라오게 될 것이다.

사슬을 끊을 수 있는 열쇠는? : 꿈이 이미 이루어진 것처럼 살아라.
그러면 당신의 현실이 꿈에 맞춰 따라올 것이다.

보이지 않는 사슬 3 : 부정적인 친구들과 가족들

어느 날, 신사 한 분이 해변가를 걷다가 양동이 가득 게를 잡고 있는 낚시꾼 한 사람을 만났다. 그런데, 이 낚시꾼의 양동이는 뚜껑이 없는 것이 아니겠는가? 이상하다고 생각한 신사는 낚시꾼에게 물었다.

"저기요, 실례지만 양동이에 뚜껑이 없는데요. 이러면 게가 다 기어나와 도망가는 거 아닌가요? 왜 뚜껑이 없는 양동이에 게를 담고 있나요?"

낚시꾼이 대답하기를, 이렇게 말했다.

"아, 걱정할 것 없어요. 그 안에 게가 꽤 많이 들어있거든요. 그러니까

게들이 도망갈 걱정은 하지 않아도 됩니다."

"네? 이해가 잘 안 되는데요. 그게 무슨 말씀이신가요?"

"봐봐요, 만약 게가 한 마리밖에 없으면 양동이 밖으로 기어올라 빠져나가기 쉽죠. 그런데, 이렇게 많은 게들이 한 양동이에 있으면 빠져나오려는 게를 다른 게가 잡아끌어서 다시 양동이 속으로 떨어진답니다."

이것처럼, 우리가 뭔가 다른 것을 시도하거나 성공할 것 같은 조짐이 보이면, 우리의 친구들이나 가족 혹은 우리가 가깝다고 생각하는 사람은 우리를 잡아 끌어내리곤 한다.

어떻게 보면 참 이상하게 보일 것이다. 친구들, 가족들은 모두 나를 사랑할 텐데, 왜 나를 막아선단 말인가.

음, 앞에서 말한 자아상 이야기를 기억하는가? 당신의 친구들이나 가족들도 똑같이 그들만의 자아상(셀프 이미지)를 가지고 있다는 사실을 기억하라.

어떤 사람들의 경우, 막 성공의 길로 오르려는 참이나 다음 단계로 발돋움할 수 있어 보이는 그 순간, 스스로의 자아상이 위협받는다고 느낀다.

이 순간이 그들에게 흥분이나 기대를 불러일으키기보다 과거 그들이 겪은 실패나 포기의 순간을 떠오르게 한다는 것이다.

"말도 안 돼요, 댄. 만약 나의 친구들이나 가족들이 나의 성공에 위협을 받는다면, 그들은 성공한 사람들 전부를 싫어하지 않겠어요?"

이렇게 생각하고 싶겠지만, 여기 한 가지 알아야 할 사실이 있다.

사람들이 그들과 관계없는 누군가의 성공을 보는 것은, 자신들이 학창시절을 함께 보낸, 잘 아는 사람의 성공을 바라보는 것과 전혀 다른 문제라는 것이다. 자신이 잘 모르는, 타인의 성공하는 모습을 보면 사람들은 이렇게 말한다.

"그래, 성공한 사람들이지. 근데 아마 운이 좋았을 거야."

그러나, 그들이 '당신의 성공'을 보게 된다면, 당신의 성공은 그들에게 이렇게 말하는 것과 같다.

"봐봐, 너랑 같은 곳에 있던 내가 여기까지 왔어. 나 스스로 나는 뭔가 이뤄냈다구."

이 경우, 사람들은 자신들의 성공하지 못한 모습에 대해 아무런 핑계도 댈 수가 없어진다. 그들은 이렇게 갖다 붙일 핑계거리가 없어지면, 당신을 질투하여 비판하고 조롱하기 시작한다.

그들이 양동이 속의 게들처럼 당신을 같이 끌어내리려 하는 것들이 명확하게 보이지 않을 수 있다. 하지만 당신이 성공을 위해 모험이나 리스크 있는 행동을 하려 할 때, 다음과 같은 말들은 들어본 적이 있을 것이다.

- 내가 너를 위해 희생한 게 얼만데! 너 나한테 왜 이래?
- 넌 왜 이렇게 튀려고 하니?
- 너는 왜 저 사람들처럼 될 수 없는 거니?
- 안정적인 직장을 먼저 갖고 나서 모험을 하는 게 어때?
- 너는 가족들을 위험으로 몰아넣고 있어!
- 이건 너답지 않아, 너 변했어.
- 네가 그런 걸 해내리라곤 생각하지도 않았어.
- 너는 항상 그 모양이야.
- 너는 절대로 그런 일은 못 해!
- 왜 내 얘기를 듣지 않는 거야!
- 바보처럼 굴지 마!

•너 또 몸이 불었구나. 먹는 걸 신경 쓰라고 했잖아!"

이런 말들을 들어본 적이 있는가?

이러한 비판 속에서 성공하려고 노력하는 삶이 어떨지 상상해볼 수 있겠는가? 이는 마치, 100킬로 정도의 짐짝을 등에 얹고 등산하는 것과 마찬가지인 기분일 것이다.

비판은 당신의 개인적 인생과 직업적 인생에서, 나아가 일반적인 사회생활을 해 나가는 데에도, 가장 큰 파괴력을 행사한다.

하지만 여기 다른 누군가에게서 듣는 비판의 부정적인 충격을 완전하게 극복하고, 그것이 당신의 인생에서 행사하는 어떤 부정적인 결과도 지워버릴 수 있는 방법이 있다. 그 방법은 당신이 스스로 정해놓은 한계에서 벗어나 자신의 본래 모습을 되찾고 당신이 진실로 이루고자 하는 것을 이루도록 해줄 방법이다.

비판의 부정적인 영향을 없애는 방법은, 위험을 무릅쓰고 직접 부딪치는 것이다. 그것을 무시하거나 그것에 무감각해져서는 안 된다. 당신 스스로를 비판에서부터 지키는 방법도 배우지 말아라. 비판의 부정적인 영향을 없애는 유일한 방법은, 그것을 다루는 올바른 방법을 배우는 것이다.

비판을 다루는 올바른 방법은 단 한 가지이다. 당신이 받게 되는 비판은 그 원천, 정확성, 그에 대한 당신의 반응, 이 세 가지에 따라 최고의 동지가 될 수도 있고, 나쁜 적이 될 수도 있다. 그리고 그것이 당신을 정복하는 적이 되거나 지원해주는 동지가 되는 것은 오직 당신의 선택에 달려 있다.

그것이 적으로서 당신을 찾아온다 할지라도, 당신에게 큰 도움을 줄 동지로 돌려놓을 수도 있다.

이런 말이 있지 않는가.

"네가 어울리는 친구들이 곧 너의 미래이다."

이것은 정말이다. 우리는 우리를 둘러싸고 있는 가까운 사람들의 영향을 받지 않을 수 없다.

당신이 속한 곳의 사람들을 바꾸지 않고 당신의 인생을 변화시키는 것은 굉장히 어려운 일이다.

생각해보라. 당신의 가까운 친구들이 전부 흡연자이면, 당신이 비 흡연자로 남아있는 것이 참 어렵지 않겠는가? 당신이 비흡연자로 남을 수 있다고 하더라도, 당신은 간접흡연에 노출될 것이다. 이는 흡연자가 되는 것보다 오히려 더 나쁠 수도 있다.

반면에, 당신이 잭 마, 엘론 머스크, 워렌 버핏 같이 영감과 자극을 줄 수 있는 사람들에 둘러싸여 하루 대부분을 보낼 수 있다면? 이런 환경이라면 당신의 인생은 더 나아질 수 있을까?

사람들이 나의 '하이 티켓 클로징' 자격 프로그램에 참여하기로 할 때는 그들은 이 스킬만 배울 생각으로 온다. 그들이 몰랐던 것은, 이것이 곧 자신들이 비슷한 마음가짐을 가진 서로를 지지해 주는 글로벌 커뮤니티에 참여하게 되는 것이라는 사실이다.

이 프로그램에 참여하는 몇 시간 동안, 그들은 수많은 칭찬과 환영, 축하를 받는다. 대부분의 사람들은 우리 커뮤니티 사람들이 얼마나 긍정적인 사람들인지에 대해 크게 놀란다.

과정이 끝나고 나면, 당신은 스킬 뿐만 아니라 당신의 앞날을 지지해주고 응원해주는 많은 사람들도 함께 얻어가는 것이다.

이는 '네가 뭘 한다고'와 같은 말만 하는 주변 사람들에게 익숙해졌던 사람에게는 한 줄기 신선한 바람과 같은 것이다.

당신이 어떤 상황이든지 간에, 언제나 당신을 응원하는 사람들이 주변에 있다면 얼마나 쉽게 이를 헤쳐나갈 수 있을지 상상해 볼 수 있겠는가?

이것이 당신의 사회적인 인맥을 바꿈으로써 얻을 수 있는 힘이다.

당신 주변의 사람들이 긍정적이라면, 당신도 긍정적일 수밖에 없어진다. 중요한 것은, 당신이 직접 당신의 친구들을 고를 수 있다는 것이다.

당신의 인생에서 뭔가를 빼앗아갈 사람이 아닌, 플러스를 해줄 수 있는 사람과 시간을 보내라.

사슬을 끊을 수 있는 열쇠는? : 당신이 가장 많이 어울리는 사람이 곧 당신이다.

보이지 않는 사슬 4 : 당신의 안전지대

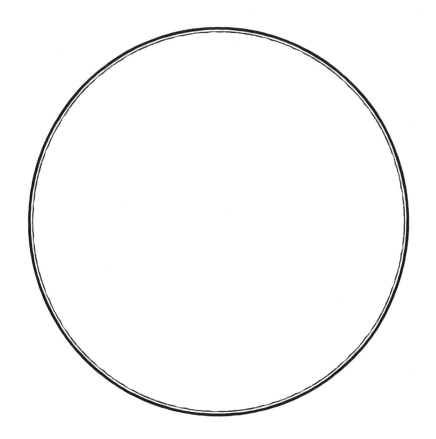

'강력한 연습문제'를 하나 같이 해보자.

이 연습문제를 통해, 나의 학생들은 성공과 안정을 바라보는 시각을 변화시킬 수 있었다. 자, 일단 펜을 하나 가져오라. 진지하게 말하는데, 이 부분이 굉장히 중요하다. 펜을 하나 가져와라.

위에 보면 큰 원 하나가 그려져 있다. 그 원 안으로, 당신이 현재 가지고 있는 것을 적어보라. 차라던가 집, 가족, 친구들, 직업, 수입, 배우자, 취미 등등 당신이 가지고 있는 것들을 적어보라.

지금부터 1~2분간 원을 채워 넣어 보아라.

지금 책을 읽고 있는 당신도 직접 적어 볼 것을 강력히 추천한다. 직접 적는 것과 생각만 하는 것은 결과에 큰 차이가 있다.

이제 원 바깥에 당신이 가지고 싶으나 현재 갖고 있지 않은 것, 더 나은 집이라던가, 다음에 바꾸고 싶은 차, 가고 싶은 관광지, 자유, 수입의 증가 등등 뭐가 되었든 원하는 것을 적어보자.

역시 1~2분 정도의 시간 내에 적어라. 이때, 스스로에게 한계를 두지 마라. 당신이 원하는 것 전부 다 그냥 적어 내려가라.

자 여기까지 잘 따라왔다면, 이제 원 안에는 당신이 가진 모든 것들이, 당신이 원하지만 현재 갖고 있지 않은 것들은 원 바깥에 적혀 있을 것이다. 이걸 하는 이유는 무엇일까?

자, 원 안은 당신에게 있어 안전지대이다. 사람은 습관의 동물이다. 우리는 같은 것을 반복해서 하기를 원한다. 우리가 하는 것들을 잘 살펴보면, 대부분의 하루하루는 비슷비슷하게 반복될 것이다.

우리는 같은 음식을 먹고, 같은 장소에 가고, 같은 사람들과 어울리고, 같은 일을 한다. 우리는 변화를 좋아하지 않는다.

우리는 우리가 편안하게 여기는 방향으로 생활하려 한다. 이것이 바로 우리의 안전지대인 것이다.

대부분의 사람들은, 안전지대 내에서만 일평생 살아간다. 이것이 몇 년이 지나도 사람들이 크게 바뀌지 않는 이유이다.

그러나, 여기 흥미로운 사실이 한 가지 있다. 원을 다시 한번 들여다보아라. 자, 당신이 현재 가진 것은 안전지대 내에 있고, 갖고 싶은 것들은 안전지대 밖에 있다는 사실을 알아챘는가?

당신이 무언가 원하는 것이 있었고, 그것을 실현할 수 있었다면, 그것은 이미 당신이 가졌어야 하지 않겠는가? 당신이 어떤 것을 원했지만 가지지 못하고 있는 것은, 그것이 안전지대 밖에 있기 때문이다. 대부분의 사람들은 안전지대를 벗어나는 것을 좋아하지 않으니까 말이다.

당신이 갖고 싶지만 가지 못한 모든 것들은 안전지대 밖에 있다. 원하는 수입, 느끼고 싶은 감정, 소유하고 싶은 모든 것들이 말이다.

안전지대 밖에서 마법은 일어난다

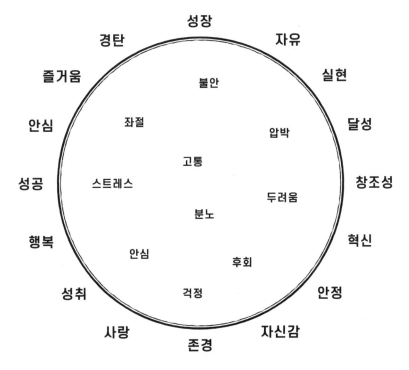

벤쿠버 외곽 쪽의 위슬러 마을로 번지점프를 하러 간 적이 있다. 당신이 하나 알아주었으면 하는 부분은, 나는 고소공포증이 있다는 것이다. 당연하게, 번지점프대 끝에 서서 가파른 아래를 내려다본 나의 심장은 그대로 멈출 것만 같았다.

번지점프 조교가 안전벨트를 채워주며 물었다.

"준비됐나요?"

"아…, 아…… 마도요."

"좋아요, 우리가 같이 셋을 세면 뛰는 겁니다. 괜찮겠어요?"

"아……, 알겠어요"

"하나……."

심장이 빠르게 뛰기 시작하는 것을 느낄 수 있었다.

"둘……."

내 다리는 얼어붙었다.

"셋!"

나는 그 자리에 그대로 얼어있었다.

"괜찮아요? 왜 안 뛰었어요?"

"음, 아……, 괜찮아요, 괜찮은 것 같아요. 다시 할게요. 이번엔, 제가 숫자를 세게 해 주세요."

"좋아요. 원하는 대로 하세요."

나는 심호흡을 몇 번 하고, 스스로에게 최면을 걸기 위해 애썼다.

"좋아, 댄. 할 수 있어, 할 수 있다고. 너는 댄 록이야. 좀 높은 것 따위, 널 겁나게 할 수 없다구. 자, 해보자. 할 수 있어."

나는 다시 점프대 끝으로 가 서서, 눈을 감았다.

"하나……."

"둘……."

"셋!"

눈을 떴다. 나는 또 뛰지 못했다. 너무너무 무서웠다. 이제 내 뒤로 점점 사람들이 기다리는 줄이 늘어나고 있었다.

사람들로부터 압력을 느끼기 시작했다.

"뭐야? 왜 저래? 못 뛰겠으면 우리가 먼저 하게 좀 비키지!"

조교는 나에게 다가와 이야기했다.

"자, 이렇게 해봅시다. 당신은 점프대 끝에서 뒤돌아서 우리를 보고, 몸을 눕히듯이 기울이세요. 우리가 안 떨어지게 이 줄을 잡고 있다가, 셋을 세는 동시에 줄을 놓을게요. 그럼 직접 안 뛰어도 돼요. 어때요, 할 수 있겠어요?"

"좋아요, 그렇게 할게요."

나는 번지점프대 끝으로 다시 한번 걸어갔다. 이번에는 바깥쪽이 아니라, 사람들 쪽을 보고 섰다. 나는 조교가 줄을 잡아주는 대로, 자리를 잡고 몸을 기울였다.

"하나…."

나는 다시 공포가 되살아나는 것을 느꼈다.

"둘…."

나는 조교를 붙잡고 매달리고 싶어졌다. 그러나 그러려고 시도하기도 전에 그가 줄을 놔 버렸다.

"으아아아아아아아악!!"

나는 바닥 쪽으로 곤두박질치며 소리 질렀다.

"으아아아아악!"

나는 번지점프 줄이 다 풀렸다가 튕겨 오르고 다시 떨어지면서 계속 소리를 질렀다.

"으아……."

다시 떨어져서 끝에 대롱대롱 매달리게 되었을 때, 숨이 가빠져서 더 이상 소리를 지를 수 없었다.

그런데, 뛰어내리고 나자 뭔가 새로운 걸 느꼈다. 내면에서 무슨 일인가 일어났다. 당신이 번지점프를 해 본 적이 있다면 내가 무슨 말을 하는지 이해할 것이다.

점프를 한 후 나는 전율을 느낀 것이다! 가슴이 철렁하는 에너지가 내 몸을 관통하는 것을 느꼈다. 나는 살아있음을 느꼈다! 나는 흥분했고, 활기를 느꼈다.

조교들이 나를 다시 끌어올렸을 때, 나는 그들에게 말했다.

"한 번 더 해요! 이거 진짜 죽여주는데요!"

이 경험으로 나는 두려움의 다른 한 면은 즐거움이라는 것을 배웠다.

즐거운 감정들은 당신의 또다른 갈망들과 함께 안전지대 밖에 존재한다. 대부분의 사람들은 안전지대에서만 살아가는 대신 후회, 두려움, 압박감 등등을 느낀다.

안전지대 밖으로 박차고 나간 사람들만이 성취감, 즐거움, 자신감을 얻어낼 수 있는 것이다.

당신의 안전지대가 당신의 소득구역이다

안전지대가 제한하는 것은 감정뿐만이 아니다. 당신의 수입도 제한한다.

만약, 당신이 벌 수 있을 것 같은 수입을 벌고 있지 않다면, 이는 보통 당신이 불편하게 여기는 것은 하지 않으려 하기 때문일 경우가 많다.

당신이 불편하게 여겨지더라도 그 불편함을 감수하고 했을 때, 편한것만 하려는 사람들보다 더 많은 소득을 올릴 수 있다.

다음에 편하게 느껴지는 행위와 불편하게 느껴지는 행위에 대한 리스트가 있다. 왜 불편하게 느껴지는 행동을 하는 용기 있는 사람들이 더 높은 잠재력을 가지고 있는지 알 수 있겠는가?

편안한 것	불편한 것
상사가 연봉을 결정하게 두는 것	당신의 가치를 스스로 정하는 것
다른 사람을 탓하는 것	스스로의 삶에 스스로 책임감을 갖는 것
문제를 지적하는 것	해결책을 제공하는 것
타인을 비판하는 것	스스로를 발전시키는 것
타인에 의해 리드 당하는 것	타인을 리드하는 것
새로운 아이디어를 포기하는 것	새로운 아이디어를 실현하는 것
섞여들어서 모두와 똑같아지는 것	튀어서 다른 사람들과 달라지는 것
짧은 즐거움을 위해 장기 목표를 희생하는 것	장기 목표를 달성하기 위해 짧은 즐거움을 희생하는 것
쉬운 것만 하기	옳은 것을 하기
두려움으로부터 도망치기	두려움에 맞서기

실패의 두려움 vs 성공의 두려움

당신은 대부분의 사람들이 실패할 것을 두려워하고, 비판 당할 것을 두려워하고, 타인 앞에서 부끄럽게 보일 것을 두려워해서 행동하지 않는다고 생각할 수 있다.

그러나 이러한 직관과는 반대로, 실패에 대한 두려움이 사람들이 행동하지 않는 주 이유가 아니라는 것을 발견했다.

미국의 소설가 하워드 필립스 러브크래프트(H.P. Lovecraft)가 쓴 〈공포 문학의 매혹(Supernatural Horror in Literature)〉이라는 소설에 이런 구절이 있다.

"사람에게 있어 가장 오래되고, 가장 강한 종류의 감정은 두려움이고, 사람에게 있어 가장 오래되고, 가장 강한 종류의 두려움은 무지에 대한 두려움이다."

대부분의 사람들이 더 대담하게 행동하지 못하는 이유는, 그들이 실패에 대해 두려움을 느끼기 때문이 아니라 오히려 성공에 대해 두려워하기 때문이다.

사람들은 성공이 이질적인 것이기 때문에 이에 대한 두려움을 느낀다. 성공은 친숙하지 않은 영역이고, 이 때문에 사람들은 자신이 생각하는 것 이상으로 성공에 대해 두려움을 느낀다.

성공은 대부분의 사람들을 불편하게 만들고, 대부분의 사람들은 행복해지기 위해 그냥 편안한 상태인 채로 남아 있고 싶어한다.

그들은 스스로에게 이렇게 말한다.

"나는 내가 행복하지 않은 것을 알고 있어. 나는 내가 어디에 있고 싶은지 알고 있지만, 뭐 적어도 지금 편하기는 하잖아. 적어도 내가 뭘 기대하는지 정돈 알고 있잖아. 성공은 무서워. 나는 내가 성공하면 어떻게 될지 모르겠어. 그리고 나는 성공이 불편하게 느껴져."

당신이 성공에 대해 두려움을 느낄 때, 이것은 다양한 방향으로 나타난다. 어떤 사람들은 평균으로 남아있기를 선택하기도 하고, 어떤 사람들은 그들의 성공을 스스로 방해하기도 한다.

두 번째의 경우는 좀 더 혼란스러운 부분이 있는데, 왜냐하면 이 경우 사람들은 그들이 할 수 있는 한 열심히 하고 있는 것처럼 보이지만, 사실 무의식적으로 다음 레벨로 성장하는 것을 억제하고 있기 때문이다.

여기 예를 들어주겠다.

나는 많은 사람들이 소위 '수입의 롤러코스터'를 타는 것을 보아왔다. 돈을 벌고, 잃는다. 또다시 돈을 벌고, 다시 잃는다. 그러나 왜 그렇게 되는지 알 수가 없다.

어찌된 셈인지, 자꾸 닿을 수 있는 성공을 자꾸만 놓친다. 이것은 형편없는 파트너쉽 때문일 수도 있고, 잘못된 판단이나 혹은, 운이 나빠서 그렇게 되었을 수도 있다.

만약 나와 마주 앉아서 '무슨 일이 있었던 건가요?'하고 당신에게 묻는다면, 당신은 이렇게 대답할 것이다.

"나도 모르겠어요. 어쩌다 보니 이미 이렇게 되어 버린 거 있죠?"

그들이 깨닫지 못하고 있는 것은, 오르막과 내리막은 스스로 만든 방해 공작의 형태라는 것이다.

공포에 대한 두려움, 당신이 모르는 '비상 브레이크'가 당신의 마음속에 걸린 상태이기 때문에, 당신이 스스로를 얼마나 열심히 다그치든 간에 가속의 시동이 꺼져버리는 것이다. 즉, 당신이 성공을 편안하게 느낄 수 있으려면, 불편함을 즐겨야 한다는 것이다.

사슬을 끊을 수 있는 열쇠는? : 불편해하는 것에 편안해져라.

보이지 않는 사슬 5 : 낮은 EQ

나는 벤쿠버에 살았는데, 겨울에는 비가 자주 내렸다. 때문에 보통의 벤쿠버 사람들은 이러한 날씨에 대해 불평하는 일이 많다.

'너무 우울해.' 혹은 '나는 젖는게 싫어.', '너무 춥단 말이야.' 등등.

나의 아내 제니를 태우고 빗속을 달리던 어느 날, 그녀가 한 말이 무엇이었는지 아는가?

"난, 비가 너무 로맨틱한 것 같아."

보다시피, 모든 것은 당신이 의미를 주기 전까지 아무 의미가 없다.

기쁨, 슬픔, 당황, 압박감, 행복, 걱정, 평온, 그 밖에도 다양한 감정들은 스스로 만들어서 느끼는 것이다. 당신이 어떤 일련의 사건에 의미를 부여하고, 그 뒤로 따라오는 감정을 느끼게 되는 것이다.

왜 어떤 사람들은 비에 대해 똑같은 방식으로 느낄 때, 같은 것에 대하여 제니는 다른 느낌을 느끼는 것인가? 같은 비인데 말이다.

이것은 단지, 같은 사건에 대해 사람들마다 다른 의미를 부여하기 때문이다.

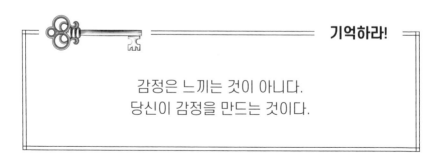

기억하라!

감정은 느끼는 것이 아니다.
당신이 감정을 만드는 것이다.

당신은 살아가면서, 당신이 완벽히 통제할 수 있는 부분이 생각보다 많지 않음을 깨닫게 될 것이다.

날씨라던가 교통상황, 경제, 시장상황, 사람들이 당신에 대해 어떤 이야기를 하는지, 자동차 사고라거나 건강 문제, 기름 가격, 이 외에도 수많은 것들은 당신의 직접적인 통제하에 있지 않다.

대부분의 사람들은 그들의 행복이나 감정의 근거를 통제할 수 없는 외부상황에 둔다. 좋은 일이 일어나면 그들은 행복하다 느낄 것이다. 나쁜 일이 일어나면 슬프거나 힘들어할 것이다.

이러한 현상의 문제점이 보이는가? 맞다. 이러한 삶에서 당신의 감정은 당신의 통제 밖에 있게 된다. 당신이 당신의 감정을 통제할 수 없다면, 당신의 마음 역시 통제할 수 없게 된다.

그중에서도 심각하게 감정에 더 많이 휘둘리는 사람들을 살펴보면, 보통 작은 일에 감정적인 영향을 많이 받는 사람이라는 것을 알 수 있다.

- 젠장! 기차가 또 연착이야!
- 맙소사, 기름값 좀 봐. 또! 올랐잖아!
- 내가 직장에서 그 여자한테 무슨 소릴 들었는지 알아?
- 넷플릭스에 볼 게 한 개도 없어!
- 왜 이렇게 인터넷이 느린 거야?
- 아 진짜 싫다, 또 비 오잖아.

반면 성공한 사람들을 살펴보면 무슨 일이 일어나든 언제나 차분하고 침착하다는 것을 알 수 있다. 그들은 그들의 감정을 항상 확인한다.

> 전쟁에서 이기는 전사는 성급하게 복수하려는 사람도 아니오, 운이 따르길 바라는 야심가도 아니다. 냉정하고 집착하며 속마음을 떠벌리지 않으며 무심한 전사가 전쟁에서 이긴다.
>
> - 손자병법

어떤 까닭인지 사회는 'IQ가 높으면 성공할 수 있다'고 생각한다. 사회는 당신이 공부를 잘 하면, 성적이 좋으면, 좋은 학위가 있으면 성공할 것이라고 믿게 만든다.

안타깝게도 진실은, 성공하는데 이런 것은 하나도 중요치 않거나 필요하지 않다는 것이다.

당신에게 필요한 것은 높은 '감성지수(EQ)'이다. 어떤 일이 발생하더라도 당신 스스로 감정을 조절할 수 있는 힘. 높은 감성지수(EQ)를 가지므로써, 당신은 실수로부터 빨리 벗어날 수 있고 더 나은 결정을 할 수 있으며 더 좋은 리더가 될 수 있다.

이것을 성공과 결부시킬 때, EQ는 IQ를 간단하게 앞서 버린다.

EQ의 가장 좋은 점은, IQ와 달리, 거의 모든 사람들이 높은 EQ를 달성할 수 있다는 것이다.

먼저 당신은 이 EQ의 존재를 깨달아야 한다.

EQ는 스스로를 좀 더 자각할 수 있는 것, 좀 더 높은 공감 능력을 갖는 것, 타인에 대해 더 잘 이해할 수 있도록 하는 것, 스스로의 감정을 스스로 조절하고 관리할 수 있는 것 등에 관여한다.

그리고 이 모든 것은 당신이 통제할 수 있다.

당신이 높은 수준의 EQ를 갖고 있다면, 당신에게는 목표달성에 대한 더 많은 기회를 가질 수 있게 될 것이다. 왜냐하면 거절, 비판, 실패로 인한

단념을 하지 않을 수 있기 때문이다.

사슬을 끊을 수 있는 열쇠는? : EQ는 IQ를 간단하게 앞서 버린다.

보이지 않는 사슬 6 : 모두를 구하려고 애쓰다

바다에서 보트가 뒤집혔다. 해안 경비대는 구조헬기를 급파했는데 구조대원은 구조할 첫 번째 사람을 어떻게 정할 것인가?

또는 헬기의 빈자리보다 구조해야 할 사람이 더 많이 물에 떠 있다면 어떻게 할 것인가? 구조대원은 누굴 먼저 구할 것인가?

훈련에서 그들은, 구조헬기를 향해 제일 먼저 헤엄쳐 오는 사람을 구하라고 교육받는다.

왜 그런가? 구조대원이 물에 둥둥 떠 있기만 하거나 헬기로부터 멀리 헤엄쳐가고 있는 사람을 먼저 구하려고 한다면, 그들의 시간과 힘을 낭비하는 것과 마찬가지이기 때문에 더 많은 목숨을 잃을 수 있기 때문이다.

당신의 성공과 의지를 지키기 위해 고군분투하는 것도 구조대원의 입장과 다르지 않다. 당신은 모두를 구할 수는 없다. 당신은 도움을 바라지 않는 사람들을 도와줄 수 없다.

다른 사람들을 도와주기 위해 노력하고 애써 왔지만 사람들은 당신이 그렇게 애써준 줄 모르는 경우가 얼마나 많이 있었던가? 당신의 도움이 감사를 받지 못하고 그냥 사라져버린 경우가 얼마나 많았는가?

나에게는 이런 경우가 수도 없이 많았다. 내가 처음 성공하기 시작했을 때, 친구들은 나에게 도움을 요청했다. 식사를 대접한다고 나를 초대해서 조언을 얻고자 하곤 했었다. 그러나, 내가 그들에게 조언을 해 주고 나면 이렇게들 말하곤 했다.

"댄, 그럴듯하긴 한데, 나는 그거 말고 이렇게 하려고."

그러고 나서 그들은 그들의 방식으로 일을 처리하고, 실패하고, 다시 나에게 찾아와서 조언을 구한다.

어떨 때는 내가 남들보다 많이 가졌기 때문에 다른 사람들을 꼭 도와줘야 할 것 같은 기분도 들지만, 사실은 그렇지 않다. 당신은 당신의 도움을 원하는 사람만 도와주면 된다. 당신은 그 누구에게 그 어떤 빚도 지지 않았다.

당신이 비행기를 타고 있는데 불이 났다고 생각해보라. 알람이 울려대기 시작한다. 기내가 흔들리기 시작하고, 연기가 나기 시작한다. 승무원들은 계속해서 소리친다.

"다른 승객을 도와주시기 전에 본인의 산소마스크를 먼저 착용하십시오!"

'본인의 산소를 먼저 확보하고 다른 사람을 돕는다'는 것은 오래된 기내에서의 수칙인데 이렇게 하지 않을 경우 당신은 돕는다기보다 오히려 해를 가하는 것이 될 수 있다.

당신의 것을 포기하고 타인을 돕는 것이 고상하다고 생각될 수 있지만, 그렇게 하면 안 된다.

당신은 당신이 가지지 못한 것을 타인에게 줄 수 없는 법이다. 당신 스스로를 먼저 도와라. 당신의 인생을, 당신의 수입을, 당신의 개인적 목표를 먼저 보살피고 번성하라. 그러고 나면 당신이 원하는 만큼 나누어 줄 수 있게 된다. 당신은 필요한 것 이상으로 많이 가지고 있게 될 테니까.

사슬을 끊을 수 있는 열쇠는? : 세상을 구하기 전에, 스스로를 먼저 구해라.

보이지 않는 사슬 7 : 의지력에 의존하기

소셜미디어에서 동기부여를 주는 비디오들을 본 적이 있는가? 당신이 충분한 의지력이 있는 한 성공할 수 있다고 말하는 동영상들 말이다.

그들은 당신이 스스로를 자극하여 하고 있는 일을 열심히 할 수 있다면, 당신이 처한 환경과는 상관없이 성공할 수 있다고 말한다.

나는 이런 식으로 생각하지 않는다.

아침에 일어날 때, 동기(動機)와 에너지가 가득 찼다고 느끼며 일어난 적이 있는가? 그런 날이 없진 않을 것이다. 그렇다면, 아침에 일어나서 침대에서 벗어나기 싫다라고 생각한 적도 있는가? 모두가 이런 날이 분명 있었을 것이다.

당신이 얼마나 절제력이 있는 사람인지 상관없이, 의지력과 동기는 언제든 찾아왔다가 사라지기도 하는 것이다.

사람들은 나에게 묻는다.

"댄, 어떻게 매일매일, 여러 개의 소셜 미디어에, 그렇게 영향력 있는 콘텐츠들을 많이 만들어 올릴 수 있어요? 국제적인 단체를 경영하는 와중에, 어떻게 그렇게 많은 컨텐츠들을 만들 수 있나요? 당신이 하고 있는 그 많은 일들을 어떻게 관리하면 그게 되나요?"

이에 대한 대답은 간단하다. 나는 나의 의지력이나 동기부여의 힘에 의존하지 않는다. 나는 체계(structure)에 의존한다.

많은 사람들이, 반대 방향으로 접근해야 할 상황이 와도 그들의 목표를 향해 무작정 밀어붙이기만 한다.

당신이 본인의 목표를 향해 움직일 수 있도록 당신의 시간과 환경을 먼저 체계화하라.

어떻게 일과 삶의 통합을 위한 시간 구성을 할 수 있을까

다른 사람들은 그들의 시간을 어떻게 구성하려 하는지 살펴보면, 보통은 '일과 삶의 균형(워라밸)'을 추구하려고 노력한다는 것을 알 수 있다.

워라밸은 직장 생활이 우선시하는 걸 당연히 여겼던 과거와 달리 개인 생활을 중시하는 문화이다. 일 때문에 자기 삶을 희생하지 않는다. 조직보다 개인의 삶을 중요하게 생각한다.

문제는 당신이 높은 성과를 내는 사람일 때, 이렇게 일과 삶의 균형을 추구하는 것이 어려울 수 있다는 것이다. 고성과자라면 일과 삶을 통합할 수 있도록 해야 한다.

이렇게 통합이 되면 일과 여가시간의 삶이 서로 완벽하게 맞아떨어질 수 있으므로, 목표를 향해 나아가기 위한 의지력이나 동기부여를 고민할 필요가 없어진다.

예를 들면, 나는 내가 일 때문에 출장을 가야 할 때 여행도 같이 준비한다. 새로운 도시를 방문하면, 나는 비즈니스에 며칠을 쓰고, 이삼일 정도는 그 지역을 여행한다. 이 방식으로 일석이조의 효과를 얻는 것이다.

물론 대형 프로젝트를 진행 중일 때 중요성 때문에 시간을 도저히 내기 어려워 내가 즐겨하는 운동 연습을 못 할 때가 있다.

나는 이때 억지로 의지력에 기대어 두세 시간 연습할 시간을 짜내는 대신, 이를 일상에 통합시켜 버린다. 따로 운동 시간을 잡는게 아니라 일상 중에 해 버리는 것이다.

프로젝트를 하는 몇몇의 우리팀 멤버들도 운동을 배우고 싶어했기에, 이 멤버들을 우리 집으로 초대해 같이 연습한다.

이렇게 해보니 좋은 점은, 내가 연습하고 싶지 않은 날에도 팀 멤버들이 집으로 찾아오기 때문에 나는 '내 기분이 어떻든 간에 어쩔 수 없이' 연습을 하게 된다.

성공을 위한 환경을 체계화하는 법

당신이 내 사무실에 방문한다면, 나의 다양한 '부의 도화선'이 되어주는 물건들을 볼 수 있을 것이다.

나에게 어떤 식으로 생각해야 하는지 상기시켜주는 물건들.

내 책상에는 시간의 가치를 상기시켜주는 시계가 하나 자리 잡고 있고, 전략적으로 생각하기를 상기시켜주는 손자병법 책과, 힘찬 에너지를 느낄 수 있도록 해주는 모습의 말 조각상, 가족의 가치를 상기시켜주는 나의 가족사진이 자리하고 있다.

내가 밴쿠버에 있는 작은 동네에 살 때도 나는 나의 삶을 업그레이드시키기 위해서라면 무엇이든 해왔다. 나는 상황이란 것이 얼마나 중대한 힘을 가지고 있는지 알고 있다.

나는 종종 밴쿠버 다운타운에 위치한, 제일 비싼 호텔 중 하나인 팬 퍼시픽 호텔에 머물기도 한다. 그런 날이면, 그 호텔의 고급스러움이 나의 '부의 도화선'이 되어주곤 한다.

목표에 대한 가치를 상기시켜 줄 수 있는, 당신의 환경에 둘 수 있는 부의 도화선은 어떤 것이 있을 수 있을까?

주변 환경을 바꾸는 것이 나에게는 잘 먹혔다. 이런 나의 방법을 따라서 해 본 나의 멘토와 학생들에게도 잘 작동했다. 한 번 시도해 보라. 그리고 이것이 당신에게는 어떻게 느껴지는지 알아보아라.

대부분의 사람들은 그들의 의지력과 동기에 기대어 성공하려고 한다. 그리고 이것이, 일정하지 않은 결과물을 만드는 이유가 된다.

당신이 당신의 시간과 환경을 잘 구성한다면, 당신은 의지력 없이도 성공을 향한 중력을 느낄 수 있을 것이다.

사슬을 끊을 수 있는 열쇠는? : 결과는 의지가 아니라 체계에 따라 온다.

얼마나 많은 보이지 않는 사슬이 당신을 끌어 내리고 있었는가?

지금까지 당신을 억압하는, 눈에 보이지 않는 쇠사슬이 얼마나 많은가를 충분히 느꼈는가?

지금까지 언급한 일곱 개의 보이지 않는 사슬 중에, 당신에게 해당되는 것이 있는가? 있다고 하더라도 너무 걱정할 것 없다.

이제 그 사슬의 존재를 알았으니, 더 이상 당신에게 보이지 않는 사슬이 될 수 없다. 이 사슬들의 존재를 알아냈다면, 이미 전쟁의 반은 이긴 것이다. 남은 반은, 이 사슬들이 당신을 억압할 때 다른 행동을 취하는 것이 될 것이다.

당신이 사슬들을 끊고 스스로의 '비상 브레이크'로부터 자유로워질 때, 이때가 바로 엑셀을 밟을 시점이다.

Chapter 6

최고의 생산성을 만드는 5가지 필수 열쇠

적합한 유형 : 우리에 갇힌 사자, 사슬에 묶인 마법사,

무고한 죄인, 정신없는 보물 사냥꾼, 조난자

매일 86,400불의 돈이 당신의 계좌로 입금된다고 상상해보라.

이 돈을 어디에 어떻게 쓰든 당신 마음대로 쓸 수 있다. 그러나 단 한 가지 주의 사항은, 남은 돈은 다음날로 이월되지 않는다. 그 날 사라진다는 것이다.

당신이 쓰지 않아도, 혹은 어디에 투자하더라도 내일이면 사라지는 돈이다. 이 돈을 하루라도 더 유지할 수 있는 방법은 없다. 이러한 조건하에 당신은 무엇을 할 것인가? 마지막 10원까지 쓰려 하지 않겠는가?

사실, 당신도 나도 이미 이런 계좌를 갖고 있다. 이것은 '시간'이라고 불린다.

일생동안 당신의 시간 은행에 매일매일 86,400초를 입금받는 것이다.

당신은 매 초를 마음대로 사용할 수 있지만, 오늘 내버려 둔 시간도 투자한 시간도 내일이면 전부 영영 사라진다.

당신은 '시간이 곧 돈이다'라는 말을 들어본 적이 있는가? 글쎄, 이는 사실이 아니다. 시간은 절대 돈이 될 수 없다.

시간은 언제나 돈보다 더 가치가 높다. 왜냐하면, 한 번 지나간 시간은 절대로 되돌아오지 않기 때문이다.

돈은 더 많이 벌 수 있다. 그렇지만 시간을 더 버는 방법은 없다.

최대의 '생산성의 문'을 열기 위해 여기 당신이 한가지 짚고 넘어가야 할 부분이 있다. 시간은 가장 가치 있는 자원이라는 것. 우리는 모두 다 같은 양의 시간을 부여받는다. 모두에게 똑같이 1년은 365이고 일주일은 7일이며 하루는 86,400초이다.

우리는 제프 베조스(Jeff bezos), 빌게이트, 엘론 머스크, 워렌 버핏과 같은 양의 시간을 받는다. 그들과 다른 사람들을 구별할 수 있는 것은 이 같은 양의 시간을 어떻게 사용하는지에 따른 것이다.

내가 '시간 관리' 같은 건 없다고 생각하는 이유

이러한 관점에서 생산성이라는 것을 정의하려 해 보면, 보통 일반적인 통념 하에서의 생산성에 대한 이야기들이 얼마나 빗나가고 있는 이야기인지 알 수 있다.

일반적인 생산성 관련 조언은 보통 '시간 관리'에 대해서 이야기하지만, 한 번 생각해보라.

당신이 시간이란 것을 관리 할 수 있는가? 시간을 빨리 가게 하거나, 느리게 가게 할 수 있는가? 시간이 거꾸로 흐르게 할 수 있는가? 몇 시간 정도 어디 맡겨 두었다가 다음날 찾아 쓸 수 있는가?

토니 스타크(아이언맨) 같은 천재라도 이는 불가능한 일이다.

우리에게 주어지는 하루의 시간이 86,400초로 모두 똑같은 이상, 생산성의 비밀은 시간 관리에 있는 것이 아니다.

바로 자기관리에 있는 것이다.

당신은 시간을 관리할 수는 없다. 그러나 당신 스스로는 관리할 수 있다. 이는 당신의 하루에서 몇 시간을 늘리는 것에 대한 이야기가 아니다. 이것은 당신이 이미 가지고 있는 시간 동안 얼마나 더 많은 결과를 낼 수 있느냐의 문제이다.

수년간, 나는 과거와 현재를 망라하고 엄청나게 성공한 사람들에 관한 수백 권의 책을 읽어왔다. 또한, 수백 가지의 다양한 생산성의 방법, 시간 관리, 높은 성과에 관해 실험하고 테스트해왔다. 이 모든 것이 한가지 질문에 대한 답이 되어주었다.

'어떻게 최소의 시간으로 최대의 결과를 창출해 낼 수 있는가?'

나는 이 대답을 최대 생산성의 문을 열 수 있는 5가지 필수적 키로 정리할 수 있었다. 이 중에 당신이 아는 것이 있을 수도, 모르는 것이 있을 수도 있다. 다만 나에게는 성공적으로 적용될 수 있었던 것들이다.

최고의 생산성을 만드는, 5가지 필수 열쇠

최대 생산성을 향한 열쇠 1 : 당신의 성과에 무자비해져라

'생산성' 관련 어플리케이션을 사용하고 있는가?

캘린더라던지 노트 테이킹, 오늘의 할 일이나 프로젝트 매니지먼트 등의 어플리케이션 말이다.

이러한 어플리케이션들이 당신을 더욱 생산적으로 만들어 주는가? 이러한 어플이케이션들은 당신을 효율적으로 움직이는 것을 도와주기는 한다. 그런데 정말, 당신을 생산적으로 만들어 주는가?

많은 사람들이 나에게 찾아와 이야기한다.

"일은 열심히 하는데, 왜인지 모르겠지만 보이는 결과가 없더라구요. 내가 뭘 잘못하고 있는 걸까요?"

나는 답 대신, 그들의 매일매일의 과제가 어떻게 되는지를 되묻는다. 그러면 그들은 체크된 자신들의 오늘의 할 일을 꺼내어보곤 말한다.

"보여요, 댄? 내가 매일매일 이렇게 많은 일들을 하고 있는데, 아무 결과도 얻지 못한다구요. 대체 뭐가 문제인지 모르겠어요."

"알겠어요. 바라는 결과가 어떤 것인데요?"

"음, 내가 좀 더 성공적이었으면 좋겠어요."

"알겠습니다. 그런데, 그 '좀 더 성공적'이라는 말이 당신에게는 어떤 의미이죠?"

"아, 더 많은 수익을 창출할 수 있어진다는 거겠죠. 저는 더 많은 고객이 있었으면 해요."

"그러니까, 얼마나 많이 말씀이시죠?"

"음… 글쎄요. 그러니까…….."

나는 여기서 그들을 멈추게 한다. 이 잠재적 성과(Potential outcome)에 대한 불확실성과 명확함의 부재가 바로 문제의 시작이다.

나는 다음과 같은 간단한 질문으로 그들에게 명확함을 제공한다.

"당신이 매일 하고 있는 이 이 모든 일과 중, 몇 개의 일들이 당신이 바라는 결과로 이끌어주는 일들인가요?"

그러면 그들은 자신의 리스트를 다시 한번 쭉 훑어보곤, 대부분의 일과들이 그들의 성과를 돕는 일이 아니라는 것을 깨닫는다. 대부분의 사람들은 빨리 움직이고, 더 많은 것을 끝내고, 바쁘게 있는 것들을 너무 고심한 나머지, 스스로에게 이렇게 물어야 하는 것을 잊곤 한다.

"이것이 내가 원하는 방향이기는 한 건가?"

기억하라, 생산성의 정의는 최소한의 시간으로 최대의 결과를 끌어내는 것이다. 결과가 중요하다는 것을 깨달아라. 당신이 어떤 결과를 원하는지에 대한 명확한 생각을 가지고 있지 못한데, 어떻게 당신의 결과를 측정할 수 있겠는가? 이것은 골대 없이 농구를 하고 있는 것과 같다. 당신은 어디로든 공을 던질 수 있지만, 단 1점도 획득할 수 없을 것이다.

프로골퍼들은 무엇을 연습하는가? 멀리 가고 정확하게 치는 것이 아니라 정확하게 멀리 치는 것이다.

멀리 가는 것이 중요한가? 방향성이 중요한가? 방향성이 중요하다.

바쁨은 게으름의 한 형태일 뿐이다.

- 댄 록

한 달 수입 1만 불, 어떻게 보이는가?

당신의 목표가 한 달에 1만 불을 버는 것이라고 상상해보자.

우리가 분명한 성공을 얻으려면 어떤 것을 해야 하는가?

목표가 너무 크고 거창하면, 거기까지 가는 단계들이 불명확해진다. 그렇기 때문에 목표로 가는 과정이 명확히 보이도록 단계를 작게 쪼개는 것이 좋다.

이렇게 하면 당신이 원하는 결과로 어떻게 가야 할지 알 수 있다.

예를 들어, 한 달 $10,000의 수입이라는 목표를 작은 스텝으로 나눠보자. 먼저, 한 달에 $10,000을 벌기 위해 1주 당 얼마를 벌어야 하는가?

$$\$10,000 / 4주 = 주당 \$2,500$$

만약, 당신이 일주일에 5일 일한다면,

$$\$2,500 / 5일 = 일당 \$500$$

이 계산이 우리에게 무엇을 시사하는가? 당신이 한 달에 $10,000의 수입을 벌고 싶다면, 매일매일 하루에 $500을 벌어야 한다는 소리다.

이렇게 나누어 보면, 좀 더 명확해지는 것이 보이는가? 만약 당신이 매일의 목표에 도달하지 못한다면, 일주일 목표에도 도달할 수 없을 것이다.

한 달이 지나기를 기다렸다가 월말이 되어서야 '아이고, 제대로 안 됐네'하는 대신, 매일매일 당신의 목표를 향해 제대로 된 방향으로 가고 있는지 알 수 있게 될 것이다.

이것이 당신의 결과에 용서없이 무자비해지라는 말의 의미이다.

일당 500불의 목표를 마음에 새기고 나서, 아래와 같은 질문을 스스로에게 해보라.

- 내가 매일 500불을 벌 수 있는 방향으로 움직이고 있는가? 아니면 그

목표에서 멀어지고 있는가?

- 어떻게 내가 제공하는 가치를 높일 수 있을까?

- 내가 하지 말아야 할 것들 중에 지금 하고 있는 것이 있는가?

- 현재 가장 효율적으로 시간을 사용할 수 있는 방법은 무엇일까?

- 내가 지금 하고 있는 이 일로 얼마를 벌 수 있을까?

스스로에게 위와 같은 질문을 던져봄으로써, 당신의 하루 목표에 좀 더 가까워질 수 있을 것이며, 나아가 한 달 목표도 달성해낼 수 있을 것이다.

일 년 수입 1백만 불 어떻게 느껴지는가?

자, 한 달에 1만 불의 수입 말고, 당신이 그보다 더 많은 수입을 목표하고 싶다고 해보자. 당신은 일 년에 1백만 불을 벌고 싶다. 어떻게 느껴지는가?

먼저, 일 년에 1백만 불을 벌려면 한 달에 얼마씩 벌어야 하는지 간단히 계산해보자.

$$\$1,000,000 \div 12개월 = 매달 \$83,333$$

일 년에 백만 불을 벌려면 매달, 당신은 약 $83,333불의 수입을 만들어야 한다. 이 숫자는 아직도 너무 많게 느껴진다. 그럼 좀 더 쪼개보자.

$$\$83,333 \div 4주 = 매주 \$20,833$$

하루 기준으로 산정하면 어떤 금액이 되겠는가?

$$\$20,833 \div 5일(근로일) = 하루 \$4,166$$

일 년에 백만 불을 벌기 위해서 당신은 매일 $4,166불을 벌어야 한다. 당신이 하루에 8시간 일한다고 가정해본다면, 매 시간의 가치는 이렇게 되어야 한다.

$$\$4{,}166 \div 8\text{시간} = \text{시간 당 약 } \$520$$

그러나, 당신도 알고 나도 알듯이 하루종일 8시간 내내 똑같이 생산적이기는 어렵고, 하루의 3분의 1 정도가 그러할 듯하다. 나머지 3분의 2의 시간들은 휴식을 취하거나, 이메일을 확인하거나, 화장실을 가거나, 동료들과 커뮤니케이션하는 등에 쓰게 된다.

생산적인 시간의 가치를 설명하기 위해, 우리는 이 시간당 수입에 3을 곱해보도록 한다.

$$\$520.83 \times 3 = \text{시간 당 } \$1{,}562.49$$

이것이 당신이 진짜로 일하는 1시간의 가치이다.

이렇게 해보면, 당신의 하루 일과를 차지하는 많은 행위들이 당신이 시간을 들일 가치가 없다는 것을 알 수 있다.

이것을 보고 나면 당신은 잔디깎기나 설거지, 자잘한 서류작업, 이메일에 답변하기처럼 '최저 시급' 활동의 일을 하지 않게 될 것이다.

만약 당신이 다른 사람을 고용하지 않고 직접 2시간 동안 잔디를 깎는다면, 시급 10불에 2시간이면 20불짜리 일에 당신이 두 시간 직접 잔디를 깎음으로, 약 3,000불의 수입을 날려 먹은 것이다.

당신의 목표가 일년 연봉 1백만 불 달성이라면, 스스로에게 해야할 질문은 이렇다.

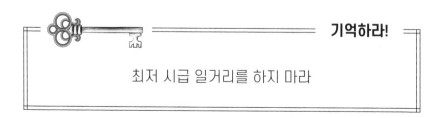

기억하라!

최저 시급 일거리를 하지 마라

"지금 내가 하고 있는 이 일이 시간 당 1,562.49불의 가치가 되는가?"

대부분의 사람들이 목표를 이루기 위해 일을 더 오래, 열심히 하는 길을 택한다. 투잡을 하거나, 야간근무를 추가하거나 파트타임을 더 하는 등 말이다. 그들은 자신들의 목표치에 다가가기 위해 더 많은 시간을 일하려고 한다. 그러나 더 많은 시간을 일하는 것은 답이 아니다. 가치를 올리는 것이 답이다.

당신은 신이 아니기 때문에 하루를 두 배로 길어지게 할 수는 없지만, 당신의 가치를 두 배로 올리는 것은 할 수 있다.

내가 처음 일을 시작했을 때, 내가 청구할 수 있는 금액은 프로젝트 당 500불 정도였다. 일을 끝낸 후 계산해보면 최저시급에도 못 미칠 금액이었다. 매일매일, 나는 스스로에게 물었다.

"어떻게 하면 내가 제공하는 가치를 올릴 수 있을까? 어떻게 하면 내가 더 비싼 금액을 부를 수 있을까? 어떻게 하면, 나의 하루 목표 수입에 가까워질 수 있을까?"

스스로 이런 질문을 던짐으로써, 나는 문제점을 파악하고 스스로의 가치를 끌어올려 점점 더 비싼 금액을 부를 수 있었다.

마침내, 내가 부를 수 있는 금액의 시간 당 액수는 대부분의 사람들의 월급과 맞먹게 되었다.

한때는, 당신이 나의 컨설턴트를 받으려면 한 시간에 1만 불을 지불해야 할 때도 있었다. 현재, 이 일대일 컨설턴트는 불가능하다. 왜냐? 내가 나의 조직에 대해 전략을 짜고 고심하는 데 들이는 한 시간이 다른 회사에게 컨설턴트를 해주며 받는 돈보다 더 많은 가치를 창출하기 때문이다.

내가 어떻게 여기까지 올라올 수 있었을까? 바로, 내가 매일매일, 나의 결과에 완전히 무자비한 평가를 내렸기 때문이다.

이것이 생산성 향상의 문을 여는 첫 번째 열쇠이다.

당신이 물에 들어가 사방에 물을 튀긴다고 해서, 이를 수영을 하고 있는 거라곤 할 수 없지 않은가.

당신의 매직 넘버는 무엇인가?

매직 넘버란, 당신의 목표를 이루기 위해 매일매일 당성해야 할 수입을 말한다. 이 수입이 얼마인지 명확하게 함으로써, 당신은 매일매일 맞는 길로 가고 있는지 아닌지를 알 수 있을 것이다. 더 명료할수록 더 많은 힘을 갖게 되는 것이다.

🗝️ 일 년에 얼마를 벌고 싶은가?　　　　　　　　　　_____

🗝️ 위 금액을 12로 나누어 월별 금액을 산정하라.　　　_____

🗝️ 위 금액을 4로 나누어 주별 금액을 산정하라.　　　_____

🗝️ 위 금액을 5로 나누어 일별 금액을 산정하라.　　　_____

🗝️ 위 금액을 8로 나누어 시간별 금액을 산정하라.　　_____

🗝️ 마지막으로, 위 금액에 3을 곱하여 당신의 시간 당
　　생산성 비율을 산정하라. -이것이 당신의 매직 넘버이다.　_____

당신의 매직 넘버는 무엇인가?

_____

최대 생산성을 향한 열쇠 2 : 레이저 빔처럼 집중하라

보통의 광선은 넓게 퍼지지만 레이저 빔은 초집중광선이다.

당신이 일할 때 집중한 상태를 유지하는 것이 점점 더 어려워진다는 것을 알아챘는가?

매일매일, 당신의 휴대폰은 수많은 알림 메시지에 폭격을 받고, 사람들은 끊임없이 이메일을 보내오고, 새로운 영화가 개봉하고, 신상 구두를 비롯하여 갖가지 새로운 물건들이 쏟아져 나온다.

세상은, 그 어느 때보다 시끄러워지고 있다.

당신이 최소한 두 시간 정도를 핸드폰이나 이메일 확인 없이 한 가지 일에 집중했던 때가 언제였는가? 당신이 여느 사람과 다르지 않다면, 아마 일정시간 이상 한 가지 일에 집중하기가 어려워졌을 것이다.

재미있는 것은, 나는 소셜미디어에 세계적인 팔로워를 갖고 있음에도 불구하고 개인적으로 이에 많은 시간을 할애하지 않는다는 것이다.

나는 일을 할 때는 딱 일만 하는 시간으로 차단해 놓는다. 핸드폰에 시간 알람 말고는 모든 알람은 꺼두며, 이메일도 확인하지 않는다. 일할 때는 일만 한다.

이는 단순히 당신이 얼마나 많은 시간을 중요한 일에 할애할 수 있느냐에 관한 것이 아니다. 얼마나 집중해서 일을 할 수 있느냐의 문제이다.

산만함은 보통 사람들에게 사치이다.
성공을 위해서는 강력하고 절제된 집중력이 필수적이다.

– 댄 록

저격수의 접근법 vs 산탄총식 접근법 : 더 적은 일을 하면서 더 많은 결과를 내는 법

어떤 사람들은 바쁘다는 것을 마치 무슨 명예처럼 여긴다. 좀 우습지만. 이런 사람들은 끊임없이 핸드폰을 확인하거나, 이메일에 대답해주거나, '중요한 전화'가 있다며 자리를 비우곤 한다.

절대 순간에 머무르지 않는다. 그들은 한순간도 집중하지 않는다.

이런 사람들의 방식을 나는 '산탄총 접근법'이라고 부른다. 총알을 왕창 뿌려대고 그중에 한발만 맞기를 기다린다. 물고기를 잡는데 낚시가 아니라 투망식이다.

한 번에 많은 일을 하면서, 그중에 한 건이 걸리기를 바란다. 정신 없고, 산만하고, 비통합적이다. 마치 시속 100킬로로 질주하듯이 맨날 바쁘게 정신없이 인생을 산다.

나는 '스나이퍼식 접근법'을 더 선호한다.

스나이퍼를 생각하면, 무엇이 먼저 떠오르는가? 그들은 쿨하고, 차분하고, 침착하다. 자신의 위치를 정하고, 목표의 위치를 파악하고, 바람과 습도를 고려하여 총을 쏜다.

원 샷, 원 킬!

스나이퍼들에게는 더 적은 움직임이 더 좋은 것이다.

그들은 힘보다 정확함을, 산만함보다 집중을, 자존심보다 겸손함을 믿는다. 모든 행동이 전부 결과를 가져다주는 것은 아님을 이해한다. 그들은 어떤 행동이 낭비이고, 어떤 행동이 역효과를 낳는지 안다.

80/20 법칙

80/20의 법칙은, 대략 80%의 효과는 나머지 20%에서 기인한다는 것이다. 더 정확하게 말해서는, '소수의 원인에서 대부분의 영향력이 생겨난다'는 것이다.

- 회사 수익의 대부분은 그 회사의 소수 제품에서 발생한다[01].

- 소수의 팀이 해당 스포츠를 장악한다. 레이커(Lakers)와 셀틱(Celtics)은 NBA 챔피언쉽의 반을 차지하고(70경기 중 37경기) 30개의 NBA팀 중 5개 팀이 전체 NBA경기의 69% 타이틀을 차지한다[02].

- 캘리포니아대학교 버클리캠퍼스의 가브리엘 주크만 교수에 따르면 미국 인구 상위 0.1퍼센트의 재산이 미국 인구 하위 80퍼센트의 재산보다 더 많다[03].

이 법칙은 여기서 멈추는 것만이 아니다. 당신의 삶에 있어서도 20%의 행동이 당신의 행복, 수입, 성공의 80%를 책임진다.

이것이 당신과 무슨 상관인가? 음, 당신이 하는 어떤 20%의 행위가 가장 많은 결과를 만들어 내는지 안다면, 나머지 80%의 행위를 제거할 수 있게 된다.

'오늘의 할 일(to-do list)'대신, '안 할 일 목록(not to-do list)'을 만들어 집중력을 향상시킬 수 있는 것이다.

01) 리처드 코치, 80/20의 법칙(Richard Koch, The 80/20 principle) : The Secret to Achieving More with Less (London: Nicholas Brealey Publishing)

02) NBA 보정수치(NBA Advanced Stats) : NBA, accessed August 1319, https://stats.nba.com/.

03) 가브리엘 주크만, 세계 불평등 데이터베이스(Gabriel Zucman, World Inequality Database) : accessed August 1319, http://wid.world/.

많은 것이 아니라, 작지만 핵심적인 것에 집중하라

기억하라, 생산적이 된다는 것은 더 많은 일을 추가한다는 것이 아니다; 이는 불필요한 것을 최소화하고, 최대의 결과를 위한 소수의 핵심적인 일에만 집중하는 것이다.

당신의 하루를 최대한 많은 행위로 채워내는 것이 아니다. 전체를 바

80/20 법칙 연습

간단한 연습 문제를 통해, 이 80/20법칙이 당신의 인생에 어떻게 영향을 끼치는지 살펴보자. 지난 주에 당신이 했던 모든 행위를 생각해보고 다음 연습문제에 답해보라.

1. 무엇이 나를 스트레스 받게 하는가?
- 당신에게 스트레스를 야기하는 주요 행동들을 리스트화 하라.

2. 무엇이 성공적이었는가?
- 지난 주에 당신에게 가장 많은 결과를 가져다 준 것을 리스트화 하라.

3. 하지 말 것을 리스트에 추가하라
- 당신에게 스트레스를 유발하는 일 중에 다른 사람에게 위임하거나 삭제해버릴 수 있는 일들은 무엇인가?

4. 해야 할 일을 리스트에 추가하라
- 다음 주에 다시 해도 될 성공적인 활동들은 어떤 것이 있었는가?

| 20% 활동 - 80% 스트레스 | 20% 활동 - 80% 결과 |

무엇이 나를 스트레스 받게 하는가?

하지 말 것 리스트에 추가하라

무엇이 성공적이었는가?

할 일 리스트에 추가하라

꿀 수 있는 작은 행위들에 집중하는 것이다. 어떤 것을 해야 하는지 파악하고, 나머지 불필요한 행위를 하지 않는 것이다.

최대 생산성을 향한 열쇠 3 : 억만장자처럼 시간을 계획하라

당신은 빌 게이츠 같은 억만장자가, 자신의 시간을 어떻게 계획하는지 궁금해 본 적이 있는가? 어찌했던, 우리와 똑같은 양의 시간을 가지고 있을 뿐인데, 그들은 무슨 이유에서인지 우리보다 더 많은 것을 해낸다. 왜 그런 것일까?

글쎄, 한가지 이유로는 파킨슨의 법칙을 들 수 있겠다.

"일의 기한만큼 시간은 늘어난다."

자, 이것이 무슨 말인가?

한 달 뒤가 기한인 일이 있는데, 이 기한이 빠르게 다가올 때까지 신경도 안 써본 적이 있는가? 기한이 한 달 뒤지만 일주일이면 할 수 있는데도 결국 그 일은 한 달 뒤에 기한에 맞춰서 끝난다는 말이다.

"이 일은 아직 한 달이나 남았어. 아직은 시간 여유가 있어."

그러면서 느긋하다가 기한이 다가오면 부랴부랴 서두르고 허겁지겁 기안 안에 일을 끝마치기는 한다.

이것이 행동에 관한 파킨슨의 법칙이다.

빌 게이츠는 그의 일정들을 6분 단위로 설정한다. 나는 15분 단위로 적용한다. 나는 내가 하루에 하는 모든 일을 시간 단위별로 할당하여 따로 빼둔다. 이렇게 하면 그 할당된 시간에 그 일만 집중하므로써 일의 능률은 말할 것도 없고 모든 일에 게으름을 부릴 시간도 없다.

한 달의 기한이 있는 일도 내 할당된 시간에 넣기만 하면 일주일에 끝내 버릴 수가 있는 것이다.

이것이 나에 대한 통제이며 이러한 통제는 내가 매일매일 좋아하는 일을 할 수 있을 자유를 선사한다.

블록의 예

	블록	하는 일
오전 9시	15분	커피
	15분	메일확인
	15분	독서
	15분	
오전 10시	15분	결제
	15분	운동
	15분	
	15분	

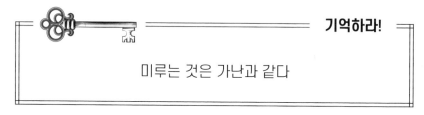

기억하라!

미루는 것은 가난과 같다

당신의 하루를 계획표처럼 만들지 말고, 대본처럼 만들어라

생산적인 하루를 만들고 싶다면, 당신의 하루를 대본처럼 짜라. 하루 계획표를 짜는 것이 아니다.

대본처럼 짜는 것과 계획표를 짜는 것의 차이는 무엇일까?

계획표를 짜는 것은, 다른 사람들이 당신에게 원하는 것에 근거한다. 대본처럼 짜는 것은, 당신의 목표와 성과를 이루기 위한 일들을 하기 위해 의도적으로 시간을 빼두는 것이다.

바라는 결과가 명확하고, 목표 달성에 필요한 행위를 알고 있다면, 다음 단계는 무엇인가?

이 업무를 할 시간을 설정하는 것이다!

아마 이미 알고 있는 것이겠지만, 기한 없이는 아무 일도 끝나지 않는다. 당신의 대부분의 꿈을 파괴시키는 딱 한 단어를 아는가?

'언젠가(someday)!'이다.

"언젠가, 나는 세상을 여행할 거야."

"언젠가, 나는 내 아내와 아이들을 데리고 디즈니랜드에 갈 거야"

"언젠가, 빚을 전부 갚을 거야."

"언젠가, 이 일을 그만둘 거야."

"언젠가, 나는 내 책을 쓸 거야."

여기에서 치명적인 한 단어는 '언젠가'이다.

이는 항상 '언젠가' 또는 '어느 날'이다.

달력을 한번 보라. 월요일, 화요일, 수요일, 목요일, 금요일, 토요일 일요일! 어디에도 '언젠가'나 '어느 날'이라는 요일은 없다.

이런 날은 세상 그 어디에도 없다. 미루는 것에 죄책감을 느끼지 않아도 되도록 사람들이 만들어 낸 환상에 불과한 '날'일 뿐이다.

사업체의 오너가 이렇게 말한다고 생각해보라.

"언젠가, 그 고객을 내 고객으로 만들 거야. 언젠가, 이걸 판매할 거야. 언젠가, 나는 내 사업을 확장시킬 거야."

이 사업가가 얼마나 많은 돈을 벌 수 있을 것 같은가? 죽는 날까지 언젠가만 하다가 끝나고 말 것이다.

아직 성공적이지 못한 사람들은 '언젠가'라고 말한다. 성공적인 사람들은 '오늘'이라고 말한다.

"오늘, 나는 이걸 할 거야."

"오늘, 나는 이 판매를 해치우겠어."

"오늘, 나는 더 많은 고객을 만들 거야"

"오늘, 이걸 실현시킬 거야"

당신이 '언젠가'라고 말할 때, 당신은 당신의 꿈, 목표를 미루는 것이다. 당신은 조금 더 준비가 되었을 때 할 생각이겠지만, 이 '언젠가'는 영원히 오지 않고, 당신은 절대 '준비'되지 않을 것이다.

성공적인 사람들은 이해한다. 제대로 하는 것보다, 일단 하는 것 자체가 중요하다는 것을.

다시 강조하지만 완벽하지 않아도 된다. 시작을 해라.

최대 생산성을 향한 열쇠 4 : 자꾸 미루게 만드는 내면의 7마리 악마를 제거하자!

우리는 모두, 가끔씩은 꾸물대고 미룬다. 인간의 천성일지도 모른다.

이제 여기 당신이 알아야 할, 자꾸 일거리를 미루게 만드는 7마리 내면의 악마를 소개한다. 당신이 이 악마들이 등장할 때마다 알아챌 수 있다면, 이놈들을 더 쉽게 처리할 수 있을 것이다.

자꾸 미루게 만드는 7마리 내면의 악마를 제거하는 법

자, 당신이 간단한 팔굽혀펴기를 하려고 한다고 생각해보자. 이때, 이 일곱 마리의 내면의 악마들이 등장했다. 당신은 몇 마리나 알아볼 수 있겠는가?

1. 완벽주의자

"자, 내 손이 정확한 간격을 두고 위치할 수 있게 자리를 제대로 잡아야지. 그리고, 내 팔꿈치가 완벽한 각도를 이룰 수 있도록 해야 해. 지면에 너무 가까이 붙으면 안 되지, 바닥에 닿는 건 꼼수라고. 완벽한 팔굽혀펴기가 될 수 없어. 그런데 그거 알아? 나 지금 제대로 된 운동복도 안 입고 있잖아. 일단 옷부터 갈아입자. 그러고 나서 팔굽혀펴기를 해야지."

완벽주의자들은 완벽하게 일을 수행하는 것에 너무 신경 쓰는 나머지, 오히려 단 한 번도 시작하지 못한다. 이러한 사람이 시간이 지나면 어떤 사람이 될 것 같은가?

한 번의 완벽한 팔굽혀펴기를 위해 한 달을 기다리는 사람? 아니면, 매일매일 열 번의 완벽하지 않은 팔굽혀펴기를 한 달간 하는 사람?

물론, 후자는 팔굽혀펴기를 '하기는 하는' 사람들이나 될 때의 이야기이다.

완벽주의자들은 진행이 필요할 때 너무 완벽에만 주의를 기울인다.

기억하라, 완벽하게 하지 않아도 된다. 일단 뭐라도 시작을 해야 한다.

2. 게으름뱅이

"나 이거 하기 싫어. 어려워 보인단 말이야. 더 쉬운 방법 없을까? 혹시, 팔굽혀펴기 해 주는 기계 같은 거 없어?"

게으름뱅이는 뭐라도 하는 것을 싫어한다. 그들을 조금이라도 귀찮은 것은 무엇이 되었든 싫어한다. 결과는 원하지만, 결과를 내기 위해 해야 하는 일은 하지 않는다.

그들이 깨닫지 못하고 있는 것은, 무엇이든 가치가 있는 것을 만들어 내려면 그만큼 열심히 무언가를 해야 한다는 사실이다.

3. 남과 비교하는 사람

"나는 지금 팔굽혀펴기 열 개 밖에 못 하는데, 저 사람 좀 봐! 20개나 하잖아. 저 여자는 어떻고? 30개나 할 수 있네. 우와! 나는 너무 못해. 그 냥 안 할래."

비교하고 재고 따지는 사람들, 비교쟁이들은 자기 스스로를 타인과 항상 측정하고 비교한다. 만약 자기보다 나은 사람들이 있으면 바로 의기소침해진다. 자기가 이제 막 시작한 초보자라는 사실을 알고 있으면서도, 기분이 나아질 때까지 아무것도 하지 않는다.

누가 상관하겠는가? 다른 사람이 어떤지는 상관없다. 당신의 목표로 향하기 위해 과정을 만들어 내는 것만이 생각해야 할 문제이다. 당신이 어디서 무얼 하든 당신보다 나은 사람은 언제나 있을 것이다.

당신이 이를 극복하지 못하고 무언가를 시작하는 데 방해물로 둔다면, 꽤 오랜 시간 빠져나오지 못하게 될 것이다.

4. 과대망상주의자

"내가 팔굽혀펴기를 하면, 삼두근이 발달하겠지? 흠, 이두근을 발달시키고 싶으면 어쩌지? 삼두근은 큰데 이두근이 작으면 좀 웃기겠지? 어깨를 키우고 싶어지면 어떡하나? 그러면 저 멍청한 근육맨들처럼 이상하고, 크기만 하고, 덩어리맨 같아지는 거 아닐까? 그건 싫은데… 여자들이 데이트도 안 해 줄 것 같단 말이야. 그냥 팔굽혀펴기 하지 말자. 이거는 아닌 거 같아."

이러한 망상주의자들은 너무 먼 미래까지 생각을 거듭한 나머지 있지도 않은 문제점을 만들어 내 버린다!

당신이 이런 사람이라면, 매사에 과대망상하며 실제보다 더 크게 문제를 과장시키고는 할 것이다. 그냥 단순한 팔굽혀펴기일 뿐이다. 너무 먼 미래까지 생각할 필요가 없는 것이다.

이는 마치, 사람들이 나한테 '댄, 내가 어디에 투자해야 할까요?' 하고 물어봤는데, 나중에 알고 보니 아직 빚도 다 안 갚은 상태에서 이런 질문을 한 것과 같다.

한 번에 한 발자국씩 진행해라. 너무 멀리까지 생각해서, 아직 생기지도 않은 문제를 미리 만들 필요는 없다.

5. 멍청이들

"나는 팔굽혀펴기를 할 줄 모르는데. 어떻게 하는지 가르쳐 주는 책이나 비디오 있어?"

바보들은 간단한 일도 너무 복잡하게 생각한다. 단지 팔굽혀펴기일 뿐인데 말이다. 팔을 굽혀 몸을 내렸다 올리기만 하면 되는 아주 간단한 일일 뿐이다. 하나도 어려울 것이 없는데, 바보들은 시작도 하기 전에 수백 권의 책과 고급 수준을 망라한 200여 개의 관련 동영상을 필요로 한다.

그들이 이렇게 헤매는 동안, 다른 누군가는 매일매일 20번의 팔굽혀펴기를 실행해 기초 근력을 다져나가는 데 말이다.

당신은 보통의 팔굽혀펴기 열 번도 하지 못하면서, 고급 수준의 팔굽혀펴기를 할 수 있는가? 아니, 그럴 수 없을 것이다. 그런데 도대체 왜 마치 할 줄 모르는 척하며 시간낭비를 하는가? 그냥 해라.

6. 남의 말을 잘 듣는 사람

"좋아, 지금부터 팔굽혀펴기를 하겠어."

친구가 말한다.

"왜 팔굽혀펴기를 하는데? 과학적으로 그거 몸에 좋지 않다더라. 그거 말고, 카디오(cardio, 심장강화운동)나 해."

"어, 그래? 그러자. 그럼. 카디오 한 번 해보지!"

다른 친구가 말한다.

"야야, 카디오 하지 마. 그거 별로야. 이 약이나 먹어봐. 카디오나 팔굽 혀펴기보다 효과가 훨씬 좋아!"

남의 말을 잘 듣는 사람, 귀가 얇다고 한다. 이 사람이 이런 말을 하면 따르고 저 사람이 저런 말을 해도 따르고 한마디로 자기 의견은 찾아볼 수 없는 사람이다.

이런 사람이야말로 바로 그 한탕주의 보물 사냥꾼의 '빛나는 물건 신 드롬'에 빠진 사람이다.

그냥 팔굽혀펴기를 시작하고, 꾸준히 더 잘할 수 있도록 노력하는 대신, 그들은 다른 사람의 말에 쉽게 혹한다.

그들은 이렇게 끊임없이 마음을 바꿔먹고, 한 가지에 집중하지 않는 다. 그들은 절대 한 가지에 전념하지 못하며, 다른 사람들이 다른 방법을 제시해 주기를 고대한다.

그들이 모르는 것 중 하나는, 부(副) 역시 한가지 아이디어에 장시간 전념할 때 이룰 수 있다는 것이다.

기억하라!

부는 한 가지 아이디어에 오랜 시간 전념하는 것이다.

7. 핑계쟁이

"나는 팔굽혀펴기 못 해. 여기 바닥이 더럽잖아. 분명 수많은 병균과 박테리아가 득실득실할거야. 아, 토할 거 같아. 그리고, 팔굽혀펴기하다 뼈라도 부러지면 어떡해? 팔 부러지고 싶지 않단 말이야. 팔굽혀펴기 안 할래."

핑계쟁이는 팔굽혀펴기를 하지 않기 위해 생각할 수 있는 모든 핑계들을 동원한다. 대부분의 핑계들이 비합리적이지만, 그들은 해야 한다는 것을 알고 있음에도 안 하려고 한다. 어떤 핑계를 대서라도.

이렇게 나에게 일을 미루게 하고 꾸물거리게 만드는 일곱 마리 내면의 악마가 나타나면, 우리는 어떻게 해야 할까?

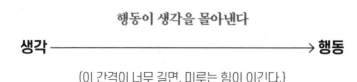

행동이 생각을 몰아낸다

생각 ─────────────────→ 행동

(이 간격이 너무 길면, 미루는 힘이 이긴다.)

생각 ⟶ 행동

(생각에서 행동까지의 간격을 줄이면, 미루는 버릇을 이길 수 있다.)

이 악마들이 마치 먹이를 기다리는 광폭한 일곱 마리 늑대들이라고 생각해보자. 당신이 그들에게 먹이를 준다면(빌미를 준다면), 이 늑대들은 계속 성장하고 더 크게 으르렁댈 것이다. 그러나, 그들에게 먹이를 주고 싶은 유혹을 견뎌내면, 그들은 점점 약해질 것이다.

이 일곱 마리의 악마들 중 어느 한 마리라도 나타날 낌새가 보이면, 행동을 하라. 행동은 생각을 몰아낸다.

당신은 이미 시작해서 하고 있는 일을 미뤄본 적이 있는가? 아마 없을 것이다. 왜냐하면 미루는 버릇은 당신이 행동을 취하기 전에는 강력한 힘을 발휘하지만, 이미 행동하고 있다면 미루는 버릇은 힘이 없기 때문이다.

생각에서 행동으로 이어지는 간격을 좁히는 습관을 들이도록 해라. 이 간격이 길어질수록, 미루고자 하는 심리는 더 강해질 것이다.

당신이 시작하기까지 걸리는 시간이 적게 걸릴수록, 미루고자 하는 습관은 점차 사라질 것이다.

최대 생산성을 향한 열쇠 5 : 스스로에게 타협 불가한 것들을 만들어라

당신에게 있어 타협 불가한 것들이란, 어떤 일이 있어도 매일 꼭 해야 하는 것들을 말한다. 이것들은 당신의 인생을 강하고 빛나게 할 수 있도록 해주는 모든 것들이다. 만약 당신이 오랫동안 운동이나 신체적인 활동을 하지 않으면, 당신의 몸은 점차 약해지고 허약해질 것이다.

당신이 어떤 것을 유지하기 위해 시간을 투자하지 않는다면, 그것이 무엇이든 점차 약해져 간다.

이런 개념은 당신의 인생의 다른 부분에도 적용할 수 있다. 그래서 당신의 타협 불가한 사항들은 당신이 성취하고 싶은 것들과 일맥상통하여야 하며, 스스로의 목표를 명확하게 잘 이해해야 하고, 성취하고자 하는 것에 집중할 수 있어야 한다.

나에게도 나의 목표를 이룰 수 있도록 도와주는 나만의 타협 불가한 사항들이 있다. 물론 당신의 것들은 이와 조금 다를 수 있다.

댄 록의 타협 불가 사항들

비즈니스 웰빙 : 하루 6분씩, 고찰하고, 전략을 발전시키고, 나의 팀이 잘 돌아가는지를 확인한다.

정서적 웰빙 : 하루 30분씩, 아침마다 시각화, 감사 명상, 깊은 심호흡 훈련을 포함한 의식 훈련을 한다.

경제적 웰빙 : 하루 30분씩 경제, 투자 관련 자료들을 보고 점검한다.

성장 웰빙 : 하루 60분씩 공부, 독서, 전문가와 컨설팅, 고객 회사의 CEO 및 설립자들과 미팅을 한다.

신체적 웰빙 : 하루 60분씩 운동, 일주일에 세 번을 꼭 한다.

재정의 통달은 곧 자아의 통달이다.

앞의 다섯 가지 목록은 지난 몇 년간 나의 생산성의 문을 열어준 열쇠였다. 재정에의 통달을 이루기 전에, 당신은 반드시 자아의 통달, 자기 지배를 먼저 이루어야 한다.

당신이 스스로를 통제할 수 없는데, 어떻게 돈을 통제할 수 있기를 기대할 수 있겠는가? 이제 이 다섯 가지 열쇠를 알게 되었으니, 당신이 직접 실행하고 행동해 볼 차례이다. 미루지 마라. 당신의 성과에 가혹하게 평가하고, 레이저빔처럼 강력하게 집중하라.

항상 당신이 만든 규칙을 지키고, 억만장자처럼 하루를 구상하며, 일곱 마리 내면의 악마를 몰아내고, 타협 불가한 당신의 과업들에 전념하라.

이를 해낸다면, 당신은 스스로가 얼마나 많은 것을 이루어낼 수 있는지, 그 결과에 깜짝 놀라게 될 것이다.

Chapter 7

팔려고 하지 말고 필요하게 만들어라

적합한 유형 : **부의 유형 모든 타입**

최근, 백만 불에서 일억 불의 수익을 내는 성공한 기업가들의 모임에서 강연을 한 적이 있다.

강연이 끝나자 관객석에 있던 모든 사람들이 굉장히 공격적으로 노트를 들고 질문들을 퍼부었다. 질문이 너무너무 많아서 모두 대답해 줄 때까지 한 시간 가까이 강연장을 빠져나올 수 없었다.

이 기업가들과 설립자들을 이토록 흥분하게 만든 주제가 무엇이었는가?

이날 강연에서 나는 '하이 티켓 클로징(High Ticket Closing)'이라는, 새로운 시대에 맞는 고급화된 나만의 판매전략에 대해 이야기하고 있었다.

내가 하는 주사업은 컨설팅과 강연 등이다. 당연히 이 '하이 티켓 클로징' 전략으로 또 다른 단계의 성공을 거두고 있었다.

물론 이 '하이 티켓 클로징'이 내가 하는 사업인 컨설팅과 강연에만 적용 가능한 것은 아니다.

이 '하이 티켓 클로징'은 어떤 사업에도 적용 가능한 새로운 판매전략이다. 업종이나 품목에 따라서는 약간의 수정이 필요하지만 대다수의 업종에 공통적으로 적용 가능한 전략들을 제시하고 있다.

따라서 이 챕터는 '하이 티켓 클로징'을 중심으로 설명하고자 하니 이 책을 읽는 분들은 각자의 업종이나 품목에 맞게 수정 보완하여 사용할 수 있다.

판촉 전화로 물건이나 서비스를 판매할 수 있었던 '예전의 좋았던 한 때'는 이미 오래전 이야기이다. 물론 아직도 사용하는 방법이지만 수익성은 예전에 비해 현저하게 떨어져 있다.

사람들은 어느 때보다 더더욱 똑똑해졌고, 냉정해졌다.

'안녕하세요, 고객님'이라는 말이 들리자마자, 판촉 전화라는 것을 알아채고 바로 끊어버린다. 그리고는 '스팸' 항목에 곧바로 체크하고, 번호를 차단하는 등 쓸데없는 전화를 받지 않으려고 한다.

생각해보라. 심지어 당신도 전화의 첫마디가 '고객님!'이라는 단어라면 즉시 뭔가 미심쩍은 고리의 대부업이나 혹은 보험회사 등의 판매사원이라는 것을 눈치채지 않겠는가?

전화가 판매를 창출하는데 더 이상 훌륭한 방법이 될 수 없다고 말하는 것은 아니다. 사실 전화는 대화에 있어서는 대단히 훌륭한 장치이다.

그러나 잠재적인 상품 구매자와 끊임없이 교류하고 정보를 제공하여 구매하도록 하는 장치로는 이제 최악이다.

나는 사람들이 '어떻게 물건을 구매하는가?'가 '어떤 물건을 구매하는가?'보다 더 중요하다고 생각한다.

당신이 이 말에 동의하지 않더라도 괜찮다. 내가 말하고 싶은 것은 고객의 마음 상태는 판매나 고객과의 관계유지에 있어 절대적이라는 것이다.

당신이 쇼핑몰에 간다고 생각해보자.

샘플을 나누어주는 부스가 있다. 부스에서 일하는 사람들이 당신에게 샘플을 사용해보라고 권한다.

그들은 당신의 시간에 끼어들어 방해하는 것이다. 어떻게 반응할 것인가? 지나쳐가거나, 혹은 그들을 무시할 것이다. 왜냐하면 지금 당신은 원치 않은 방해를 받았기 때문이다.

부스에서 일하는 사람들이 깨닫지 못하고 있는 것이 있다.

사람들은 뭔가를 사는 것은 너무나도 좋아하지만, 판매 당하는 것(낚이는 것)은 싫어한다는 사실이다.

당신도 호객꾼에게 낚여서 물건을 사는 것은 싫을 것이다. 나도 싫다. 우리는 구매하는 데 있어서 우리에게 결정권이 있기를 원한다.

'오늘만 세일을 한다', '오늘만 한정판매다' 등등 압박을 주는 판매사원에게서 물건을 사게 될 때도 있지만, 이럴 때 우리는 왠지 판매사원에게 '낚인' 기분이 들어 이 구매에 만족하지 못한다.

이것이 더 이상 판매콜이 먹히지 않는 이유이다.

당신이 이전에 전혀 관계가 없던 고객에게 어떤 가치도 먼저 제공하지 않고, 아무런 포지셔닝(positioning: 고객에게 판매를 위한 어떤 사전 정보나 가치 제공, 관계 형성 등의 선행되어야 할 노력)도 없이 판매전화를 하는 것은 매우 가파른 절벽을 맨손으로 기어오르는 것과 같다.

판촉 전화의 문제점, 매우 짧은 시간 안에 고객에게 신뢰와 신용을 쌓아야 하며 당신이 얼마나 판매를 잘 하는 사람이던지 상관없이, 당신 스스로를 굉장히 난감하고 불리한 상황에 놓이게 한다는 것이다.

사람들은 쇼핑을 사랑하지만, 판매 당하는 것은 싫어한다.

- 댄 록

　판촉 전화가 먹히지 않는다면 어떻게 해야 하는가?

　마케팅이 이 자리를 대신하게 하라.

　나는 나의 마케팅과 브랜드 이미지 구축, 그리고 소셜미디어가 이 역할을 담당하도록 한다.

　나는 내 컨설팅에 관심 있어 하는 고객이 있으면, 나의 직원에게 굳이 판매를 완결지으려 하지 말고 그 고객이 나와의 통화를 예약하게 한다.

　이러한 방법은 내 직원과 잠재 고객들에게도 좋은 경험을 만들어 준다.

　직원은 판매에 대한 부담이 전혀 없게 되고 고객도 굳이 지금 물건의 사야 하는 압박을 받지 않는다. 당장 얼마를 내고 무슨무슨 컨설팅을 받으라고 권하지 않기 때문이다.

　사실 이 방법은, '저 이거 관심 있어요!'라고 직접 손을 들어 묻는 사람을 고객으로 두느냐, 아니면 움직이기도 싫은데 강요하고 강제하여 손들게 한 고객을 갖느냐의 차이이다.

　이런 방법으로 통화 예약을 할 경우, 그들은 나와의 통화에서 내 말을 더 주의 깊게 듣는다.

　무작정 판촉 전화를 돌릴 때는 전화를 받을 사람들이 뭘 하는 중이었는지, 혹은 이 전화가 그 사람의 하루를 방해하는 것은 아닌지 전혀 알 수가 없다. 그러나 그들이 시간을 내어 나와 통화할 것을 예정해 놓으면, 그 시간만큼은 사람들이 나의 이야기에 더 집중하게 된다.

당신이 먼저 전화를 할 때, 당신은 그들에게 판매사원이다.

사람들이 먼저 당신에게 전화를 할 때, 당신은 전문가가 된다.

이것이 내가 시대의 변화에 부응하기 위해 만든 새로운 방식이자 새로운 거래성사 방법론이다.

나는 이 방법을 '하이 티켓 클로징(High-ticket Closing)'이라고 부른다.

이는 상담직원들이 마케팅으로 창출된 고객들로부터 걸려오는 전화들만 상대하며, 프리미엄 상품 및 서비스의 소개에 집중하는 것으로 거래를 성사시키는 형태이다.

걸지 말고 걸려오는 전화 받기!

이 법칙을 가져다 써 보아라. 직접 실행해 보아라. 당신은 그 결과에 크게 놀랄 것이다.

물론 이미 이 방법으로 사업을 하는 사람들도 있을 것이다. 그런 사람들도 아래의 조언을 다시 한번 읽어두기 바란다.

우리가 가르치는 '하이 티켓 클로징' 기법은 다르다.

하이 티켓 클로징의 다섯 가지 규칙

기억하라. 우리는 판매촉진 전화나 방문판매를 비롯하여 어떤 종류든 강압적이거나 미심쩍은 판매 테크닉에 대해 이야기하고 있는 것이 아니다. 이런 경우 당신은 짜증 나는 성가신 사람처럼 여겨지게 된다.

그러나, 하이 티켓 클로징 방법을 사용한다면, 당신은 환영받는 전문가가 될 수 있다.

예측하지 못한 전화나 식사 도중의 방문으로 사람들을 방해하는 것이 아니다. 이런 방해는 하이 티켓 클로징의 목적이 아니다.

우리가 이야기하는 것은, 전문가가 되는 것에 대한 것이다. 우리는 사람들을 조종하거나 압박하지 않는다. 다만 우리는 그들이 스스로 결정할 수 있도록 정확한 정보와 진심어린 응대를 할 뿐이다.

유망고객이 물건을 구매할 것 같은데, 아직 망설이고 있다고 생각해보자. 그들은 좀 더 많은 정보와 안내를 필요로 하고, 어떤 과정으로 진행되는지에 대해 더 정확히 알고 싶어한다. 즉, 이는 생각보다 단순한 구매 결정이 아닌 것이다.

이럴 때, 누군가 전화를 통해 구매과정을 함께 해주고 궁금해하는 것들에 대답해준다면, 더 좋지 않겠는가?

하이 티켓 클로징은 일대일로 사람과의 관계를 구축하는 것이다.

당신의 인생에서 가장 소중한 사람들, 부모님이나, 형제자매나, 친구들을 떠올려 보아라. 그들 중에 누군가가 힘든 시간을 견뎌내고 있고, 당신은 그들을 도와주고 싶다. 어떻게 도와주겠는가?

당연히 그 누구도, 소셜미디어라던가, 웹사이트 같이 온라인으로 위로 하려고 하진 않을 것이다.

최소한 전화를 한다거나, 아니면 직접 얼굴을 맞대고 그들을 도와주려 할 것이다. 이러한 사적인 순간, 당신은 사람 간의 교류가 필요한 것이다. 이것이 바로 하이 티켓 클로징이 하는 일이다.

자, 여전히 하이 티켓 클로징과 일반적 판매방식의 차이에 관해 궁금해하는 부분이 있을 수 있으니, 내가 말하는 하이 티켓 클로징이 정확히 뭔지 알려주도록 하겠다.

하이 티켓 클로징 규칙 1 : 판매사원같이 말하지 마라

깊게 생각하지 말고, 재빨리 생각나는 대로 대답해보라.

'판매'라는 단어를 들으면 어떤 생각이 떠오르는가? 또는 '판매원'이라는 단어를 들었을 때는 어떤 생각이 드는가?

'아, 저 사람들 판매원들이네. 나한테 물건 팔려고 하겠지.' 혹은 '나를 속이려 할 거야', '내 돈이 목적이겠지' 따위의 생각들.

구체적으로는 '자동차 파는 사람'이라던가 '보험판매원', 심지어는 '사기꾼' 등등의 부정적인 이미지를 떠올릴 것이다.

어떤 이미지가 당신 마음속에 떠올랐던지, 대부분은 부정적인 이미지일 것이다. 이것이 바로 사회가 갖는 판매원에 대한 이미지이다.

판매원이 어떻게 말하는지 머릿속에 그려보라. 당신에게는 어떻게 들리는가? 그들은 어떻게 행동하는가? 어떤 방식으로 커뮤니케이션 하는가? 당신 마음엔 어떤 생각이 드는가?

당신이 생각한 판매원은 아마, 말이 빠르고 열정에 가득 찬, 넘치는 에너지를 쏟아내는 모습일 것이다.

상품의 특징과 혜택들을 마구 늘어놓으며, 완급조절도 하지 않고, 당신의 생각 따위는 알려고도 하지 않는 모습 말이다.

이것이 대부분 사람들이 생각하는 전형적인 판매원의 모습이다.

당신은 이와 정반대가 되어야 한다. 전형적인 판매원은 말이 빠르지만, 하이 티켓 클로저는 천천히 이야기할 줄 안다.

판매원은 상품의 특징과 혜택을 강요하기 바쁘지만, 하이 티켓 클로저는 열중해서 들어줄 줄을 안다. 판매원들은 열정을 넘나들지만, 하이 티켓 클로저는 차분하고 침착한 전문가이다.

하이 티켓 클로징 규칙 2 : 더 적게 말할수록, 더 가까워진다

판매원이 하는 가장 흔한 실수 중 하나는, 말을 너무 많이 한다는 것이다. 때때로 이러한 판매원들은 너무 많이 말을 해서 잠재고객의 구매를 막기까지 한다.

당신은 이런 경우가 있는가? 물건을 살려고 마음을 먹고 갔는데, 판매원이 계속 주절주절거려서, 짜증이 난 나머지 '있죠, 제가 좀 바빠서요. 나중에 다시 올게요'하고 가게 문을 나선 경험 말이다.

이러한 사례는 매우, 매우 흔하다.

실제로 많은 사람들이 믿고 있는 통설 중 하나가, 잘하는 판매원은 언제나 말하고, 언제나 밀어붙이고, 언제나 제품이나 서비스를 들이밀고, 어떤 특정한 주제에 대한 사람들의 반응을 바꾸려고 노력하는 사람이라는 것이다. 그러나, 우리 하이 티켓 클로징은 이렇지 않다.

하이 티켓 클로징은 짐작하게 적절한 때에 적절한 질문을 한다.

질문의 타입은 다양하다. 주관식 질문, 예/아니오 형식의 질문, 탐구형 질문, 전환형 질문 등. 이러한 형식들에는 물어볼 가치가 있는 좋은 질문들이 아주 많다.

다음 몇 페이지에서, 당신은 어떤 형식의 질문을, 어떻게, 언제 해야 하는지 배울 수 있을 것이다.

이것이 왜 중요한 것 같은가?

왜냐하면, 당신이 말을 하고 있는 순간, 당신은 듣고 있지 않다. 당신이 듣고 있지 않다는 것은 고객에 대해 배우지 못하고 있다는 것과 같다.

당신이 고객에 대해 아는 것이 아무것도 없다면, 그들의 문제를 해결하는데 도움을 줄 수 없다. 고객이 뭔가 말하는 것이 있다면, 이것이 바로 당신이 알아야 할 전부이다.

당신은 그들이 듣고자 하는 말을 해줄 수 있다. 한발 뒤로 물러났다가 적절한 질문을 하는 것이 더욱 효과적이다. 당신은 적절한 질문을 하고, 정확한 정보를 추출하고, 그리고 나서 당신 대신 고객이 직접 말할 수 있도록 하라. 제발 고객에게 말하게 하라!

'고객과 가까워지는 101가지 방법'이나, '하나의 대상을 처리하는 59가지 방법'과 같은 것을 가르쳐주는 서적을 읽어본 적이 있는가?

나는 이런 방식의 접근을 믿지도 않거니와 나의 학생들에게 가르치지도 않는다.

왜냐? 당신의 머릿속이 이미 다음에 할 말들에 대한 생각들로 가득 차 있다면, 누군가와 진실된 관계를 맺는 것은 아주 어렵기 때문이다.

나는 간단하게 하는 것을 선호한다. 나의 마지막 멘트는 보통 이렇다.

"자, 어떻게 하고 싶으세요?" 혹은, "어떻게 진행시켜 드릴까요?"

이게 전부다. 전화 통화 하는 동안 내 할 일을 잘 해냈다면, 적절한 질문으로 고객들을 괴롭히는 문제점이 뭔지 발견했다면, 그들의 구매에 대한 '좋아요' 대답은 더 자연스러워지고 논리적인 결론이 된다.

기억하라. 하이 티켓 클로징은 차분하게 적절한 때에 알맞은 질문을 하는 것이다.

기억하라!

당신이 A를 말하면, 그것은 그냥 A를 의미한다.
고객이 A를 말하면, 그것은 우리가 알아야 할 전부를 의미한다.

하이 티켓 클로징 규칙 3 : 사람들은 변화를 구할 때 해결책을 찾는다

사람들은 고통에서 벗어나고 싶거나, 특정 상황으로부터 도망치고 싶을 때 그 해결책을 구한다.

사람들은 살을 빼서 과체중의 부끄러움을 벗어나고 싶어한다. 사람들은 빚을 처리하고, 경제적인 스트레스에서 벗어나기를 원한다. 사람들은 휴가를 가고 싶어하고, 업무의 단조로움에서 벗어나고 싶어한다.

욕구나 필요, 또는 고통이 없다면 고객이 아무런 문제 상황도 겪고 있지 않다면, 그들은 도움을 청할 이유가 없다.

나의 빛나는 컨설팅을 구매할 이유가 없는 것이다.

또 가끔 사람들은 문제가 있음에도 그것을 인정하려 하지 않는다. 그렇기 때문에, 우리 하이 티켓 클로저가 해야 할 일은, 우리 제품이나 서비스에의 투자가 고객들의 삶을 변화시키고 고통에서 피하는 데 얼마나 도움이 될 것인지를 명확하게 설명해주는 것이다.

이런 식으로 생각해 볼 때, 당신은 일반적인 판매원의 '보여주고 설명하는' 방식이 왜 더 이상 통하지 않는 것인지 알 수 있겠는가?

일반적인 판매원들은 열정과 에너지를 발산하고, 미소를 얼굴에 장착한 채 제품이나 서비스에 대한 각종 장점과 혜택들을 고객의 얼굴에 '산탄총알처럼 뿌려대고' 한 발이라도 맞기를 고대한다.

이러한 판매원들이 알아채지 못하는 부분은, 사람들이 '그 제품을 이해해서 구매하는 것'이 아니라, 그들의 '기분을 이해 받았을 때, 공감받았을 때' 구매한다는 점이다.

그렇기 때문에 판매원들은, 고객이 어떤 반대의견을 제시했을 때 제품이 제공해줄 수 있는 가치를 정당화하기 위해 방어적이 되고 만다.

이런 태도 대신, 하이 티켓 클로저는 언제나 고객들의 관심을 가슴으로 느끼려고 한다.

하이 티켓 클로저들은 '고객이 도망치고 싶어하는 그 고통은 무엇일까?' 또는 '어떻게 도와드릴 수 있을까?', '이 제품이나 서비스가 제공하는 것이 저분들에게 적당할까, 아니면 그냥 고객을 보내는 게 더 도움이 되지 않을까?'하고 스스로에게 자문한다.

물론 이런 과정에서 불편한 감정이 생길 수도 있다. 그러나, 고객의 문제를 해결한다는 것은 상처를 닦아내는 행위와 같다. 가끔은 낫기 전에 따가울 수도 있다. 그래서 이것은 고객들에게 언제나 즐거운 경험이 될 수 없을 수도 있다.

그러나 의사를 한 번 생각해보라. 의사가 환자를 조금이라도 불편하게 만들지 않으려고만 한다면, 그 의사가 효과적이라고 생각하겠는가?

당신이 일, 이초 정도 아파할 것 같다고 독감 백신 주사를 놓지 않으려는 의사를 상상해보라. 별로 좋은 의사로 여겨지지 않을 것이다. 그렇지 않은가?

어쨌든 당신은 그들의 깊은 문제를 알아내야 한다, 그래야 올바른 조언자, 전문가로서 당신과 고객인 가진 문제점을 해결할 수 있다.

마법의 세 단어

일반인의 건강한 폐와 흡연자의 폐를 비교해 보여주는 금연 광고가 있다. 한쪽은 발그레한 분홍색 색깔의 건강한 폐이고, 다른 한쪽은 회색빛의 쪼글쪼글한 건강하지 않은 폐로 이뤄진 비교 사진이다.

당신이 흡연을 하면 어떤 현상이 벌어지는가를 명확하게 시각화함으로써, 이 광고는 사람들에게 엄청난 감정적 영향을 끼칠 수 있었다.

하이 티켓 클로징에서 하는 것도 이와 비슷하다. 당신은 고객들이 처해 있는 상황과, 그들이 되기를 원하는 상황 간의 차이를 정확하게 알려주는 것이다.

우리는 세 가지 마법의 단어를 이용해 이를 가능하게 한다.

정확히(exactly), 구체적으로(specifically), 상세하게(precisely).

"어떤 결과를 원하세요?"라는 질문 대신 이렇게 물어라. "원하는 결과가 **정확히** 무엇이죠?"

"판매량을 증진시키기 위해서, 어떤 것들을 하셨죠?"라고 묻는 대신, "판매량을 증진시키기 위해서, **구체적으로** 어떤 것들을 하셨죠?"

"오늘 저한테 요청하실 사항이 무엇일까요?"라고 묻는 대신, "오늘 저한테 요청하실 사항이 **상세하게** 어떻게 될까요?"

이 세 가지 단어를 사용함으로, 당신은 고객들의 대답을 좀 더 구체화할 수 있게 되고, 이것은 고객을 이해하고 그들이 원하는 것을 알아내는 데 더 많은 도움을 줄 것이다.

그들의 고통이나 목표를 비롯해서, 그들이 찾고 있는 것이 **정확히, 구체적으로, 상세하게** 무엇인지를 말이다.

당신은 앞으로 이 세 단어가 당신의 매일매일의 대화 일부가 되어야한다. 이 세 단어는 평소 생활 안에서도 사용할 수 있어야 한다.

사람들은 그들에 대해 질문 받는 것을 좋아하고, 당신이 기회만 준다면 얼마든지 더 구체적으로 자신의 이야기를 해 줄 것이다.

이를 통해 고객들은 자신들이 케어 받고 있고, 중요한 사람이라고 느낄 수 있게 된다.

하이 티켓 클로징 규칙 4 : 그들의 3단계 문제점을 찾아라

나는 그동안 수많은 업종의 수많은 고객들의 컨설팅을 하면서 마무리 통화를 할 때 고객들로부터 발견할 수 있는 3가지 단계의 문제점이 있다는 것을 찾을 수 있었다.

1단계 : 표면적 단계의 문제점(지적(知的)인 문제- 쉽게 확인 가능)

2단계 : 비즈니스 혹은 재정적 문제점

3단계 : 개인적 문제점

이 단계가 왜 그렇게 중요한 것인가? 왜냐하면 그들에게 심각한 문제가 없다면, 상담도 구매도, 내 컨설팅을 들을 이유도 없기 때문이다.

이 심각한 문제점에 대하여 잔인할 정도로 분명하게, 제대로 알려주어야 한다. 고객이 그들의 인생에 변화를 주는 선택을 거부한다면 어떤 결과가 초래되는지를 분명하게 알려주는 것이 하이 티켓 클로저의 일이다.

1단계에서는 고객이 상담을 하러 온 시점에 알 수 있다.

고객은 자기가 가지고 있는 문제에 대해 이야기할 때 보통, 굉장히 이성적이고 감정을 담지 않는다. 그러나 우리는 그들이 우리를 찾아오게 된 이유가 더 깊은 곳에 있음을 분명히 알고 있다.

고객은 당신에게 찾아와서, 이렇게 평범하게 얘기한다.

"제가 하는 사업에 더 많은 고객을 유치하고 싶어서 찾아왔어요."

하지만 당신이 좀 더 깊은 대화를 나누어 보면, 그 이면에 더 높은 수준의 문제가 자리함을 발견할 수 있다.

이것이 바로 2단계의 문제점, 비즈니스 혹은 재정적인 문제에 해당한다.

자, 당신이 이 고객에게 이렇게 말한다고 해보자.

"음, 현재 고객 수는 어느 정도 되시죠? 아주 안 좋은 상황은 아닐 것 같은데, 그렇죠?"

이 질문에 대답하면서, 고객들은 자신의 문제에 대해 더 자세히 이야기하고 더 깊은 내면에 자리한 걱정거리를 드러낼 것이다.

그들의 이야기 속에서, 나는 그의 사업이 지지부진한 이유가 무엇 때문인지 알아낼 수 있을 것이다.

당신은 그렇게 질문하고 대답을 들으면서, 단순한 표면적 이유 외에 더 깊은 원인인, 문제가 무엇인지를 찾아내었다.

그러나, 아직 더 높은 한 단계가 남아있다.

3단계, 개인적인 문제가 그것이다. 이 문제가 당신에게 어떤 형태로 보여질 것인가?

음, 당신은 아마 고객에게 몇 가지의 질문을 더 던져봄으로써 고객의 사업이 사실 집안 대대로 이어져 내려온 가업이었다는 사실을 발견해낼 수도 있다. 만약 고객이 더 많은 고객을 유치하지 못한다면, 그들의 가업은 문을 닫아야 할지도 모른다.

이것이 바로 단계 3에 해당하는 문제이다.

당신이 고객들의 문제를 파 내려가다 보면, 이 3단계의 문제점이 언제나 이렇게 극단적이지만은 않을 것이지만, 3단계의 문제점을 알아내는 것이 1단계의 문제점만 파악하는 것보다 문제를 해결하는데 훨씬 더 효과적일 것이다.

문제가 없으면, 마음이 움직이지 않는다. 마음이 움직이지 않는다면, 구매도 없다.

당신은 이런 생각이 들 수도 있다.

"알았어요, 댄. 말이 되긴 하네요. 그런데 어떻게 3단계의 문제점을 알아내죠?"

찾아내는 질문을 하면 된다. 여기서 찾아내는 질문들이란, 당신의 고객에 대한 정보를 더 많이 찾아낼 수 있도록 고안된 질문들이다.

아래, 고객의 문제점을 좀 더 깊게 알아내고자 할 때 당신이 사용할 수 있는 예문을 보라.

- 그것에 대해 좀 더 자세히 이야기해주세요.
- 좀 더 구체적으로 설명해주실 수 있으실까요? 예를 들면요?

- 이 문제가 얼마나 오래 지속되고 있죠?

- 이 문제와 관련해 어떤 것들을 해보셨나요? 그 방법들이 잘 통하던 가요?

- 이 문제점에 얼마 정도 비용이 들었다고 생각하시나요?

- 그것에 대해 어떻게 생각하세요?

- 그 문제를 해결하려고 어떤 노력들을 해오셨나요?

3단계 수준의 문제점을 알아내는 것은, 문제의 핵심에 더 가까워지는 것이다. 당신은 고객들로부터 더 신뢰받을 수 있을 것이고, 신용 있는 사람으로 여겨질 것이며, 당신 스스로도 문제의 경중에 상관없이 어떤 고객에게든 다가가기 더 쉬워짐을 깨달을 것이다.

특히 컨설팅 업무에서는 계약을 이끌려고 하지 말고, 고객의 문제점을 이해하고 해결하려는 아군의 마음으로 접근해야 고객이 마음을 열고 다가오게 된다.

하이 티켓 클로징 규칙 5 : 나쁜 고객을 가까이하지 마라

당신이 한 번이라도 나쁜 고객, 흔히 말하는 진상 고객을 다뤄본 경험이 있다면, 이것이 얼마나 지치고 스트레스 받는 일인지 알 것이다.

언제나 불평만 하는 고객, 요구하는 게 너무 많은 고객, 혹은 그냥 단순히 어려운 고객 등 어떤 타입의 나쁜 고객이던지 간에 당신은 가까이하고 싶지 않을 것이다. 이러한 고객들은 당신에게도, 당신의 사업에 있어서도 전혀 도움이 되지 않는다.

기억하라. 고객과의 대화는 고객이 당신을 선택하는 만큼 당신 역시 고객을 평가하는 과정이라는 것을.

당신은 당신 고객이 된 사람들과 좋은 관계를 유지하고 싶다. 나쁜 고객들은 누구에게든 쓴맛만 남긴다. 그들은 스스로를 구하려 하지 않는 사람들이다. 구태여 그런 사람들을 구하지 마라.

달리기를 하고 있는데, 처음부터 끝까지 다른 사람을 매달고 달려야 한다고 생각해보라. 절대 즐겁지 않을 것이다. 만약 그들이 그들의 두 다리로, 스스로 달리려 하지 않는다면 당신이 도와줘 봤자 잘 달릴 수 없을 것이다.

만약 당신이 프로그램을 판매하는 사람이라면, 구매자들은 그 프로그램을 스스로에게 적용시키고 싶어하는 사람들이어야 한다. 만약 당신이 물건을 판매하는 사람이라면, 구매자들은 그 물건을 사용하고자 하는 사람들이어야 한다.

당신이 컨설턴트라면, 당신의 조언을 실행할 사람들을 고객으로 골라내야 한다. 그렇다면, 이 나쁜 고객들을 어떻게 거절해야 하는가?

이 '상품이나 제품은 당신 회사와 잘 맞지 않네요'하고 분명하게 이야기해주면 된다.

당신에게는 분명 아주 잘 맞는 다른 고객들이 있을 것이다. 이것이 바로 선택의 묘미다.

하이 티켓 클로저가 되면, 당신은 더 풍요롭게 살 수 있다. 당신의 도덕적 잣대나 가치에 반하는, 하고 싶지 않은 일들을 굳이 할 필요가 없다.

다음과 같은 고객은 상대하지 마라.

• 부정적인 고객들

• 당신의 인생에 막장 드라마 같은 상황을 가져오는 고객들.

• 언제나, 절대 끝나지 않는 문제점을 들고 오는 고객들.

• 지나친 요구를 하거나 비이성적인 기대를 갖는 고객들.

• 하루 중 언제가 되었든 상관하지 않고, 언제나 당신에게 시간을 내길
  요구하고 당신이 스케줄을 맞춰주기 바라는 고객들.

당신도 이미 알고 있듯이, 인생은 너무 짧고, 시간은 우리가 가진 가장
가치 있는 원료이다. 우리의 도움을 원하지 않는, 우리의 도움에 감사할 줄
모르는 사람들에게 시간 낭비할 필요는 없다.

다시는 부정적인 사람을 상대하지 않아도 된다면, 당신의 인생이 얼마
나 더 나아지고 즐거워지겠는가? 당신에게는 선택권이 있고, 원하는 고객
을 직접 선택할 가치가 있는 사람이다.

하이 티켓 클로징 방법론

자연스럽고 논리적으로,
고객 스스로의 결정으로 움직이게 하는 방법

이제 당신이 하이 티켓 클로징의 심리학적 측면과 규칙들을 이해했으니, 하이 티켓 클로징 콜을 상세하게 알아볼 때가 되었다.

이 전화를 할 때는, 우아하게, 침착하게, 그리고 자신감 있게 해야 한다.

당신이 이 전화 통화의 단계와 어떻게 전화를 해야 하는지 이해하게 되면, 앞으로 거래를 훨씬 더 쉽게, 더 교양 있고 세련된, 더 부유한 고객들에게서 끌어낼 수 있을 것이다.

하이 티켓 클로징 콜의 세 단계

모든 전화 통화에는 세 개의 단계가 있다. 하나하나 단계를 밟아갈 때, 당신은 당신의 목표인 판매 성공을 향해 가까이 다가가는 것이다.

이 단계들은 계단을 오르듯이 꾸준하게 목표를 향해 다가가는 것과 같다. 이 단계들은 순서대로 진행하도록 고안되었으며, 중간 단계를 뛰어넘거나 삭제하면 안 된다.

이 단계들은 당신이 하이 티켓 클로저로서, 시작부터 끝까지 전화 통화를 통제할 수 있도록 디자인되었다.

소개부터 거래성사까지, 논리적으로 진행되어 전화 통화가 자연스럽게 흘러갈 것이다. 이 방법은 열정이나 얄팍한 상술, 혹은 대본 암기 따위에 기대지 않는다. 이 방법은 인간행동과학과 당신의 기교의 조합이다. 한 번 익혀 놓으면, 당신의 가망고객과 좀 더 깊게 컨택될 수 있을 것이다.

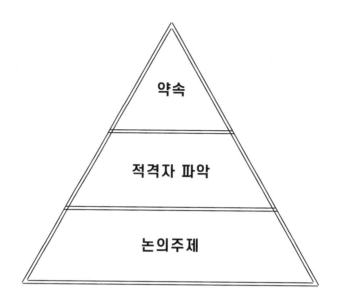

1단계 : 논의주제

1단계는 통화가 시작되는 지점이며, 당신이 대화의 틀을 잡는 시점이다. 고객은 처음 몇 초 동안 당신이 말하는 것을 들으며 당신을 평가하고 판단할 것이므로, 이 시점은 굉장히 중요하다.

이 단계에서, 당신은 주제(비즈니스)가 진행될 방식에 대해 분위기를 만들게 된다.

여기서 당신은 고객이 '조금 들어볼까?' 하는 정도의 기본적인 집중력을 줄 수 있고, 그들의 동기를 이해할 수 있으며, 예상 고객이 원하는 것이 무엇인지 발견할 수 있을 것이다.

이 단계는 최대 5분을 넘기지 말아야 한다.

하이 티켓 클로저의 예

고객 : 여보세요, 댄 씨 되시나요?

상담원 : 네, 제가 댄입니다. 어떻게 도와드릴까요?

고객 : 아, 예약해 둔 약속 때문에 전화 드렸는데요.

상담원: 네, 오후 3시 약속 말씀이시죠, OOO님. 오늘 어떤 일 때문에 통화 요청을 하셨을까요?

고객 : 음, 제가 지금 A, B, C에 대해 알아보는 중이거든요.

상담원 : 아, 그러시군요. 일단, 저희 서비스(제품)가 고객님과 잘 맞을지, 지금 고객님이 하시는 일에 어떻게 해야 최대한 도움을 드릴 수 있을지를 보기 위해 몇 가지를 먼저 좀 여쭤볼게요. 괜찮으실까요?

딱 몇 문장만으로, 당신은 신뢰를 형성하고 약간의 집중을 끌어냈으며, 일반적인 영업사원과 달리 고객과 통화에 대한 기대치도 마련해주었다.

일반적인 영업사원 예

영업사원 : 안녕하세요, OOO님. 잘 지내시죠?

가망고객 : 네, 안녕하세요.

영업사원 : 좋네요. 저에게 1분만 시간을 좀 내주신다면, 굉장히 좋은 한정 상품(서비스)에 대해 설명을 좀 드리고 싶은데요. 혹시 통화하기 괜찮으실까요?

일단, 고객에 대한 예상과 현단계에 대한 위치 정립이 끝났다면, 다음 단계는 고객들이 당신의 서비스나 제품에 적합한지 여부를 확인하는 것이다.

2단계 : 적격자 파악

문제가 없으면 판매도 없다는 것을 기억하라. 2단계는 우리가 고객의 문제점, 필요사항, 요구 등등을 전부 밝혀내는 단계이다. 이 단계를 마쳤을 때 당신은 다음과 같은 사항들을 파악하고 있어야 한다:

- 그들의 욕구, 바램, 욕망이 무엇인가?(욕구란 한마디로 소비자의 결핍된 상태를 충족하려는 마음을 말한다. 바램은 욕구를 만족시켜주는 구체적이고 세부적인 방법이라고 볼 수 있다.)

- 그들은 누구를 위해서 이것을 하는가?

- 그들은 어디에 자리하고 싶은가?

- 그들은 왜 나중이 아니라 바로 지금 나의 제안을 고려하고 있는가?

- 제시한 제안을 감당할 수 있는 금전적 여력이 있는 사람인가?

- 결정권자인가?

- 만약 당신이 판매하고 있는 것이 이벤트나 프로그램처럼 그들이 시간을 할애해야 하는 종류의 것이라면, 그들은 참여할 시간을 낼 것 같은가?

이 적격자 판단 단계에서는 다음 단계로 넘어가기 전에 위의 질문을 전부 파헤쳐보아야 한다.

이 시점에서 당신은 예상 고객과 진정으로 교류할 수 있고, 예상 고객을 더 깊이 이해할 수 있다. 당신은 적절한 시점에 적절한 질문을 함으로써 이를 알아낼 수 있을 것이다.

욕구 단계 척도

통화를 시작하면, 당신은 가망고객이 욕구 단계 척도 중 어디에 위치하는지 파악해야 한다.

여기서 말하는 욕구 단계 척도는 무엇인가? 이 척도는 당신의 가망고객이 당신의 제안을 어느 정도로 필요로 하거나 원하는가를 파악하는 것이다.

1과 10 사이가 그 범위가 된다.

'1'은 당신의 제안이 필요 없다는 것이고, '10'은 당신의 제안을 다급하게, 매우 필요로 하는 것이다.

이것을 해야 하는 이유는 무엇인가? 음, 진심으로 문제를 해결하려는 고객과 그냥 찔러보는 사람들을 구분해서, 서로 다른 접근법을 사용한다면 좋지 않겠는가? 다른 차원의 욕구에는 다른 차원의 전략들이 필요하다.

이 단계 척도는 다음과 같은 형태이다 :

- 1부터 5까지에 해당하는 고객은 욕구 수준이 낮은 사람이다.

- 6에서 8까지에 해당하는 고객은 약간의 관심이나 욕구가 있는 사람이다.

- 9에서 10까지에 해당하는 고객은 매우 관심 있으며, 열정적이거나 혹은 매우 급한 사람이다.

이제 1, 혹은 2에 해당하는 고객들에게 돈 이야기를 꺼내거나 거래를 성사시키려는 것이 왜 좋지 않은 생각인지 알겠는가?

반면, 9~10에 있는 사람들은 이미 '문제점을 파헤쳐 해결책이 매우 필요한 사람들'인데 다시 문제점을 부각하는 것은 역효과를 낳을 수도 있다는 것을 알겠는가?

고객들의 문제점 수준에 따라서 그들이 어느 지점에 위치하고 있는지 이해하고 추측함으로써, 당신은 언제 움직여야 하는지에 대한 더 명확한 아이디어를 얻을 수 있을 것이다.

당신이 고객을 8이상의 욕구 단계로 끌어냈다면, 통화의 마지막 단계에 이를 때만 움직임을 취해야 한다.

만약 욕구 수준이 낮은 5이하의 사람이라면, 당신은 전략적인 질문을 던져 그들의 욕구를 올릴 수 있을 것이다.

좋은 전략적 질문은 고객으로 하여금 스스로 생각해 보게 만들고, 스스로가 논리적이고 이성적인 결론에 이를 수 있도록 도와줄 것이다.

하이 티켓 클로저 예

클로저 : 현재 매출을 어느 정도 내고 계시죠?

고객 : 한 달에 십만 불 정도요.

클로저 : 십만 불요? **그 정도면 엄청 괜찮은데요. 뭐가 문제인가요?**

가망고객 : 음, 우리가 바라는 만큼의 이익이 남지 않아요.

이제 당신은 위와 같은 간단한 질문이 뭐가 특별하다는 건지 궁금할 것이다. 음, 이 질의를 일반적인 영업사원의 접근법일 때 어떤 대화가 될지 살펴보자.

일반적인 영업사원 예

영업사원 : 현재 매출을 어느 정도 내고 계시죠?

가망고객 : 한 달에 십만 불 정도요.

영업사원 : 음, **고객님의 비즈니스 모델로는 별로 이익이 남지 않**

겠군요. 자, 고객님이 어떻게 하셔야 하는지, 저희가 어떤 도움을 드릴 수 있는지 말씀드릴게요.

차이점이 보이는가? 미묘하지만, 결과에 비추어 생각해보면 이 작은 차이가 세상을 바꾸는 것이다.

물어볼 수 있는 질문들은 다양한 종류가 있다. 정보를 수집할 때 당신이 사용할 수 있는 흔한 질문들은 다음과 같은 것들이 있다.

- 하고 계신 그 방법, 고객님 *상황에 잘 맞을 것 같은데요. 뭐가 문제인가요?*

- 정확하게 *어떤 종류의 결과를 바라시는 걸까요?*

- 이런 방식으로 한다면, 고객님에게는 *어떤 변화가 될까요?*

- 만약 당신이 이런 종류의 꿈을 꾸고 있다면, 고객님의 삶에서 *무엇이 달라질 것 같은가요?*

- 그러니까, 목표가 어떻게 되신다구요? 여기서 *달성하시려고 하시는 게 무엇인가요?*

- 문제가 뭐라고 생각하시나요? *어떤 게 고객님을 막고 있나요?*

- 고객님의 상황에 최근 *어떤 변화가 있었나요?*

- 고객님께서는 *왜 도움이 필요하다고 생각하세요?*

고객의 니즈와 욕망, 돈 등 결정에 대해 적절한 단서를 설정하고 나면, 당신은 이제 대화의 마지막 단계인 약속으로 움직일 수 있다.

3단계 : 약속

고객 파악의 단계를 마친 뒤, 이 단계에서는 당신의 제안을 내보이고, 고객의 약속 의지를 확인하게 되며, 왜 이것이 중요한지 입증시켜주어, 거래를 성사시킨다.

이 단계는, 고객이 구매를 약속하도록 만드는 것이 그 전부이다.

고객들이 이 선택이 옳다고 스스로 결정하도록 이끄는 것이다. 그리고 그것을 그들이 결정하게 하라. 다시 강조하지만 팔려고 하지 말고 사려고 하게 만들어라.

기억하라, 당신이 무언가를 얘기할 때, A를 말하면 그것은 그냥 A를 의미하고 그 이상의 의미가 없다. 하지만 고객이 A를 말한다면 그것은 우리가 알아야 할 전부를 의미한다.

보통 일반적인 영업사원들은 이 단계에서, 자신의 제품이나 서비스가 얼마나 가치 있는지, 고객들에게 최고의 제품처럼 보여지게 하려고 애쓸 것이다. 그러나 하이 티켓 클로저는 이렇게 움직이지 않는다.

하이 티켓 클로저 예

클로저 : 그러니까, OOO님, 오늘 필요하신 게 X, Y, Z라는 걸 잘 알았습니다. 그런데, 다른 업체에 가시면 저희보다 저렴한 서비스도 많이 보실 수 있으실텐데요. 혹시 저희 서비스를 사용하시려는 특별한 이유가 있으실까요?

고객 : 글쎄요, 일단 담당자분 평판이 좋더라구요. 담당자분이 일 잘하신다고 친구들에게 많이 들었거든요. 그리고 저희가 같이 일하면, 저희 쪽 수익도 많이 올릴 수 있을 것 같네요.

클로저 : 좋습니다. 그럼, 이제 어떻게 할까요?

고객 : 진행하는 걸로 합시다.

이를, 일반적인 영업사원의 방식으로 다시 살펴보도록 하자.

일반적인 영업사원 예

영업사원 : 그러니까, 저희 패키지를 구매하시면 A, B, C가 포함되어 있구요, 거기에다가 D도 같이 보내드릴게요. 보통 이 정도 하시려면 1만 불 정도 생각하셔야 하는데, 이렇게 빠른 결정 해주시는 분께는 저희가 7,500불까지 맞춰드릴 수 있습니다. 어떻게, 오늘 하시겠어요?

고객 : 음… 일단 좀 생각해 볼게요.

영업사원 : 에이, 생각해보실 게 뭐 있으십니까?

이게 전부이다. 이 세 개의 간단한 단계들이 하이 티켓 클로징 상담의 전부이다. 당신이 고객과의 대화를 이런 식으로 구성한다면, 당신은 이리저리 이런 주제, 저런 주제 널뛰는 대신 차분하게 통제력을 가지고 대화를 이끌어 갈 수 있을 것이다.

이렇게 할 때, 당신은 고객의 거부감이 줄어들면서 이전보다 더 원활한 대화를 진행할 수 있음을 알게 될 것이다.

다음은 무엇인가?

이쯤에서 여태까지 배운 내용들이 당신에게 조금 버겁게 느껴질 수도 있다. 혹은 이 하이 티켓 클로징이 실제 행동으로 옮겨질 때 어떨지 궁금할 수도 있다. 하이 티켓 클로징에 대해 더 자세히 알아보고 싶다면, http://

unlock-itbook.com/resources를 방문해 보아라. 이 사이트에서 라이브 롤플레이를 비롯하여 추가적인 트레이닝도 살펴볼 수 있고, 하이 티켓 클로저가 되는 것이 무엇인지 더 알아볼 수 있을 것이다.

하이 티켓 클로징에 대해 어느 정도 배웠으니, 이제 가망고객을 확실한 당신의 고객으로 전환시킬 수 있는 당신만의 강력한 방법의 문을 열어보아라. 그러나, 어디까지나 판매는 수많은 방정식들의 일부분일 뿐임을 기억하라.

다음 챕터에서, 사업 성장의 문을 열어주는 더욱 핵심적인 요소들에 대해 공부해 볼 것이다.

Chapter 8

지속 가능한 수익을 만드는 방법

적합한 유형 : **조난자, 만족하지 못하는 왕**

대부분의 기업가들이 조금의 성공을 거두면 이제는 치열한 생존경쟁의 무대에서 벗어났다고 생각할 때가 있다. 하지만 자세히 보면 여전히 쳇바퀴를 열심히 돌고 있는 모습뿐이다.

그들은 아직도 우왕좌왕한다. 급한 불을 서둘러 끄고, 임기응변으로 상황을 모면한다.

왜 소기업의 절반이 시작한지 5년내에 망하는지 알 수 있을 정도다.

당신의 사업이 계속 성장하고 번창하며, 제대로 된 상태로 지속되게 하려면 대체 어떻게 사업체의 핵심 구조를 구상하여야 하는가?

사업 성장의 세 개의 축

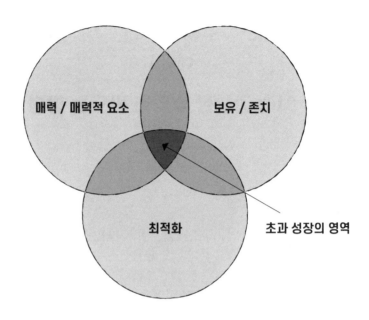

이 그림을 보면, 사업 성장의 문을 여는 실마리를 푸는 방법은 세 가지 뿐이다. 이 세 가지는 무엇인가?

- 매력 : 예측 가능하고 지속 가능한 방법으로 고품격의 리드를 통해서 새로운 사업을 창출한다.

- 유지 : 기존 고객이 유지되는 수치를 높혀 고객이 당신에 대한 충성 도를 높인다.

- 최적화 : 고객에게 창출하는 가치를 극대화 시킨다.

지지부진하는 사업들의 경우, 이 세 가지 중 한 가지가 매우 약하거나, 혹은 이 세 가지가 뒤섞여 있는 경우가 많다.

여기서 볼 수 있듯이, 이 세 가지는 서로 함께 작용될 때 굳건하고, 지속 가능하며, 성장 가능한 사업을 만들어 낼 수 있다.

만약 이 세 가지의 중 한 가지라도 제대도 돌아가지 않는다면, 당신은 사업의 균형을 맞추지 못하고 있는 것이다.

매력 : 예측 가능하고 수익성이 높으며 이상적인 고객을 지속적으로 유치하는 방법

어떤 기업도, 수익을 잘 내고 있는 사업을 정리하지는 않는다. 대부분의 사업들은 수익이 나지 않기 때문에 전전긍긍하는 것이다. 이들이 이렇게 고군분투해야 하는 이유는, 새로운 사업의 창출을 예측해서 진행할 수 없기 때문이다.

물론 수익 하나가 당신의 모든 사업적 문제를 해결해 줄 수는 없지만, 그래도 수익은 꽤 많은 문제를 해결해 줄 수 있다.

매력 항목은 두 부분으로 나눠 설명할 수 있다.

마케팅과 거래성사가 그것이다.

먼저, 마케팅은 당신의 제품에 최고의 인지도를 만들어, 새로운 고객 유입을 생성해주는 마중물 역할을 한다.

최고의 인지도란 특정 제품군을 생각할 때 가장 먼저 떠오르는 브랜드를 의미한다. 전기차하면 테슬라가 떠오르고 커피는 스타벅스, 운동화는 나이키 등이다. 그러나 가장 먼저 브랜드가 떠오른다 하여 그 제품을 구매하는 것은 아니다.

그래서 다른 한 부분인 거래성사는 이렇게 생성된 고객들이 판매로 이어질 수 있게 도와주는 부분이다.

이 두 부분을 함께 적용하여 예상 가능하고 수익성이 높으며 지속적인 방법으로 고객을 이끌어 내는 것이 바로 이 매력 부분이다.

이를 달성하기 위한 첫 번째 스텝은 다음을 알아내는 것이다 :

고객을 유치하는 데 얼마나 투자할 수 있는가?

대부분의 사업 오너들은 이에 대해 전혀 감을 잡지 못한다. 그들은, '글쎄, 최대한 적은 돈을 들여서 고객을 유치하고 싶은데……'라고 생각한다.

그래서 그들은 사람들 사이의 입소문으로 퍼지는 구전 마케팅 방식이나 네트워킹, 판촉 전화 등에 의지하며, 우왕좌왕하다가 진땀을 흘리고, 그러고 나서야 사업이 전혀 성장하고 있지 않음을 알아챈다.

이러한 사람들은, 그들의 사업이 성장하지 못하고, 항상 힘들어 하는 이유를 깨닫지 못한다. 왜냐하면 구전 마케팅은 통제할 수 없기 때문이다.

기억하라!

당신에게 고객을 유치하는 일관되고 지속적인 방법이 없다면, 당신은 사업을 하는 것이 아니다. 당신은 그냥 취미 생활을 하는 중일 뿐이다.

대부분의 사업 오너들은 그들이 입소문에 의지하고, 마케팅에 한 푼도 쓰지 않는다는 사실을 자랑스럽게 이야기하는 데 거리낌이 없다.

이렇게 입소문에 기대어 사업이 성장하길 바라는 것이 근거가 없는 맹목적 믿음 하나로 사업을 하고 있다는 사실인데 그들은 깨닫지 못하고 있는 것이다.

고객 확보에 관해 예측할 수 있는 시스템이 없다면, 당신은 사업을 하고 있는 것이 아니다. 그냥 취미생활일 뿐이다. 그러나, 고객 확보에 어느 정도 투자할 마음을 먹는다면, 당신에게 마케팅은 단순한 수학 문제가 될 수 있다.

마케팅은 수학이다

자, 당신이 판매하고 있는 물건의 가격이 1,000불이고 이 중 200불이 제작단가라고 가정해보자. 이는 곧 800불의 이익을 주는 제품을 파는 것이라 생각할 수 있다.

이 수입 중 당신은 얼마를 마케팅을 비롯한 고객유치에 재할당하겠는가? 대부분의 기업가들은 '최소한 적게'라고 말할 것이다.

그들이 원하는 것은 수익을 가능한 한 크게 유지하고 싶어하기 때문이다. 나는 조금 다른 철학을 가지고 있다.

나는 내 경쟁자들보다 더 많은 돈을 써서 고객을 얻어내고 싶다. 그 이유는 다음과 같다.

두 개의 사업이 있다고 해보자.

1사업과 2사업.

1사업은 고객유치에 100불만 투입하고 싶어한다. 동시에 2사업은 고객유치에 500불을 투입하려 한다. 누가 이길 것 같은가?

고객을 유치하기 위해 경쟁업체보다 더 많은 돈을 쓰면, 더 공격적으로 사업을 확장할 수 있고 더 다양한 채널을 통해 홍보할 수 있다.

경쟁업체보다 더 많은 마켓쉐어를 가져갈 수 있으며, 더 적극적으로 시장에 진입할 수 있고, 최초의 인지도를 가져갈 수 있다.

결국에는 어떤 업체든지 마켓팅과 고객유치에 돈을 더 많이 투자할 수 있는 업체가 이기게 되어있다.

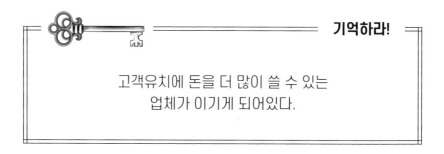

기억하라!

고객유치에 돈을 더 많이 쓸 수 있는
업체가 이기게 되어있다.

이제, 고객 유치에 지출할 금액을 '어떻게 결정해야 하는가?'에 대해 생각해보자.

나의 팀의 경우, 허용되는 '한 명의 고객 유치 비용은 최초 구매 금액의 70%까지이다. 즉, 판매금액이 1,000불이었다면, 그 고객을 유치하기 위해 700불을 사용한다는 것이다.

몇 번의 테스트와 수정을 거듭해, 이 비율이 우리 사업에 적정하다고 판단하였다. 물론 당신의 사업은 이와 다를 수도 있다.

우리가 이 정도 금액을 고객유치에 투자해도 되는 까닭은, 내 컨설팅 사업의 경우 대부분의 수익이 더 높은 옵션으로 업그레이드 시키거나 재구매를 유치하는 데서 나오기 때문이다.

유지 : 고객을 열광적인 팬으로 만들기

유지는 두 가지로 나누어 설명할 수 있다.

하나는 고객 만족이고, 다른 하나는 우수고객화이다.

고객 만족

기업이 성장해갈수록, 고객의 목소리에 신경을 덜 쓰게 되고, 고객과 점점 멀어지기 쉽다. 기업 성장에 있어 고객의 의견, 생각을 지속적으로 모니터링하는 것은 무엇보다 중요하다.

우리 팀의 경우, 고객 만족이 잘 충족되고 있는지 우리 회사의 '순추천고객지수(NPS)[01]'를 꾸준히 확인한다.

측정 방법은 다음과 같다: 다음 질문에 관하여 1점부터 10점 사이 점수를 부여해 줄 것을 고객에게 요청한다.

"우리 제품/서비스를 친구나 직장동료에게 얼마나 추천하시겠습니까?"

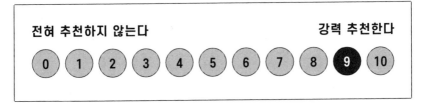

당신의 고객은 다음 세 가지 카테고리로 나눌 수 있다.

• 추천자 / 적극적 - 9 혹은 10점을 준 고객

• 중립자 / 소극적 - 7~8점을 준 고객

• 비추천자 / 부정적 - 0~6 사이의 점수를 준 고객

'순추천고객지수'는 추천자 비율 / 비추천자 비율로 나타낼 수 있다.

---

01) 순추천고객지수: Net Promoter Score. 고객 만족도 측정 지표로, 2003년 Fred Reichheld(Bain & Company 의 CEO)가 Harvard Business Review에 소개한 개념이다.

예를 들면, 60%의 고객이 추천자이고 10%의 고객이 비추천자일 경우, 당신의 지수는 50이 된다.

이 점수가 70이상일 때, 세계적인 수준이라고 판단할 수 있다.

우리 팀은 90점을 목표로 하며, 전 직원들이 평균적으로 이 점수를 달성해낸다. 만약 이 점수를 달성하지 못한 경우, 재빨리 조정을 가한다.

높은 '순추천고객지수'를 달성하는 비결은 무엇인가?

고객의 충성도를 보다 높은 수준으로 끌어올리는 것이다. 즉, 단순고객을 우수고객으로 만드는 것이다.

우수고객화

모든 고객이 동일한 방법으로 유치된다고 생각하는가?

나는 그렇게 생각하지 않는다. 모든 고객이 당신, 혹은 당신의 사업과 동일한 모습의 관계를 가지는 것은 아니다. 어떤 고객들은 다른 어떤 고객들보다 더 수익성이 좋은 고객이 되기도 한다.

사업을 성장시키고 싶다면, 당신과 좋은 관계를 가지고 있는 고객에게 집중해라.

고객과 만들 수 있는 다섯 단계의 관계 유형을 한 번 살펴보도록 하자. 이 단계들은 가망고객에서 열정적인 팬의 형태까지를 범위로 한다. 가장 충성심이 높은 단계부터 낮은 단계 순서로 진행된다.

열정적인 팬	"여기 너무 좋아! 친구들한테도 알려줘야겠어."
멤버	"여기 몇 년째 다니게 되네"
고객	"여기 올 때마다 기분 좋네."
단순구매자	"여기 괜찮았어. 다음에 다시 올지도."
잠재고객	"새로운 미용실 알아봐야 하는데."

　　열정적인 팬은 당신의 사업을 사랑하며, 친구들에게 적극적으로 추천하는 사람들이다. 멤버에 해당하는 사람들은 지속적으로 자주 당신의 물건이나 서비스를 구매하는 충성심 가득한 로얄 고객이다.

　　고객은 가끔 방문하지만, 언제나 기분 좋은 방문이라고 여기는 사람들이다. 단순구매자는 한 번의 구매 경험이 있고, 재방문할 의사가 있는 사람들이다. 잠재고객은 그들의 문제를 해결할 방법을 찾고 있는 사람들로, 당신의 제품이나 서비스를 한 번쯤 사용해 볼만한 옵션들 중 한 가지로 생각한다.

성장률은, 어떻게 고객이 더 빨리 충성도의 사다리를 오르도록
할 수 있는가에 따라 결정된다.

당신이 해야 할 일은, 잠재고객이 빨리 충성도의 사다리를 오를 수 있
도록 하는 것이다. 그리하여 잠재고객이, 멤버 혹은 열광적인 팬이 될 수
있도록 말이다.

단순구매자 VS 멤버

왜 단순구매자보다 멤버들에게 더 집중해야 하는가?

첫 번째 이유로는 팀 슈미츠가 연구 발표한 집단마케팅에 따르면, '자
신을 멤버라고 여기는 고객들의 구매력이 일반 고객이라고 인지하는 고객
들보다 약 66.3% 높다'라고 말한다.

두 번째로는, 멤버는 새로운 고객 확보에 더 많은 비용을 들이지 않고
도 반복적이고 예측 가능한 수익을 창출할 수 있다는 점이다.

마지막으로, 단순구매자보다 멤버가 됨으로써 얻는 장점들이 더 많음
에도 불구하고, 멤버가 되기 위한 비용은 고객이 되는 비용과 같다는 점
이다.

멤버와 사업자와의 관계도 단순구매자와의 그것보다 더욱 끈끈하다.

단순구매자는 단기적이며 그들이 찾고 있는 물건이나 상품 등 그 자체
에 대해서만 신경 쓴다.

멤버들은 장기적이며 물건이나 상품뿐만이 아니라 그에 따른 인간적인 관계나 기업 철학도 고려한다. 강력한 멤버쉽은, 세계 전역에서 사업을 성공시키는 필수적인 요소이기도 하다.

아마존 프라임, 코스트코, 크로스핏, 넷플릭스, 스타벅스 등 이러한 회사들이 강한 멤버쉽의 뼈대를 잘 만들어 놓은 회사들이다. 강력한 멤버쉽은 장기적인 성장의 튼튼한 토대가 되는 것이다.

멤버쉽은 공동체(community)를 기반으로 한다

당신이 해볼 수 있는 재미있는 실험이 하나 있다.

피트니스 클럽인 크로스핏에 속한 사람에게 다른 피트니스 클럽인 엘에이 피트니스가 더 나은 회사임을 설득시켜 보아라.

당신 주변에 크로스핏에 빠진 사람이 한 명이라도 있다면, 당신은 이것이 불가능한 일이라는 것을 바로 알아챌 것이다. 어떤 말을 어떻게 하든지, 그 사람들을 설득할 수는 없다.

이는 다름 아닌 한 단어 때문이다.

'커뮤니티(community, 공동체)'

크로스핏은 그들만의 커뮤니티를 갖고 있고, 그들만의 문화를 가지고 있다. 이 안에 속한 사람들은 서로 굉장히 가깝고, 긴밀하게 묶인 가족처럼 느낀다. 여기 속하지 않는 사람들은 왜 크로스핏 멤버들이 그렇게 열정적인지 이해하지 못한다. 이것이 강한 커뮤니티를 가짐으로써 나타나는 효과이다.

잘 결속된 커뮤니티를 가지게 된다면, 그 속의 멤버들은 아무런 인센티브가 없어도 당신의 회사를 지지할 것이다. 강한 커뮤니티를 가지고 있다면, 당신의 비즈니스는 그들의 일부가 될 것이며, 그들은 당신을 위해 싸워줄 것이다.

그들은 기쁘게 그 커뮤니티에 머물기 위한 비용을 쓸 것이고, 당신 회사가 출시하는 신제품들을 고대할 것이며, 당신의 브랜드를 자랑스럽게 여기며 당당히 지지할 것이다.

사실, 강한 커뮤니티를 형성하기 위해서 큰 자본을 들여야 하는 것은 아니다. 당신에게 필요한 것은 다음 세 가지 단계가 전부이다.

1. 당신의 가치를 파악하라

당신의 가치를 아는 것은 당신의 커뮤니티에 있어 필수적인 것이다.

당신의 커뮤니티가 찬성하는 것은 무엇이며, 찬성하지 않는 것은 무엇인가? 당신이 믿는 것은 무엇이며, 믿지 않는 것은 무엇인가? 당신의 커뮤니티가 존재하는 이유는 무엇인가?

애플은 현재의 세상에 도전하기 위해 존재하며, 그러한 도전을 하고자 하는 사람들을 매료시키고, 흐름에 편승하기만을 원하는 사람들은 쫓아버린다.

당신의 커뮤니티가 추구하는 가치는 어떤 가치일 것인가?

2. 약속한 것 이상으로 전달하라

대부분의 기업들은 그들이 약속한 것들만을 제공하거나 때때로 그 이하로 제공하기도 한다. 그들의 고객이나 멤버들을 위해 더 많은 것을 제공하는 경우는 없다.

자포스(Zappos, 수입 잡화 쇼핑몰)는 배송 및 반품 운송료를 전부 다 무료로 함으로써, 고객들로 하여금 '환호를 지르게'하는 경험을 제공해 준 최초의 회사였다.

고객들이 반품할 때마다 많은 비용이 발생할 텐데 왜 이렇게 하는지 많은 사람들이 궁금해했다. 그들이 깨닫지 못한 사실은 바로, 자포스는 이렇게 함으로써 충성도 높은 고객들을 만들어 낼 수 있었다는 것이다.

당신은 당신의 회원들에게 어떤 것들을 더 얹어줄 수 있겠는가?

3. 회원들이 공유할 수 있는 공간을 만들어라

회원인 사람들은 그들끼리 만나고, 연결하고 싶어한다. 사람에게는 본질적으로 비슷한 사고방식과 같은 가치를 추구하는 사람들을 찾고 싶어하는 경향이 있기 때문이다.

내 학생들과 하이 티켓 클로저들은 온라인을 통해 매일매일 교감하고 그들의 실적은 물론, 그들이 겪고 있는 어려움 등등도 공유한다.

여기에 더하여, 우리는 '블랙타이 이벤트'라고 부르는 회원제 연중 행사가 있는데, 수천 명의 사람들이 서로 직접 만나 교류하기 위해 벤쿠버로 비행기를 타고 날아온다. 당신은 당신의 회원들이 서로 교류할 수 있도록 해줄 수 있는 방법에 무엇이 있겠는가?

이제, 유지와 멤버십의 힘에 대해 이해했다면, 당신의 사업에 박차를 가할 수 있게 도와줄 마지막 축, 최적화에 대해 이야기하도록 하자.

최적화 : 모든 고객의 가치를 극대화하는 법

최적화는 당신의 사업 내에서 어떻게 하면 모든 고객의 가치를 극대화할 수 있는가에 대한 이야기이다.

언제, 얼마만큼의 고객들이 당신의 제품을 더 사고 싶어하고 그러할 의지가 있는지 각각에 맞는 제안을 그들에게 보여주는 것이 필요하다.

다음은 내 회사의 판매를 보여주는 사다리이다. 참고로 내 회사는 컨설팅 회사다.

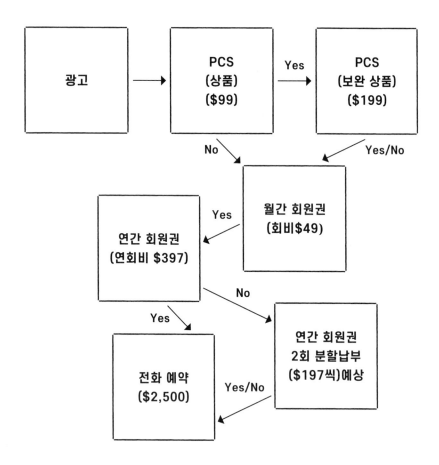

맨 윗줄에, 99불의 상품 PCS[02]가 있다. 만약 이 상품을 구매하면(yes),

---

02) PCS : 판매원들이 그들의 성사율을 향상시키는데 도움이 되는 우리의 제품 중 하나로 설득력 있는 대본인 '퍼펙트 클로징 스크립터(Perfect Closing Script)'의 약자이다.

그들은 199불짜리 상품을 구매할 수 있는 1회성 기회를 받는데, 이것은 앞서 구매한 99불의 상품을 보완하는 제품이다.

우리의 99불 상품을 구매하는 고객들의 15~20%는, 199불 오퍼를 수락한다. 이 말은, 15~20%의 고객의 가치가 그들이 처음 구매한 금액인 99불이 아니라 99+199= 298불에 해당한다는 것이다.

만약, 이 제안을 받아들이지 않으면(no) 그다음엔 클로징(거래성사)스킬을 트레이닝하고자 하는 고객들에게 제안되는 49불의 월간 회원권 할인 판매를 권유한다.

그들이 49불 상품을 구매하려 한다면, 바로 구매하기보다 디스카운트된 금액인 397불에 연간 회원권을 구매할 수 있는 옵션을 제공한다. 일시불로 지불하는 것을 원치 않는다면, 두 번 분할 납부하는 옵션도 같이 제공한다.

마지막으로는, 이 판매 사다리의 끝에 위치한 것처럼 예약전화로 넘어가는데, 이 전화는 우리 클로저가 이 고객이 우리 상품과 잘 맞는지, 이후 2,500불의 프로그램을 듣는 하이-엔드 고객으로 상승할 여지가 있는지를 살펴보는 단계이다.

이 사다리가 끝나는 지점에 이르면, 우리의 고객들은 첫 구매 금액이었던 99불보다 훨씬 많은 금액을 우리에게 지불하게 된다.

고객의 5분의 1이 199불의 오퍼를 결정하고, 또 다른 15%의 고객들은 월간 회원에 가입하며, 이외의 고객들 중 약 5분의 1은 2,500불 오퍼를 결정한다. 이것이 시사하는 바는, 99불짜리 고객들 외에도 우리는 298불에서 2,798불에 이르는 금액의 고객들을 갖게 되었다는 것이다.

월간이나 연간의 멤버쉽 제도를 통해 지속적으로 비용을 납부하는 고객들도 함께 말이다. 이는 최적화의 한 가지 작은 예이다.

더 고가의 상품을 소개하는 것 이외에도, 우리는 구매하지 않은 고객들도 광고나 페이스북, 유튜브, 인스타그램 등등의 플랫폼을 통해 우리의 클로저와 통화할 수 있도록 재목표화 시킨다.

우리가 이렇게 많은 돈을 들여 소셜 미디어에 광고를 내고, 제품 사다리에 투자하는데도 불구하고, 우리가 고객들과 직접 통화하려는 까닭은 무엇인가?

그 이유는, 고가의 제품/서비스를 제안하는 판매의 경우 인터넷이나 서면보다 전화 통화를 할 때 다른 보통의 판매법보다 5배나 높은 성사율을 거둘 수 있기 때문이다.

이에 관해서는, 다음 챕터에서 자세히 살펴보도록 하자.

최적화를 구상할 때 스스로 해보아야 할 질문

• 고객이 방금 한 구매에 덧붙여 줄 수 있는 선물은 어떤 것이 있을까?

• 고객들이 다음번에 직면하게 될 문제는 어떤 종류의 것일까? 당신이 어떻게 도와줄 수 있을까?(이번이 아니라, 이 이후에 생길 문제)

• 어떻게 하면 제공하는 가치를 올려서, 가격을 올릴 수 있을까?

• 일회성 구매를 어떻게 복수 구매(연간 회원)로 끌어낼 수 있을까?

사업 성장의 문을 여는 열쇠

매력, 유지, 최적화라는 이 세 가지의 축을 강화할 수 있다면, 당신은 이제 사업의 성장은 물론 다음과 같은 사업을 새로 창조할 수 있는 열쇠를 갖게 되는 것이다.

- 고객 유입에 있어 예상 가능하고, 꾸준하며, 수익이 높은 방법이 확보된 사업

- 단순 고객은 회원으로, 회원은 열광적인 팬으로 거듭나는 사업

- 문을 열고 들어오는 각각의 고객의 가치를 극대화할 수 있는 사업

이 세 가지의 축을 강화하고 나면, 이제 당신의 사업을 더욱 확장시키기 위해서 고민해야 할 마지막 한 가지 중요한 요소가 있다.

바로 수익이다.

Chapter 9

수익을 극대화하는 방법

적합한 유형 : **조난자, 만족하지 못하는 왕/여왕**

'더 많다'는 것이 언제나 좋은 것일까?

기업가들과 이야기하다 보면, 많은 사람들이 항상 '더 많이'에 집착하는 것을 볼 수 있다.

더 많은 판매, 더 많은 고객, 더 많은 사원, 더 많은 성장률, 더 많은 기반시설, 더 많은 확장, 이것도 더 많이, 저것도 더 많이, 더, 더, 더, 더! 그런데, 과연 더 많다는 것이 항상 더 좋은 것인가?

기업가들이 근본적인 이유에 대해 생각도 해보지 않고 무조건 '더 많이' 얻는 것에만 집중하는 것을 보면, 나는 리얼리티 TV쇼인 'The Profit'의 특정 에피소드를 생각하게 된다.

마르커스 레모니스라는 스타가 나와 실패한 사업을 작게라도 살리고자 노력하는 에피소드였다.

이 에피소드에서 그는 '육류 포장 업체'를 살려내려고 하는데, 이 업체는 이미 75년간이나 사업을 해오던 업체였다.

이 업체의 1년 매출은 오천만 불에 달했다. 꽤 많은 금액이지 않은가? 물론 그렇다. 표면적인 매출만으로 판단한다면, 이 회사가 왜 실패했는지 이해할 수 없을 것이다. 그러나 매출 외의 다른 비용들을 함께 살펴보면 전체적인 이야기가 감이 잡힐 것이다.

매출이 5천만 불에 달하는데도 불구하고 그들의 순이익은 마이너스 40만 불였다. 1년에 40만 불씩을 오히려 적자를 보고 있다는 말이다. 여기에 더해, 4백만 불의 빚도 있었다.

이는, 당신이 표면적인 매출액과 성장률에만 집착한다면 속아 넘어가기 쉽다는 것을 말해준다.

사업을 경영함에 있어 가장 중요한 단 한 가지는 순이익이다.

모든 회사들은 보통 현금이 바닥나서 파산하게 되는데, 이익을 내지 못하면 이 현금을 회사에 유보 시키기는 불가능하다.

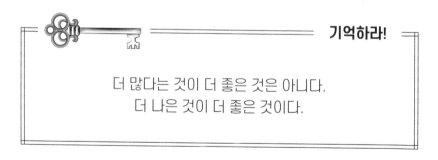

기억하라!

더 많다는 것이 더 좋은 것은 아니다.
더 나은 것이 더 좋은 것이다.

이뿐만 아니라, 회사의 마진율이 너무 낮은 경우에는 다음과 같은 상황도 발생할 수 있다.

- 당신의 고객에게 최상의 가치를 전달하지 못한다.
- 비용을 절약하기 위해, 임대료가 싼 동네로 회사를 이동시켜야 할 수도 있다. (이것이 고객에게 최상의 경험을 전달하지 못하는 이유이다)
- 고객 확보에 투자할 비용이 없다면, 회사의 성장은 상당히 제한적일 수밖에 없다.
- 가격만이 유일한 경쟁 수단이 된다.
- 높은 수익을 내는 경쟁업체에 비해 불리한 입장에 놓이게 된다.
- 실수를 용납할 여유가 없어진다. 수익이 없다는 것은, 실수를 수정할 여유가 없다는 것이기 때문이다.
- 잠재력이 크고 좋은 고객을 매료시킬 자금적 여유가 없다.
- 고객들은 당신, 혹은 당신의 제품/서비스를 가치 있게 보지 않는다.
- 원하는 매출과 이익 목표를 달성하려면 더 많은 수의 고객이 필요해진다.
- 신규 고객을 확보해도 최종결산을 해보면 수익에 거의 영향을 미치지 못한다.

마진율이 낮다는 것은, 당신이 엄청나게 불리한 입장이 된다는 것이다.

필요한 자재를 제대로 확보할 수 없으며, 숙련되고 재능 있는 사원을 고용할 수도 없다. 심지어 스스로를 건사하는 것조차도 힘들어진다.

이러한 사업은 오래 하기 힘들고, 확장도 불가능하며, 당신을 매우 위험한 위치에 놓이게 한다.

총매출이 어느 정도 담보되면 순이익도 어느 정도 나리라 여기는 순진한 사업가들이 있다. 망상이다.

나 역시 그런 사업가들 중 한 명이었다. 하지만 실상은 그렇지 않다는 걸 어렵사리 깨달았고, 여러분들은 나와 똑같은 실수를 저지르지 않기를 바란다.

0은 아무리 곱해 봤자 0이다. 사업이란 것은 덩치를 키우는 게임이 아니라 이윤을 남기는 게임이다.

기억하라!

비즈니스는 규모로 승부하는 것이 아니라,
이익으로 승부하는 것이다.

고가의 상품을 판매해야 하는 3가지 이유

고가의 제품을 판매할 때는, 보다 높은 이윤을 손에 넣을 수 있다. 당신은 스스로 숨 쉴 구멍을 만들어 주게 될 뿐만 아니라, 스스로에게 더 많은 성장의 기회도 안겨줄 수 있다.

빠르고 수익성 있게 확장할 수 있는 능력, 고객과의 소통의 깊이, 경영하는 사업의 유형, 생활방식 등 모두 고가의 제품을 판매하기로 한 당신의 결정에 의해 직접적으로 만들어진다.

이유 1 : 경쟁자보다 더 많은 비용을 지출하여 더 빨리 확장할 수 있다

예를 들어보자. 당신이 사업을 하나 하고 있는데, 제품 하나의 가격은 30불이고, 비용은 5불씩 든다. 당신에게 떨어지는 이윤은 25불이 되는 것이다.

가격 $30-비용 $5 = 이윤 $25

새로운 고객을 유치하려 한다면, 이 25불이 당신의 마케팅 예산이 된다. 이 말은 즉 당신이 새로운 고객을 얻기 위해 25불까지만 쓸 수 있다는 것을 의미한다. 더 쓰게 된다면 판매를 할수록 손해를 보게 될 것이다.

어떤 플랫폼을 홍보할 채널로 정하든(TV, 라디오, 유튜브, 페이스북, 인스타그램, 구글 혹은 이 외 다른 플랫폼 등) 고객유치에 25불 이상을 투자할 수는 없다. 아무 홍보를 통하지 않은 순수 유입 구매자들이라 할지라도, 그들로부터 얻는 이윤 역시 25불이 최대일 것이다. 즉, 홍보비용이 들지 않은 고객들한테서도 버는 게 고작 25불이다.

이렇게 적은 이윤으로는 사업을 확장하기가 어려울 것이며, 실수에 대한 허용범위 역시 빠듯한 자금력 때문에 굉장히 협소해질 것이다.

만약 광고비가 상승한다면, 여기에 맞출 시간이나 자원이 부족할 것이며, 더 재능있는 사람을 고용하고 싶거나, 제반 시설에 더 투자하고 싶어도 이를 해결할 자금 여력이 없는, 속수무책의 상황에 빠질 것이다.

당신이 만든 초라한 이윤은 이러한 조정 과정에서 전부 사라질 것이다.

이와 다른 사업을 한번 생각해보자. 이 사업의 경우, 상품 가격이 5,000 불이다. 그리고 비용은 500불이 든다. 즉, 이윤은 4,500불이 되는 것이다.

가격 $5,000-비용 $500 = 이윤 $4,500

이러한 기업이 앞의 25불의 이윤을 내는 기업과 경쟁한다면, 어느 기업이 이길 것 같은가? 많은 이윤을 내는 기업이 이길 것이다. 어느 기업이든, 고객을 유치할 자금적 여력이 더 있는 기업이 이긴다. 이 경우, 4,500불의 기업이 25불의 기업을 이길 것이다.

높은 이윤을 만들어 낼 때, 당신은 더 다양한 플랫폼과 채널을 활용해 광고할 수 있고, 고객을 전환시킬 방법도 더 다양하게 선택할 수 있다.

같은 비율로 이윤을 남긴다고 가정하고 말해 보겠다.

중고차 거래상은 1만불에서 3만불 사이의 차를 매매하고 한 거래당 400~600불의 이윤을 남긴다. 하지만 고급차 딜러는 10만불에서 30만불 짜리 차를 매매하고 1,000~6,000불의 이윤을 남긴다.

자, 이제 왜 저가의 상품, 또는 서비스를 판매하면 안 되는지 이해하겠는가? 절대 안 된다. 단, 저가의 상품이나 서비스를 볼 수 있는 유일한 경우는 바로 구매자를 가게 문으로 들어오게 할 때이다. 최초 유입 단계를 말한다.

이 경우, 그들에게 고가의 제품이나 서비스를 업그레이드로 유도할 수 있을 것이다. 그렇다 하더라도, 이는 비즈니스 모델이 아닌 전략의 하나로 기억해 두길 바란다.

이유 2: 사업을 단순하게 구상할수록 삶은 행복해진다

규모가 중요하다는 말을 주변에서 들어봤다면, 이제부터는 이런 말은 잊어버려라. 여기서 이야기하는 규모는 거래의 규모를 말한다.

돈을 버는 데에는 다양한 방법이 있다. 그런데, 얼마나 버느냐보다 어떻게 돈을 버느냐가 더 중요한 문제이다.

기억하라!

얼마나 돈을 버는가에 관한 것이 아니다.
어떻게 돈을 버는가에 관한 것이다.

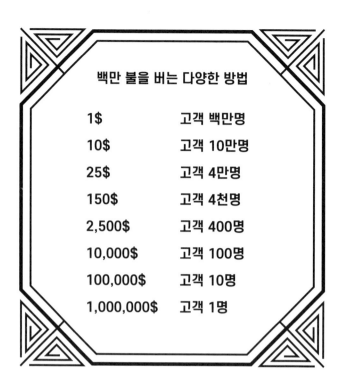

백만 불을 버는 다양한 방법

1$	고객 백만명
10$	고객 10만명
25$	고객 4만명
150$	고객 4천명
2,500$	고객 400명
10,000$	고객 100명
100,000$	고객 10명
1,000,000$	고객 1명

백만 불을 버는 방법에는 여러 가지가 있다. 그러나, 십만 명의 고객에게서 백만 불을 벌 때와, 백 명의 고객에게서 백만 불을 벌 때, 이 둘 사이에는 과연 차이점이 존재할까? 물론 존재한다.

십만 명에게서 백만 불을 번다면, 당신 회사의 고객 지원, 당신의 팀, 당신의 제반 시설 등이 전부 다 이 십만 명의 고객들을 커버할 수 있도록 자리 잡아야 한다. 그렇지 않으면, 당신의 사업은 스스로 무너져버릴 것이다. 게다가, 당신이 고객을 백만 명으로 늘리고 싶다고 생각해보자. 이 모든 것에 또 투자를 해야 할 것이다.

사실, 저렴한 제품과 많은 수의 고객으로 이루어지는 사업이 문제가 있다는 것은 아니다. 그러나 나는 좀 더 간결하고 수익성이 큰 것을 선호한다.

　최소한의 '성장의 고통'으로 효율성을 증가시키기를 원한다면, 간소화해야 한다. 간결한 구매옵션과 적은 수의 고객일 경우, 지속적으로 확장하는 데 더 좋다.

이유 3 : 이상적인 고객만 상대하라

　모든 고객이 다 같은 것은 아니다. 자, 여기 고객의 유형을 나눠 놓은 표가 있다. 이 중의 어떤 고객은 당신의 고객으로 좋을 것이고, 어떤 고객은 아닐 것이다.

저가 선호 고객	세련된, 교양있는 고객
어려운, 힘든 고객	부유한 고객

저렴한 것을 선호하는 고객들

　이 사람들은 요구가 많고, 순수하게 가격만으로 물건을 구매한다. 그들은 가치를 이해하지 못한다. 보통, 이러한 고객들이 하는 첫 질문은 '얼마인가요?'이다.

　당신이 무엇을 어떻게 판매하는지 이해하기도 전에 말이다. 또한, 할인이나 혜택을 요구하기도 하는 고객층이다.

어려운 고객들

이러한 고객들은, 저가 선호 고객층과 딱히 같은 층에 속하지는 않으나 그냥 어렵다. 보통 이 고객층은 대체로 부정적이고, 당신을 기분 나쁘게 만든다. 이들은 당신이 무엇을 판매하든지 간에 현실적이지 않은 높은 기대를 갖고 있다.

만약 당신이 고객관리를 기본조건으로 하는, 다시 말해 일회성 구매가 아닌 지속적으로 서비스를 제공해야 하는 변호사, 컨설턴트 등의 사업을 하고 있다면, 이런 고객들이 바로 새벽 세시에 전화해 딱히 관련도 없는 질문들을 쏟아내는 고객층일 가능성이 높다.

세련된, 교양 있는 고객

이들은 교육을 잘 받은 사람들이고, 본인들이 무엇을 원하는지를 잘 알고 있는 사람들이다. 이러한 고객층의 사람들은 미리 구매하고자 하는 것에 대해 알아보고, 다른 사람들과 이와 관련한 대화를 몇 번쯤 나누어 보았을 수도 있다.

이들이 차를 사러 가면, 어떤 모델의 어떤 색깔, 어떤 특징의 차를 어떤 납부방식으로 구매하고 싶은지 스스로가 이미 잘 알고 있다.

가끔, 이런 고객들은 결정을 내리기 전에 좀 더 생각할 시간을 필요로 하기도 한다. 그러나 한 번 마음을 먹으면, 본인의 선택에 흔들리지 않는다.

부유한 고객들

여기에 해당하는 고객들은 기분이나 감정에 근거해 구매를 한다.

만약, 그들이 살 수 있고 그러고 싶은 기분이 든다면 그냥 구매한다. 이들은 혜택이나 할인 같은 것을 바라지도 않는다. 왜냐하면, 본인이 구매하는 것의 가치를 떨어뜨리는 행위라고 생각하기 때문이다.

만약, 어떤 할인이 제공되는 상품이라면 이들은 이 상품에 할인해야할 만한 무언가의 단점이 있을 것이라 생각한다.

이렇게 네 가지 유형으로 고객을 나눌 때, 당신의 사업에 어떤 고객층이 오면 좋겠다고 생각하는가?

당신이 일반적인 보통 사람들과 크게 다르지 않다면, 저렴한 것을 선호하는 고객층이나 어려운 고객층으로부터는 멀어지고 싶을 것이다. 그리고 아마 교양 있고 부유한 고객층을 선호할 것이다.

왜냐? 경기가 어려워지면, 이에 제일 큰 영향을 받는 부류가 바로 저렴한 것을 선호하거나 상대하기 어려운 고객들이기 때문이다.

일단, 그들에게는 사용 가능한 현금이 얼마 되지 않는다. 그래서 경제가 어려워지면 당신의 제품을 구입할 수가 없게 된다.

이는 빤히 보이는 사실인데, 아직도 많은 기업들이 이를 모른 채 저렴한 제품을 선호하고, 요구사항이 많은 고객을 주 고객층으로 설정하여 사업을 구상한다.

더 많은 판매를 촉구하기 위해, 이들은 할인과 추가 혜택을 광고한다.

고객을 얻기 위해서라면 무엇이든 하고, 많은 노력을 쏟아 붓는다. 그들은 한 명의 저렴한 것을 선호하는 고객을 확보하고 그들에게 더 많은 혜택이나 덤을 제공하면 그들이 언젠가 더 많이 돈을 쓸 것이라고 생각한다. 그러나 절대 그렇지 않다.

나는 이런 저렴한 것을 선호하거나 요구가 많은 고객들을 받지 않는 방향으로 사업을 구상했다. 이 고객에게 쓸 시간을 차라리 교양있고 부유한 고객에게 투자하는 게 낫다.

당신이 설정하는 판매 가격은 당신이 어떤 타입의 고객을 목표하는지에 영향을 미친다. 낮은 가격은 예산을 신경 쓰는 고객들을 끌어들일 것이고, 프리미엄 가격은 품질을 신경 쓰는 고객들을 끌어들일 것이다.

또한, 당신의 제품을 프리미엄 가격으로 제공할 때, 이는 고객에게도 더 나은 경험이 된다. 그들은 그들이 구매 한 것에 감사하고, 덜 불평하며, 더 나은 것을 선택했다는 기분을 느낀다.

이로 인해 당신은 고객들과의 관계를 강화시킬 수 있게 된다.

명품 시장을 보자.

가방 하나에 1만불이 넘는 명품을 알고 있는가? 망한 명품회사는 없다. 고가 정책으로 성공한 수많은 명품 회사들을 보라. 심지어는 같은 재질로 디자인만 살짝 바꿔 한정판이라는 마케팅 기법을 이용하여 두배 세배로 팔아도 줄을 서서 산다. 한정판이라는 가치를 부여했기 때문이다.

나는 나의 컨설팅을 명품화한 것이다. 가치를 준다. 유명한 사람들을 만나게 함으로써 부자들을 상대하고 거대 기업들을 상대한다.

이렇게 고가의 제품이나 서비스를 판매해야 할 여러 가지 이유들이 존재하는데, 왜 아직도 많은 사업가들이 더 싼 물건에 집착하는가?

글쎄, 여기에는 많은 이유들이 있을 수 있지만, 여기 세상에 널리 퍼져 있는, 사업가들이 비싼 제품이나 서비스의 판매를 꺼리게 되는 세 가지 착각에 대해 알아보자.

가격을 올리지 못하게 하는 세 가지 착각

착각 1 : 가격을 올리면 모든 고객을 놓치게 될 것이다

이러한 착각은 고객이 중요하게 여기는 것이 무엇인지를 잘못 이해한 데서 기인한다.

먼저 가격이 있고(어떤 것을 만드는 데 드는 비용이 얼마인가?) 그다음에 가치가 있다(고객이 돈을 지불하여 획득한 것에서 얻을 수 있는 유무형의 것).

당신이 가격을 올리면, 컨설팅이든, 명품백이든 그 상품의 가치를 알아보는 고객들을 더 많이 유치할 수 있다. 그러나, 가격만 신경 쓰는 고객들은 가치를 몰라보기 때문에 비싸다고 생각할 것이며 구매하지 않을 것이다.

낮은 가격으로 판매할 경우, 언제나 조금이라도 더 가격을 깎기 위해 협상을 하려 하거나, 할인 상품만 찾는 고객층을 끌어들이게 된다.

프리미엄 가격으로 판매할 경우, 자신이 원하는 것을 구매하기 위해서는 더 높은 가격을 지불할 의사가 있는, 충성도 높은, 장기적으로 함께 할 수 있는 고객을 매료시킬 수 있게 된다.

또 하나, 가격을 상승시킴으로써, 당신은 다른 시장의 고객들까지 유치할 수 있게 된다.

그렇다. 당신은 가격만 보고 쇼핑하는 사람들이나 최저가를 노리는 손님들은 '잃게'될 것이다. 그러나, 언제나 최대한 저렴하게만 사려고 하는 고객층을 바탕으로 당신의 사업을 이끌어가고 싶은가? 가격에 목을 매면, 그 가격 때문에 망하게 될 것이다.

착각 2 : 경쟁력 있는 가격설정

한 번은, 경제 전문가들과 나란히 한 쇼의 인터뷰에 초대된 적이 있었다. 쇼의 진행자가 패널들에게 '판매하는 제품의 가격을 어떻게 책정해야 하나요?'라고 물었다.

한 교수는, 다음과 같은 대답을 했다.

"음, 일단 당신이 상품을 판매하고자 하는 시장의 조사를 먼저 해야 하고요, 그리고 다른 사람들이 어느 정도 가격을 책정하는지를 살펴보아야죠. 그리고 나면 당신의 상품에 얼마를 책정해야 하는지 적절한 가격이 떠오를 겁니다."

나는 이에 동의하지 않았다. 반대로 그들에게 내가 물었다.

"대체 내 경쟁자가 나랑 무슨 상관인가요? 내가 제공해줄 수 있는 가치가 경쟁자의 그것과 다르다면, 내 물건의 가격도 당연히 달라져야 하는 것 아닌가요? 그들의 가격을 따라할 이유가 없는데요. 만약 내 경쟁사가, 형편없는 마케팅을 하고, 좋은 구성이 아닌 상품을 팔며, 끔찍한 메시지를 전달하면요? 그것도 따라 해야 합니까?"

나의 경쟁자는 나의 가격이나 내가 하는 사업의 어떤 것도 영향을 끼칠 수 없다. 경쟁사와 가격으로 경쟁하려 할 때, 이것은 바닥으로 치닫는 경쟁이 되고, 승자도 없다.

가격을 낮춤으로써 고객을 더 많이 얻을 수 있을지 모르겠지만, '싸구려'라는 평가를 받고 싶은가?

당신의 제품은 세상에 당신이 얼마의 가치인지를 알리는 것이다. 시장에서 당신의 가치가 독보적이라면, 가격 역시 그래야 한다.

고객들이 사과 더미에서 사과 한 알 한 알을 비교하는 것처럼, 당신을 그렇게 비교하게 만들지 말라.

고객들이 사과와 파인애플 사이에서 비교할 수 있도록 해라. 당신을 저렴하고 흔한 공산품처럼 보이지 않게 해라. 공산품이 되면 다른 것과 같아질 뿐이고, 더 쉽게 교체될 수 있을 뿐이다.

물론 공산품이 나쁘다는 것은 아니다. 다만 나는 공산품을 파는 것보다 가치가 높은 명품을 팔고 싶을 뿐이다.

물론 그러기 위해서 품질은 최상의 것이어야 한다.

착각 3 : 고가로 파는 것이 더 어려울 것이다

사실, 10,000불짜리 상품을 파는 것과 1,000불짜리 상품을 파는 데 들어가는 노력은 같다는 것을 당신이 알게 된다면 어떻겠는가?

심지어 가끔은, 10,000불짜리를 판매하는 것이 1,000불짜리를 판매하는 것보다 더 쉬울 때도 있다면?

이러한 논리는 통상적인 믿음에 반하는 것처럼 보이지만, 사실이다.

당신이 10,000불짜리 제품을 판매한다는 것은, 당신의 고객이 교양있고 부유한 고객이라는 말이고, 이러한 고객들은 대부분 구매에 대한 마음가짐 자체부터가 다르다.

그들은 가격을 보고 구매하지 않는다. 가치를 보고 구매한다.

교양 있는 세련된 고객들은 "이 물건이 제 문제를 해결해 줄까요?"라고 묻고, 부유한 고객들은 "이걸 사면 제 기분이 좋아질까요?"하고 묻는다. 이러한 구매자들은 할인을 찾지 않는다. 그들은 돈으로 살 수 있는 것들 중에서는 그중 최고의 것을 원한다.

이것이 고가 구매자들에게 판매하는 것이 저가 구매자들에게 판매하는 것보다 쉬운 이유이다.

그들은 높은 가치의 상품과 서비스를 잘 이해한다.

대부분의 사람들은 가격을 높이라는 나의 제안을 받아들이지 않는다. (과거 나 역시, 내 카피라이팅 수입을 올리는 데 반대 했었다.) 그러나, 이러한 저항은 결단코 그들의 고객과는 어떠한 상관도 없다.

가격 저항은 판매자에게서 발생하는 것이지, 구매자에게서 발행하는 것이 아니다.

사람들은 자신의 가치를 타인에 비추어 판단한다.

"내가 이 돈 주고 안 살 물건이면 남들도 안 살 거야."

이렇게들 생각한다. 전혀 사실이 아닌데 말이다.

당신의 상품이 제대로 맞는 시장을 겨냥하고 있다면, 가격은 좀 더 탄력적이 될 수 있을 것이다.

당신이 고객에게 즐거운 구매 경험을 제공한다면, 고객들은 아무 저항 없이 가격을 올린 프리미엄 제품도 자연스럽게 받아들일 것이다.

사람들은 언제나 고급스러운 경험에 고급 가격, 특별한 경험에 특별한 가격을 지불한다.

당신의 고객 중 아주 적은 비율의 고객만이, 가격에만 근거하여 구매한다. 깨어있는 교양 있는 고객들은 그들의 문제 해결을 위해서, 부유한 고객들은 깊은 감정의 만족을 위해서 구매를 한다는 사실을 이해할 때, 고가 제품 판매가 생각보다 어렵지 않음을 알게 될 것이다.

고가의 상품을 프리미엄 가격으로 판매하는 방법

당신의 가격구성과 제품구성을 바꿀 때, 이것은 당신의 인생을 바꿀 것이다.

제품구성에 변화를 주는 것은 간단하다. 어쩌면 당신이 지금 하고 있는 것을 딱히 바꿀 필요조차 없을 수도 있다. 상품이나 서비스에 변화를 주는 대신, 누구에게 판매할 것인지를 바꿔라.

포지셔닝을 달리하고, 당신이 판매하는 제품이나 서비스가 다른 상품들과 무엇이 다른지를 보여주는 구성으로 바꿔라.

그리고, 고객에게 가장 중요하고 긴급한 문제를 즉시 해결해 줄 수 있도록 하는 것에 집중해라.

당신에게는 선택지가 있다. 당신은 시장에서, 메르세데스가 되고 싶은가? 아니면 페라리? 롤스로이스? 무엇이 되던간에, 잘못된 대답은 아니다.

내가 말하고자 하는 것은 당신만의 비즈니스 모델이 필요하다는 것이다. 내가 사람들에게 그들의 상품이나 서비스를 업그레이드하라고 할 때, 이를 따르는 '방법' 또한 간단하다. 다만, '두려움' 때문에 사람들은 망설이게 되는 것이다.

"아무도 나한테 그 가격을 지불하려고 하지 않을 거야" -거절에의 두려움이다.

"뜻대로 안 되면 어떡하죠?" -실패에 대한 두려움이다.

"쓸데없는 사람들만 제 서비스에 관심을 보여요" -적합한 예상 고객이 없을 것에 대한 두려움이다.

이 외에도 한 움큼의 고객을 잃을까에 대한 두려움, 사람들을 화나게 할 것에 대한 두려움, 실패하는 것에 겁을 먹는 것 등의 두려움들이 있다.

이런 두려움들은 대체 어디에서 오는가?

한 단어로 대답하자면, '부족함'이다. 부족함이 그들을 주춤하게 만든다. 사실 가격을 올림으로써 잃는 고객은 전체 고객의 10~20%에 지나지 않는데. 대부분의 사업의 경우 이러한 손실을 해결할 방법이 없기 때문에 이는 엄청난 재앙일 수도 있다.

당신이 파는 것을 원하는 고객이 너무 많아서, 고객들이 너무 원해서, 웨이팅 리스트까지 적어가며 고객들을 상대해야 한다고 생각해보라. 당신은 이런 상황을 무서워할 것인가? 아닐 것이다. 당신에게 높은 수요가 있을 때 당신은 고객을 잃을 것에 대한 걱정을 하지 않을 것이다.

열쇠는, 고객의 풍부함에 있다. 열쇠는, 수요와 공급의 작용을 당신이 원하는 대로 조정하는 힘에 존재한다. 이것을 어떻게 하는가?

내가 사회적 자원이라고 부르는 것을 통해서 이룰 수 있다. 당신을 좋아하고, 또한 신뢰하고, 당신의 제품을 기꺼이 구매하고자 하는 사람들을 당신의 추종자(팔로워)로 만들어야 한다는 것이다.

Chapter 10

진정한 부의 정체는 바로 사회적 자본

적합한 유형 : 조난자, 만족하지 못하는 왕/여왕

세상은 그 어느 때보다 시끄럽고, 시장은 그 어느 때보다 불확실하며, 고객의 이목을 끄는 것 역시 그 어느 때보다도 더 어려워졌다.

당신은 사업은 안전하지 않다. 어느 누구의 사업도 안전하지 않다. 기업의 손에 있던 힘은 이제 구매자의 손으로 넘어갔다.

오늘날 구매자들은 그 어느 때보다 더 많은 통제권을 갖고 있다. TV에서 광고가 나오면 채널을 돌려 버리고, 라디오 광고 소리를 줄여버릴 수 있으며, 옥외 광고판을 보지 않고 재빨리 운전해 지나치며, 그들의 의식에 파고 들려는 기업들의 시도를 무시한다.

과거의 시간은 요즘과는 달랐다. 대중 매체에 몇몇의 거대 기업만이 접근 가능했던 시절을 생각해보라.

당신이 좋아하는 TV 프로그램을 보려 할 때면, 광고가 나오기 마련이었고, 당신이 할 수 있는 것이라곤 앉아서 그 광고들이 끝나기를 기다리는 수밖에 없었다.

　요즘에는 사람들의 관심, 주의, 집중을 끌어내는 것이 그 어느 때보다 어렵다. 구매자들이 당신의 사업이나 제품을 신뢰하지 않아서가 아니다. 그들은 그냥, 당신이 존재한다는 사실 자체를 모를 뿐이다.

기억하라!

> 이제는 큰 물고기가 작은 물고기를 잡아먹는 시대가 아니다.
> 더 빠른 물고기가 느린 물고기를 잡아먹는 시대이다.

　오늘날의 구매자들은 자신이 무언가를 원할 때, 원하는 곳에서, 원하는 방식으로 얻고자 한다. 사람들은 태블릿에는 TV 프로그램을 켜놓고, TV에는 유튜브를 연결해 보거나, 스마트폰으로 게임을 할 수도 있다.

　구매자들이 원하는 것을 원하는 시점에 원하는 장소에서 제공해야 하는 이런 시장흐름에 적응하지 못한다면 뒤처지게 되고, 종국에는 망하게 될 것이다. 거대기업일수록 더 빠르게, 더 심하게 떨어지게 된다. 빅토리아 시크릿은 시장을 지배했었지만, 이내 곤두박질쳤다.

　미국의 대기업인 통신판매회사 시어스 로벅 역시 전국적으로 수백 개의 대리점을 닫아야 했다.

　노키아, 소니, 블록버스터, 야후, JC페니…… 전부 다 안전하다고 여겨지던 거대 기업들이었지만, 시대의 변화를 따라잡지 못했다.

당신이 살아남을 수 있을지는 당신이 얼마나 빨리 배우고, 바꾸고, 조정할 수 있는지에 따라 결정된다. 이제는 더 이상 큰 물고기가 작은 물고기를 잡아먹는 시대가 아니다. 빠른 물고기가 느린 물고기를 잡아먹는 시대인 것이다.

금융 자본은 가장 가치 있는 자본의 형태가 아니다.

벤처캐피털 회사들을 보라. 그들은 투자 가치가 있는 스타트업 기업을 찾는 데 어려움을 겪고 있다. 지금의 스타트업 회사들은 스스로 할 여력이 있고, 점점 더 많은 자원이 확보된 상태에서 사업을 시작한다. 이들은 자기자본을 유지하고, 자신의 회사에 대한 권한을 유지하기 위해 이런 벤처캐피털들의 펀딩(자금투자)을 거절한다.

만약 당신이 가진 것이 금융 자본뿐이라면 당신에게는 죽은 돈밖에 없는 것이다. 당신은 그 돈으로 새로운 가치를 창출하는 것이 아니다. 돈이 그저 그 자리에 그대로 널부러져 있을 뿐이다.

당신에게 어느 정도 금융 자본이 있다면, 이런 생각을 할 것이다.

"이 돈을 쓰기에 효과적인 곳이 어디지?"

당신은 이 돈을 새로운 사람에게 쓸지, 제반시설 개선에 쓸지, 마케팅 확장에 쓸지, 이외의 백 가지 다른 이유에 쓸지 고민할 것이다.

어쨌든 금융 자본이 돈 그 자체일 때, 가장 가치 있는 자본의 형태가 아니다. 가장 가치 있는 자본의 형태는 바로 당신의 금융 자본을 증가 시켜주는 자본이다. 사회적 자본이 바로 그것이다.

사회적 자본의 부상

'관심(주의, 집중)이 새로운 통화이다'라고 하는 말을 들어본 적이 있을지도 모르겠다. 이는 부분적으로만 맞는 말이다.

관심은 그 자체만으로는 통화의 형태인 것은 아니다.

제대로 된 사람들의 제대로 된 관심이 바로 새로운 형태의 통화이다.

고객들의 관심이 방정식의 일부분이기는 하지만, 관심만을 위해서 관심을 얻을 수는 없다.

사실 관심이라는 것은, 어떤 멍청이가 거리를 뛰어다니며 악을 쓰고 소리를 크게 지르는 것만으로도 끌 수 있는 것 아니겠는가.

어느 기업이나 '브랜드 인지도'를 얻기 위해 플래시 광고를 만들 수 있지만, 이것이 과연 고객과의 장기적 관계를 만들어 낼 수 있을까?

200만 명의 팔로워를 가지고 있는 인스타그램의 유명인들도, 고작 몇십 장의 티셔츠를 파는 데 어려움을 겪는다.

그들은 엄청난 수의 사람들이 팔로윙하지만, 여전히 무일푼이다.

나는 이런 무의미한 추종자들은 얻으려 하지 않는다. 사회적 자본을 창출할 수 있는 자격이 되는 팔로워들에게만 관심이 있다.

사회적 자본이란, 당신을 좋아하고, 신뢰하고, 지지하며, 당신의 것을 구매할 의지와 능력이 있는 추종자(팔로워)들이다.

수익과 이익에 있어 어마어마한 비용을 들이지 않고도 폭발적인 성장을 창출할 수 있는, '전략적 확장이 핵심'이다.

사회적 자본은 단순한 사회적 팔로워를 말하는 것이 아니다. 사회적 자본은 판매와 고객의 형태인 금융적 자본으로 전환될 수 있는 대상을 말한다.

나아가, 연결(connection), 관계(relationship), 파트너쉽(partnership), 전략적 아군(Strategic alliaces)의 형태로 나타나는 관계적 자본으로 전환될 수 있다.

생각해보라. 어떻게 카일리 제너[01]가 21살이라는 최연소의 나이의 억만장자가 될 수 있었겠는가? 그녀의 화장품 사업이 수백만 불의 벤처캐피털과 외부 펀딩(투자)을 받아서 이루어낸 성과인가?

아니다. 그녀가 충격적인 속도로 어마어마한 부를 이룰 수 있었던 것은 수년간 엄청난 사회적 자본(제대로 된 팔로워)을 비축해 왔기 때문이며, 이 비축한 사회적 자본을 금융 자본으로 전환시킨 그 시점에, 그녀는 과거 그 어떤 기업도 해낸 적 없는 어마어마한 성공을 이뤄낸 것이다.

카일리 제너가 이런 어마어마한 성공을 이룬 첫 주자일 수는 있지만, 그녀가 분명 그 마지막은 아닐 것이다.

지금 우리 사회는 사회적 자본이 그 어떤 때보다 중요한 시내로 들어가고 있다. 이것이 스타트업 회사들이 벤처캐피털을 거절할 수 있는 이유이다. 그들은 사회적 자본에 기초하여 사업을 세우는 방법을 점차 배우고 있다.

달러 쉐이브 클럽(Dollar Shave Club)[02]을 보라. 외부 펀딩은 전혀 받지 않고 시작한 소규모 스타트업이었는데, 제작비 500만원으로 만든 그들의 광

---

01) 카일리 제너: 미국 최고의 셀럽이자 모델. '켄달&카일리', '카일리 코스메틱스'라는 회사를 런칭하여 1조의 재산가가 되었다.

02) 달러 쉐이브 클럽(Dollar Shave Club): 2011년 설립한 스타트업으로 면도날을 배달해 주는 기업. 유통비용을 깎기 위해서 판매는 온라인으로, 배송비용을 깎기 위해서 배달은 외주업체로, 마케팅비용을 깎기 위해서 자체 제작한 유튜브 영상(제작비 500만원)으로 만들어서 수염을 깎는 면도날을 최대로 깎은 금액 1불에 팔아서 대박이 났다.

고는 유뷰브에서 2천5백만 이상의 뷰를 기록했다.

2016년, 유니레버[03]는 동종업계들도 들어본 적 없는 이 달러 쉐이브 클럽을 10억 불을 주고 매입했다. 유니레버는 왜 이렇게 많은 돈을 주고 이 업체를 구매했을까?

그에 대한 대답은, '수익 때문이 아니에요. 관계 때문이죠.'였다. 그들은 이 업체의 사회적 자본의 가치를 꿰뚫어 본 것이다.

당신의 사회적 자본을 무한한 샘물로 바꿔라.

제대로만 한다면, 사회적 자본은 퍼 올리고 퍼 올려도 마르지 않는 샘물이 될 수 있다. 문제는, 대부분의 사람들이 이 사회적 자본을 은행처럼 생각한다는 것이다. 천만에. 당신이 맡기지 않은 예금은 인출 할 수 없다.

회사들이 흔히 하는 실수는, 소셜 미디어를 사용함에 있어 가치를 먼저 제공하지 않은 채로 구매자들과 접촉할 수 있을 때마다 판매만 하려고 든다는 것이다.

구매자들은 이런 기업을 보면 이렇게 생각한다.

"오, 이번에는 나한테 또 뭘 팔려고 애쓸 심산이지?"

어째선지, 사람들은 이런 현상도 괜찮다고 생각한다. 만약 당신이 은행에 가서, 예금도 하지 않은 돈을 가져가려 한다고 생각해보라. 이건 '강도짓'이라 불리는 것이다.

---

03) 유니레버(Unilever PLC): 전 세계적으로 비누·식품 등을 비롯해 주로 가정용 소비재의 제조·판매에 관여하는 500여 개 이상의 기업들을 관리하는 지주회사. 190개 이상의 국가에서 400개 브랜드를 제조 및 판매하고 있는 글로벌기업이다.

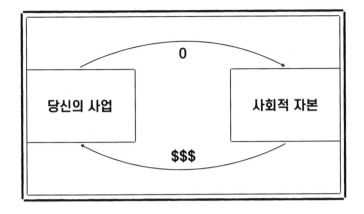

반면에, 어떤 기업들은 자기 업체의 추종자(팔로워)들을 만들어 내고 여기서 사회적 자본을 인출하는 균형을 아주 잘 맞춘다.

그들은 브랜드 이미지(예치)와 판매(인출)간의 균형을 맞추는 것에 심혈을 기울인다.

그런데 이것은 효과는 있지만, 최적의 방법은 아니다. 최악의 시나리오에 대한 대비책으로, 책임감 있는 사업체들은 일이 잘못될 때를 대비한 현금을 보유하게 될 것이다. 만약 시기가 안 좋아지면, 급여와 비용을 충당하기 위해 현금을 보유할 것이다. 이러한 대비는 사회적 자본에서도 같은 방식으로 돌아간다.

당신이 예치한 금액만큼 출금할 수는 있지만, 100불를 넣고 나서 이 100불을 전부 인출하는 방식으로 하면 안 된다. 이 경우, 당신의 계좌는 언제나 0가 될 테니 힘든 시기가 와도 인출할 예비금이 전혀 남아 있지 않게 된다.

사회적 자본도 이와 같다. 이런 식으로 사용한다면, 예비로 둔 당신의 사회적 자본은 아무것도 남지 않게 된다.

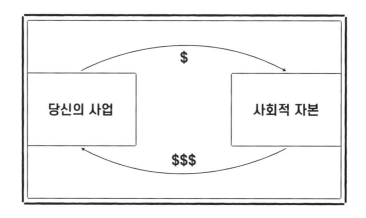

그것이 바로, 내가 인출하는 것보다 항상 더 많은 사회적 자본을 저금하는 이유이다. 나는 사회적 자본을 매일매일 적립한다. 그래서, 내가 이 사회적 자본을 금융 자본화하고 싶을 때, 아주 쉽고 간단하게 전환 시킨다.

내가 사회적 자분에 투자를 많이 해 온 덕분에, 나의 사업에 있어 모든 것들이 더 쉬워졌다. 나는 아무런 반발 없이 고가의 상품을 판매할 수 있다. 사실, 몇몇의 내 클로저(Closer)들은 판매 거절을 해야만 할 때도 있었다.

이뿐만이 아니라, 나는 유명인사들과 교류를 할 수 있었으며, 고위 CEO들인 설립자들도 만날 수 있었고, 매우 수익성이 좋은 파트너쉽을 형성할 수도 있었다. 이는 전부, 내 사회적 자본 덕분이었다.

나는 내가 원했다면 자금을 증대시킬 수도 있었지만, 그럴 필요가 없었다. 그러나 재미로 한번 예를 들어보면, 내가 만약 킥스타터 캠페인(Kickstarter campaign)[04]을 시작하고 싶었더라면 하룻밤 사이에 그만한 자금

---

04) Kickstarter: 2009년 시작된 미국의 크라우드 펀딩 서비스의 하나. 기발한 아이디어를 올리면 사람들이 돈을 투자해주어 아이디어를 현실화해 주는 것으로 유명하다.

을 만들어 낼 수 있다.

나는 내가 가진 사회적 자본으로 원한다면 얼마든지, 기다릴 필요없이 현금화 할 수 있다.

어떻게 그것이 가능한가? 왜냐하면 나는 몇 년에 걸쳐 상당한 양의 사회적 자본을 축적해왔기 때문이다.

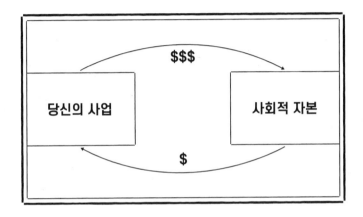

이런 관점으로 볼 때, 비로소 어떤 플랫폼이든지 상관없이 당신을 위한 사회적 자본 은행으로 사용할 수 있음을 깨닫게 될 것이다.

페이스북도 은행이고, 인스타그램도 은행이며, 유튜브도 은행이고 구글도 은행이다. 전통적인 미디어 역시 은행이고, 매스컴의 보도 역시 은행이다.

사회적 자본은 더 이상 거대한 TV 네트워크만의 전유물이 아니다. 이 글을 쓰고 있는 현재, 스테이티스타(Statista)[05]의 집계에 근거한 나의 유투브 채널의 구독자 수는 MSNBC, ESPN, USA Network, TBS, TNT, Discovery,

---

05) www.statista.com : 독일에 위치한 글로벌 통계회사

CNN, Food Network, Nickelodeon보다 많다. 이 비교군들은 단지 몇 개의 예시일 뿐이다.

나의 구독자 수보다 더 많은 시청자를 가지고 있는 네트워크는 Fox News Channel, Fox, ABC, CBS, NBC 정도로 국한된다.

이는, 당신이 사회적 자본을 구축하기 위해 당신만의 방송국을 만들 필요가 없다는 것을 증명하는 것이다. 그저 당신은 당신만의 네트워크를 만들면 된다.

DAN LOK'S YOUTUBE STATISTICS

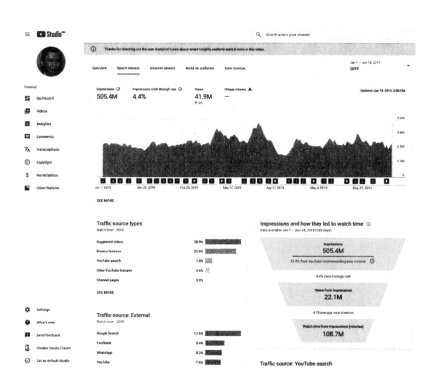

DAN LOK'S INSTAGRAM STATISTICS

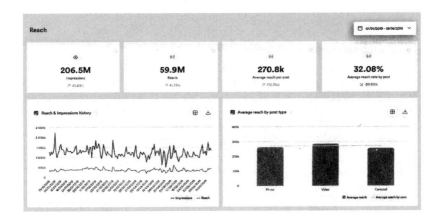

DAN LOK'S FACEBOOK STATISTICS

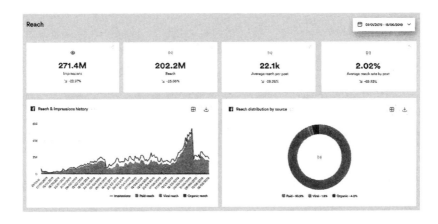

사회적 자본이 없다면, 당신은 위험에 놓여있는 것이다. 당신의 회사가 신생업체라면, 세상의 소음을 뚫고 관심받지 않는 이상 당신은 존재하지 않는 것과 마찬가지이다.

당신의 회사가 이미 설립되어 있는 회사이고, 당신이 고객들과 신뢰 및 관계를 쌓지 못한다면, 매우 곤란해질 것이다.

사회적 자본을 확장하고 증대시키는 방법

고전적인 판매 방법은 이제 유물이나 마찬가지다.

이전에는, 냉담한 관객들 앞에 두세 개의 광고를 띄워서, 당신의 사이트로 이끌어서, 구매를 창출하기를 기대할 수도 있었다.

과거에는, 이러한 방법이 사업을 운용하는 데 있어 수익성이 꽤 좋은 방법이기도 했었다.

이 시기에는, 아무런 준비도 하지 않고, 아무 의미 없이, 아무 관계구축 없이, 아무 가치없이, 아무런 신뢰 없이도 관심없는 관객 앞에 당신의 판매제품을 보여줄 수 있었다.

그러나 조심성 많은 구매자들은 자신들이 신뢰하고 충성도를 보여줄 수 있는 대상을 선정하는 것에 굉장히 까탈스럽다.

이것이 왜 새로운 전략에 사회적 자본을 획득하고 확장하는 것이 요구되는지의 이유이다. 이는 내가 나의 팀과 함께 활용해온, 여러 플랫폼들에 걸쳐 우리의 영향력을 수억 명에게로 확장 시켰던 전략과 같은 전략이다.

이 전략은 우리에게 사회적 추종자(팔로워)들을 확대할 수 있도록 해주었을 뿐만 아니라, 수익과 이익도 매우 빠르게, 지속적으로 증대시킬 수 있도록 해주었다.

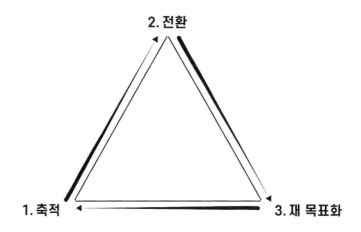

사회적 자본의 승수(乘數)

2. 전환

1. 축적   3. 재 목표화

사회적 자본의 승수는 세 가지 단계로 나누어진다.

축적, 전환, 재목표화.

축적은 관심 없는 사람들을 호감 있는 고객들로 바꾼다. 전환은 고객들의 '구매하고자 하는 시간이나 에너지를 투입할 의지'를 얻어낼 수 있는 난세이다. 재목표화는 전환의 단계에서 놓친 판매를 재포착하는 단계이다.

축적 : 가치를 통한 수익

누적 단계의 목표 :

- 당신은 판매하고 싶은 고객들에게 당신의 제품, 또는 서비스의 가치를 전달함으로써 신뢰를 쌓고 관계를 구축한다.

- 조회수와 영향력을 만들어 내라.

- 당신의 상품, 또는 서비스에 전환 단계로 데려갈 걸맞은 고객을 선정하라.

고수익 상품을 판매할 때 적용되는 소비의 이론이 하나 있다.

이 이론은 당신의 고객이 어떤 컨텐츠를 소비하든, 천 불의 소비 당 최소 한시간은 당신과 함께 해야 한다는 것이다.

이 시간이야말로 가장 중요한 과정이다.

이 단계에서 당신은, 당신의 고객에게 가치 있는 콘텐츠를 전달해 주고 그들의 문제를 해결할 수 있도록 도와주게 된다. 이것은 곧 당신과 고객과의 특별한 관계를 구축하는 첫 발자국이 되는 것이다.

이 단계에서는, 어떤 극적인 고조(pitch)도 없고, 판매도 없고, 거래 성사도 없다. 가치만 전달하는 것이다.

내 소셜미디어 플랫폼들에 가면, 교육적 영상들과 나의 고객들을 돕기 위해 고안한, 구매 가능 콘텐츠와 무료 콘텐츠들이 수천 개 올라가 있다.

만약, 시장의 새로운 부문에 당신의 메시지를 전달하기 위해 적극적인 투자가 가능하다면 이 콘텐츠들이 가장 좋을 것이다.

고객들이 한 번 당신의 콘텐츠를 소비하고 나면, 그들을 전환 단계로 유입할 준비가 된 것이다. 이를 통해 당신은 낮은 비용으로 새로운 고객을 이끌어 낼 통로를 생성할 수 있을 것이다.

나는 냉정한 고객들을 설득하고 끌어들이기 위해 새로운 통로 당, 5불씩을 소비했었다.

오늘날에는, 이 전략을 통해 0.15불씩만 소비할 수 있게 되었다. 이는 나에게 상당한 이익을 가져다주었다.

축적 단계에서 나의 총예산 중 50%를 할당함으로서, 나는 새로운 고객을 유입하는데는 푼돈으로 획득할 수 있게 된 것이다.

전환 : 적은 돈으로 고객 유입 획득

전환 단계의 목표 :

- 예상 구매자들을 유입하여 고객으로 전환하고, 예상 구매자로부터 '구매 의사가 있다는 확신'을 받을 수 있게 하기

나는 내가 누구인지 잘 모르는 사람들을 대상으로 할 때 나의 상품을 바로 내보이지 않는다.

어떤 사람이 되었든, 내가 제안이나 상품을 보여주는 사람들은 내 상품을 보기 전에 그것에 대해 충분히 준비가 된, 이미 수용 가능한 사람들이다.

페이스북에서는, 누가 당신의 비디오를 몇 퍼센트 시청했는지 알 수 있다. 유튜브에서는, 누가 당신의 비디오를 보았는지 확인할 수 있다. 어떤 미디어 플랫폼이던지, 누가 당신의 컨텐츠를 보았는지 알 수 있는 방법이 있고, 어떻게 그들을 목표화(당신의 고객으로 만들어 내는 것)해야 하는지 알 수 있다.

당신이 당신의 컨텐츠를 본 사람들을 알 수 있게 되면, 그들을 대상으로 광고를 넣을 수 있다. 이러한 광고들은 다양한 페이지들로 유도할 수 있다.

웨비나(webinar, 인터넷 상의 세미나)라던지, 현금화할 수 있는 상품이라던지, 트레이닝 시리즈라던지, 이벤트 페이지 혹은 무료로 제공되는 판촉물을 받을 수 있는 사이트 등, 어떤 방식의 사이트가 되었던지 당신이 얻고자 하는 것은 예상고객들의 구매의향서 혹은 그들의 개인정보를 적은 일정한 정보이다.

당신은 예산의 25%정도를 이 과정에 투입해야 한다.

재목표화 : 고객 앞에 존재감을 유지하기

재 목표화의 과정은 다음을 목적으로 한다 :

- 고객의 머릿속에서, 당신의 상품, 혹은 서비스가 가장 먼저 떠오르는 수준에 남아있어야 한다. 자동차라면 벤츠, 스포츠카라면 페라리, 커피는 스타벅스, 휴대폰은 애플처럼 어떤 제품군을 들었을 때 연관되어 생각할 수 있는 최초로 기억나는 브랜드처럼 말이다.

- 구매전환이 즉시 이루어지지 않는, 많은 고객을 제대로 이끌어..

많은 고객들이 바로 구매하지 않는다. 그들은 생각할 시간이 필요하고, 다가갈 시간이 필요하며, 당신의 브랜드를 잘 알아갈 시간이 필요하다. 때때로, 당신의 핵심 마케팅 메시지가 구매자들이 원하는 것을 정확하게 짚고 있지 않아서일 수도 있다.

재목표화의 첫 목표는, 그 분야에서 제일 먼저 생각나는 곳에 머무르는 것이다.

고객들이 당신을, 혹은 당신의 상품을 여러 번 보게 될 때, 그들은 자연스럽게 당신을, 혹은 상품을, 브랜드를 좋아하기 시작하게 된다.

최초로 기억나는 수준에 단지 머물러 있는 것만으로도 더 많은 판매를 창출해낼 수 있다.

두 번째 목표는, 구매전환이 즉시 이루어지지 않는 대다수의 고객들에게 접근하는 것이다. 이러한 고객들은 아마 원하는 대답을 듣지 못해 반감이나 의심, 궁금증 등을 갖고 있을 수 있다.

재목표화를 위한 광고를 만듦으로써, 당신은 이러한 흐지부지한 끝맺음을 가지고 의심이나 불신으로 서성이던 사람들을 움직이게 할 수 있다.

만약 당신이 프리미엄 상품을 판매한다면, 당신의 고객들이 이것을 구매하는 것에 여러 가지 이유가 있을 수 있다.

어떤 사람들은 새로운 스킬을 배우기 위해서 참여하고, 어떤 사람들은 더 나은 관계를 만들고 싶어서, 긍정적이고 본인을 지지해주는 커뮤니티와 함께하고 싶어서, 스스로 도전하고 싶어서, 그들의 사업을 더 크게 키우고 싶어서 등등 다양한 이유가 있다.

만약, 우리가 이 중 한 가지 이유만 구체화하여 광고했다면, 우리의 규모는 오늘날에 비해 반도 되지 않았을 것이다.

우리의 재목표화 전략은, 다양한 광고를 돌려가며 보는 사람들마다 원하는 것이 다를 수 있다. 그 가려운 곳을 다양하게 긁어줄 수 있어야 한다.

이로 인해 우리는 이렇게 하지 않았을 경우 그냥 사라져버릴 수도 있었던 대다수의 고객을 모실 수 있었다. 이 전략을 도입하기로 마음먹었다면, 총예산의 25% 정도를 이 단계에 투입하도록 해라.

여기서 어디로 나아갈 것인가?

우리가 하고 있는 것들을 상세히 설명하기에 이 책은 공간이 너무 좁다. 내가 어떻게 나의 사회적 자본을 쌓아 올리고 확장하는지 더 배우고 싶다면, 가장 좋은 방법은 나를 팔로우하는 것이다.

http://danlok.com/social에서 가능하다.

또한, 사회적 자본과 사업 확장에 대해 더 자세하고 깊게 배우고 싶은 사람들을 위해 추가적인 트레이닝도 준비해두었다.

이는 http://unlockitbook.com/resources에서 확인할 수 있다.

맺는말

축하한다! 먼저, 나는 당신이 이 책을 다 읽어냈다는 것을 인정해주고 싶다. 대부분의 사람들은 다 읽어내지 못하는데, 당신은 다르다.

나는 진정으로 당신의 성공과, 부와, 영향력의 잠긴 문을 여는 열쇠를 건네주었다. 나는 내가 어떻게 생각하는지 당신과 공유했고, 내 인생을 통해 배운 가르침을 공유했으며, 나의 사업적 시각 또한 공유했다.

이제, 당신이 열쇠를 쥐었으니 '잠긴 문을 열고자 하는(unlock it)' 마음가짐도 함께 가졌다고 믿는다. 사방이 꽉 막혀있는 것 같은 상황에 놓이던지, 장애물에 부딪히던지, 문제와 맞닥뜨리게 되었어도, 그게 언제라도 당신은 해결책이 있다는 것을 알고 있고, 이를 열고 헤쳐나가기 위한 적절한 열쇠만 찾아내면 된다.

당신은 당신 인생의 열쇠를 가지고 있다.

- 모든 것을 열 수 있는 이 마스터키는, 바로 당신이다.

당신이 당신의 인생에 있어 원하는 모든 것을 열어줄 바로 그 마스터 키이다.

그것이 더 많은 자유이던, 더 큰 성공이던, 더 많은 돈이던, 더 큰 삶의 의미던, 더 나은 관계이던, 더 좋은 건강이던, 더 큰 영향력이던, 아무튼 무엇이던, 당신이 통제할 수 있다.

당신은 당신의 생산성을 열고 싶을 수도, 고연봉 스킬을 발전시키고 싶을 수도, 더 크고 빠르게 성장할 수 있도록 당신의 사업을 구축하고 싶을 수도 있다.

그 무엇이 목표이던 간에, 나는 이것이 나와 당신과의 관계의 시작이기를 바라고, 우리가 이 책 이상의 것을 이룰 수 있기를 바란다.

우리는 소셜 미디어를 통해서 만남을 가질 수 있다. 아니면, 나의 가상 트레이닝에 참여할 수도 있다. 또는, 나의 이벤트에 당신이 직접 참여할 수도 있을 것이다.

어떤 방식이든, 어떻게 당신을 최고로 대접해줄 수 있을지 알맞은 방법을 찾아서 알려줘라.

당신과 더 좋은 관계를 만들 수 있길 기대한다.

그때까지, 열심히 배우고, 열심히 적용하고, 열심히 움직이길 바란다.